텔레비전

바보상자에서 스마트TV까지

TELEVISION: FROM IDIOT BOX TO SMART TV

Television: From Idiot Box to Smart TV

by
Hun Shik Kim

Published by ILCHOKAK

ILCHOKAK Publishing Co., Ltd.
39, Gyeonghuigung-gil, Jongno-gu, Seoul, Korea 110-062
Tel 82-2-733-5430
Fax 82-2-738-5857

First published 2013
Printed in Seoul, Korea
ISBN 978-89-337-0673-2 03070

텔레비전

바보상자에서 스마트TV까지

TELEVISION: FROM IDIOT BOX TO SMART TV

김헌식Hun Shik Kim 지음

일조각

머리말

텔레비전은 언제 누가 발명했을까? 전화기는 알렉산더 벨Alexander G. Bell이, 백열전구와 축음기는 토머스 에디슨Thomas Edison이 발명했음을 잘 알고 있는 우리로서는 한번쯤 가져 보았을 만한 의문이다. 그런데 20세기 초 뛰어난 발명품 가운데 하나인 텔레비전은 어느 개인이 아닌 여러 발명가와 기술자의 끊임없는 연구와 개량 끝에 비로소 탄생했다. 이는 텔레비전이 어느 개인의 발명품이라고 자신 있게 말할 수 없는 이유다. 1920년대 기술실험 단계에 머물렀던 텔레비전 방송은, 1936년 영국 BBC 방송이 정규 텔레비전 방송을 시작하면서 비로소 첫발을 내딛게 되었다. 활자를 위주로 하는 인쇄매체가 기원전부터 존재했다는 사실에 비춰 보면, 방송매체 특히 1930년대에야 첫 전파를 내보낸 텔레비전 방송은 그 역사가 80여 년에 불과할 정도로 짧다고 할 수 있다.

영상과 음향을 전기신호를 통해 전송하는 텔레비전 방송은, 사진과 영화 기술을 결합한 뒤 전파를 활용하는 라디오 방송 기술을 접목하면서 본격적인 시청각 대중매체로 발전하기 시작했다. 그런데 미국에서는 제2차 세계대전 이후 방송기술과 프로그램 제작 편성 분야에서 하나둘 제대로 된 체계가 갖추어지면서 텔레비전 방송이 비약적으로 발전하게 되었다. 당시 미국은 가장 큰 텔레비전 소비시장이었고 텔레비전과 관련된 각종 기술의 개발과 혁신이 끊임없이 이루어지는 곳이었다. 더욱이 ABC, CBS, NBC 방송으로 대표되는 지상파 텔레비전 네트워크가 상업경쟁체제를 유지하면서 말 그대로 텔레비전 방송의 전성기를 구가하고 있었다. 특히 미국 텔레비전업계는 1954년 컬러텔레비전 방송을 개시하면서 방송기술 측면에서나 시청자의 만족도 측면에서나 더욱 큰 도약의 계기를 마련했다.

텔레비전 방송은 영상과 음향을 동시에 시청자들에게 전달함으로써 어느 매체보다 감성적인 호소가 가능하며 누구라도 메시지를 쉽게 이해할 수 있다. 따라서 불특정 다수의 대중에게 쉽게 다가갈 수 있고 그 효과도 신속하게 나타난다. 이런 점에서 텔레비전 방송은 그동안 가장 영향력 있고 폭넓은 수용자를 지닌 매체로, 정보전달과 오락 및 휴식의 제공에 있어서 가장 효과적인 대중매체로 자리 잡았다. 텔레비전 방송이 대중문화의 생산자이자 전파자라는 말을 듣는 것도 바로 이런 이유에서다.

그런데 등장한 지 80년을 넘어선 텔레비전 방송은 최근 20여 년간 거대한 변화를 겪고 있다. 과거에는 소수의 지상파 텔레비전 방송사들이 독과점적 지위를 누리면서 텔레비전업계를 주도했지만, 케이블 텔레비전과 위성 텔레비전이 등장하면서 이른바 텔레비전 방송의 본격적인 '다채널multi-channel' 시대가 열리게 되었다. 여기에다 지난 10년간 디지털기술과 컴퓨터기술의 발달에 힘입어 텔레비전과 통신, 컴퓨터가 융합된 이른바 '멀티미디어 컨버전스multimedia convergence' 시대가 시작되면서 인터넷기술을 활용한 IPTVInternet Protocol Television와 개인용 모바일 기기 텔레비전 등이 등장했다. 과거에는 거실이나 안방에서 가족이 함께 모여 시청하는 가족 중심 매체던 텔레비전 방송이, 점차 개인이 필요한 콘텐츠를 골라 언제 어디서든 텔레비전 수상기 외에도 컴퓨터나 휴대전화 등을 활용해 간편히 즐길 수 있는 영상매체로 변모해 가고 있는 것이다. 이런 방송환경 속에서 텔레비전 방송은 일방적으로 시청자들에게 다양한 오락과 휴식, 정보를 전달하던 일방향 매체에서 벗어나 시청자와 상호 소통하는 쌍방향 매체로 바뀌어 가고 있다. 또한 예전에는 공룡에 비유되는 몇몇 거대 텔레비전 방송사들이 주도하던 독과점적 산업구조였는데, 이제는 여러 개의 중소규모 지상파 텔레비전 방송사와 케이블 텔레비전, 위성 텔레비전, IPTV 등 각기 다른 매체 플랫폼media platform을 통해 개별적이면서도 까다로운 취향을 지닌 시청자들을 상대해야 하는 지극히 기술 집약적이고 경쟁적인 시장산업으로 바뀌었다. 이처럼 텔레비전 방송 환경이 보다 다원화된 구조로 바뀌게 되면서, 한 개의 텔레비전 채널을 매개로 불특정 대다수 시청자를 상대하던 전통적인 텔레비전 방송에 대한 새로운 정의와 개념이 필요하게 되었다. 또한 텔레비전 방송이 시청자와 사회 문화 전반에 미치는 효과와 영향에 대해서도 새로운 시각으로 분석해 봐야 할 필요가 절실해졌다. 이처럼 숨 가쁘게 변화하는 기술적, 경제적, 사회적, 문화적 환경 속에서 과연 텔레비전 방송이란 무엇일까?

이 책은 급변하는 세계 속에서 텔레비전 방송이 어떻게 변모해 가고 있으며 방송 프로그램을 비롯한 콘텐츠가 시청자와 사회 전반에 어떤 영향을 미치는가를 미디어 문화 비평적 관점에서 살펴본 것이다. 특히 텔레비전 프로그램에서 다뤄지거나 텔레비전업계가 주도하고 있는 다양한 주제와 쟁점이 과연 어떤 문화 사회적 의미를 갖는가를 분석해 보고, 텔레비전과 관련된 기술의 발전이 시청자의 텔레비전 이용습관이나 텔레비전산업의 미래에 어떤 영향을 주고 있는가에 대해 조명해 보았다. 또 글로벌 경제위기의 확산과 불안정한 세계정세 속에서 텔레비전산업이 어떻게 재편되고 있으며 생존을 위해 어떤 노력을 하고 있는가에 대해서도 구체적인 사례를 중심으로 살펴보았다. 이 책에서 다루는 여러 주제와 쟁점 가운데 미국 텔레비전업계를 중심으로 한 사례가 적지 않은데, 이는 필자가 현재 미국 콜로라도대학교에서 텔레비전 매체와 수용자 연구를 하고 있기 때문이다. 그런데 미국 텔레비전 업계와 시장에서 벌어지는 크고 작은 여러 변화는 우리나라 텔레비전업계와 시청자들에게도 지대한 영향을 미친다. 일례로, 미국 텔레비전 방송에서 방영된 리얼리티쇼나 드라마 등 각종 프로그램이 얼마 지나지 않아 우리나라 텔레비전 방송으로 그대로 방영되거나 유사한 형식의 새로운 프로그램으로 재구성되어 방영되는 경우가 많다. 이는 오늘날 텔레비전 방송의 제작 편성 방식이 여러 측면에서 유사성을 지니고 있으며, 텔레비전 프로그램이나 방송 콘텐츠 역시 문화와 국경을 초월해 자유롭게 이동하며 시청자들에게 사랑받고 있다는 점을 입증하는 것이다.

이 책에 수록된 여러 글은 지난 2011년에서 2012년 사이 한국방송협회가 발간하는 월간지 『방송문화』에 미국 방송계의 동향을 소개하는 고정칼럼으로 실린 것을 토대로 했다. 또 일부 글은 일간신문에 실린 것도 있다. 하지만 단행본 출간을 앞두고 과거 기고문 내용을 면밀히 검토해 본 결과, 불과 일이 년 사이에 텔레비전 방송 환경을 둘러싼 국내외 정세가 크게 바뀌었고 미국과 한국 두 나라 텔레비전업계에 몰아닥친 경제적 여건 변화, 그리고 시청자들이 체감하는 방송 기술적 혁신과 사회 문화적 가치관의 변화가 생각보다 광범위했음을 깨닫게 되었다. 따라서 이 같은 상황 변화에 걸맞도록 글의 내용을 대폭 수정하고 몇몇 글은 새로 써야 했다. 이 책은 모두 아홉 개의 단원으로 나뉘어 있다. 텔레비전 방송이 사회와 문화 전반에 미치는 영향, 텔레비전 프로그램에 나타나는 사회 문화적 가치의 이중성과 위선, 변화하는 텔레비전 방송 환경 속에서 바뀌어 가는 시청자의 가치관, 그리고 다매체 다채널 경쟁체제 속에서 텔레비전 방송이 여전히 가장 강력하고 영향력이 큰 매체로서의 위상을 지속적으로 유지할 수 있는 길은 어떤 것인가 등을 차례로 살펴보았다.

이 책은 텔레비전의 탄생에서부터 시대별 기술변천과 미래에 대한 전망을 기술적 전문용어를 사용해 장황스럽게 설명한 책이 아니다. 오늘날 텔레비전 매체와 프로그램이 우리 사회 문화 전반에 어떤 영향을 미치는가, 또 급변하는 시청자의 취향과 문화적 풍속도가 텔레비전업계나 프로그램 콘텐츠에 어떤 방식으로 반영되고 있는가를 방송에 관심을 가진 일반 독자와 현업에 종사하는 방송인들이 쉽게 이해할 수 있도록 자유롭게 풀어 나간 책이다. 바꿔 말하자면 텔레비전 방송의 기술과 산업, 제도 등이 우리에게 어떤 영향을 미치는가 그리고 텔레비전 방송에서 전달하는 다양한 메시지가 사회 문화적으로 어떤 의미를 지니는가를 고찰해 본 것이다. 이 책에는 미국과 우리나라의 정치 현실을 비롯하여 공직선거, 남북한 대치 상황, 국익 추구, 동성애와 성소수자, 여성 방송인, 방송 규제 관련 법률 등 아직까지도 민감하거나 논란의 여지가 있는 주제나 쟁점이 포함되어 있다. 이 책에 담긴 필자의 생각과 주장은 텔레비전 방송과 사회 현상을 연구하는 언론학자로서 개인적 견해를 제시한 것일 뿐, 다른 여러 언론학자나 독자 여러분의 생각과 다를 수도 있다는 점을 미리 양해하고 읽어 주시길 바란다.

미국 콜로라도 로키산맥 기슭에서

저자

차례

I

텔레비전의 아이러니한 두 얼굴

01.. 사실보다 허구가 더 많은 텔레비전 리얼리티쇼

'기구소년'과 만찬장의 불청객

2009년 10월 콜로라도 주의 소도시 포트콜린스Fort Collins. 경찰에 긴급구조를 요청하는 중년 여인의 다급한 전화가 걸려 왔다. "제 막내아들이 헬륨가스를 넣은 기구에 올라탄 채 하늘로 날아갔어요. 빨리 구해 주세요." 아마추어 과학자인 아버지와 세 아들이 함께 만든 비행접시 모양의 과학실험용 기구의 로프가 풀리면서 여섯 살배기 아들이 기구 바로 밑에 달린 상자에 들어간 채 날아올랐다는 것이다. 긴급구조 요청을 받은 경찰에 비상이 걸렸고, 수십 대의 순찰차와 주 방위군 헬리콥터가 기구를 뒤쫓기 시작했다. 어느새 2킬로미터 상공까지 날아오른 기구가 한 시간 뒤 인근 덴버 국제공항에 접근하자 관제탑에서는 모든 항공기의 이착륙을 중단시켰다. 지역방송사 취재헬기가 하늘 높이 떠가는 기구를 발견해 생방송 중계를 시작했고, 잠시 뒤 CNN 방송이 이 소동을 미국 전역에 생중계하면서 1천만 명이 넘는 시청자가 기구와 함께 날아가 버린 소년이 무사히 구출될 수 있을지 손에 땀을 쥐며 텔레비전 화면을 응시했다. 약 두 시간 뒤 80킬로미터 거리를 날아간 기구가 서서히 고도를 낮추며 지상에 떨어졌

1–1 어린 소년이 탄 것으로 알려진 기구의 착륙 장면. 어린 소년이 탄 것으로 알려진 기구가 지상에 내려앉는 순간 사복 차림의 경찰관이 쏜살같이 뛰어가 소년이 안전한지 살펴보려 하고 있다. 당시 1천만 명 이상의 시청자들이 생방송을 통해 이 광경을 지켜보았다.

고, 경찰관들이 쏜살처럼 달려가 기구 아래의 좌석을 샅샅이 뒤졌지만 어린 소년의 모습은 어느 곳에서도 찾을 수 없었다.

잠시 뒤, 경찰에 구조요청을 했던 소년의 부모가 텔레비전 뉴스에 등장했다. 기구가 실수로 날아가 버린 뒤 막내아들이 보이지 않아 황급히 경찰에 신고한 것인데, 정작 막내아들이 집 다락방 구석에 잠들어 있는 것을 뒤늦게 발견했다고 해명한 것이다. 텔레비전 뉴스를 통해 기구소동을 지켜본 시청자들은 허탈했지만, 어린 소년이 무사하다는 사실에 안도했다. 이튿날, 전국적인 유명인사가 되어 버린 이른바 '기구소년balloon boy'의 집에는 각 방송사의 취재기자와 중계 팀들이 모여들었고, 형제들과 부모는 잇따라 방송에 출연해 자신들의 기막힌 경험담을 들려주느라 온종일 분주했다. 소동은 마무리되었지만, 소년과 가족에 대한 언론의 끈질긴 호기심은 계속되었다. 네트워크 텔레비전 아침뉴스에 출연한 소년의 아버지는 아마추어 과학자인 자신과 세 아들이 기구를 만드는 등 과학실험을 하고 있으며 허리케인과 외계인 추적 등에도 앞장서 왔다고 열정적으로 얘기했다. 한편 기구소동이 벌어진 직후 왜 아버지 앞에 나서지 않고 한동안 숨어 있었느냐는 앵커의 질문에 어린 소년은 "혼날까 봐 무서워서 그랬다"라며 천진난만하게 대답했다.

하지만 일주일도 지나지 않아 콜로라도 주 검찰은 허위사건 신고를 한 혐의로 소년의 부모를 기소했다. 황당한 기구소동에 의혹을 품은 경찰이 가택 압수수색을 하여 소년의 아버지가 자신과 세 아들을 주인공으로 한 텔레비전 리얼리티쇼 관련 아이디어를 어느 방송사에 제안한 자료를 찾아냈고, 기구가 날아갔다며 소란을 떤 당일엔 막내아들에게 방송준비를 해야 한다며 다락방에 숨어 있으라고 한 사실을 밝혀낸 것이다. 이어 지역 텔레비전 방송사들도 소년의 부모가 그동안 몇몇 방송사의 리얼리티쇼에 직접 출연한 적이 있으며, 자기 가족을 주제로 한 리얼리티쇼 시리즈를 만들기 위해 여러 방송사 프로듀서들과 접촉했었다는 사실을 보도했다. 결국 소년의 부모는 기구소동을 꾸며 낸 뒤 경찰에 허위 신고한 혐의를 인정해야 했는데, 아버지에게는 90일간 어머니에게는 20일간의 구류처분과 함께 벌금형 판결이 내려졌다. 대중매체의 관심을 끌어 모아 텔레비전 리얼리티쇼 주인공으로 화려하게 데뷔하려던 이 가족의 꿈이 유죄판결과 더불어 사라진 것이다.

이로부터 한 달 뒤, 워싱턴 D.C.에서는 또 다른 부부의 황당한 이야기가 언론의 주목을 끌었다. 미국을 정상 방문 중이던 만모한 싱Manmohan Singh 인도 총리를 위한 백악관 공식만찬에, 초청받지 않은 한 부부가 겹겹이 펼쳐져 있는 보안검색망을 유유히 뚫고 들어가 오바마 대통령, 비이든 부통령 등과 함께 기념사진을 찍으며 몇 시간 동안 만찬장을 누빈 것이다. 이 부부는 자신들의 홈페이지에 백악관에서 대통령 등 정부요인들과 함께 찍은 스냅사진을 자랑스럽게 공개했다. 그런데 여기서 만인의 주목을 끈 대목은, 이 부부가 케이블 텔레비전 브라보Bravo의 리얼리티쇼 「워싱턴 D.C.의 알짜 주부들The Real Housewives of D.C.」에 출연할 예정이며 만찬행사 직전 방송사 리얼리티쇼 제작진이 이들을 백악관 앞에까지 태워다 주면서 일거수일투족을 촬영한 사실이었다. 결국 백악관 만찬장 잠입 소동은 한 케이블 방송사가 방영하기로 한 리얼리티쇼 에피소

1–2 백악관 만찬장의 불청객.
백악관의 국빈 초청 만찬장에 초대장도 없이 몰래 들어온 살라히 부부가 오바마 대통령과 정겹게 악수를 나누는 모습이다. 이들은 백악관 만찬에서 겪은 에피소드를 자신들이 출연할 예정이던 케이블 텔레비전 리얼리티쇼의 소재로 사용하려 했다. (촬영: Samantha Appleton)

드의 일부이자 해당 프로그램에 대한 홍보 차원에서 이루어진 것이었다 (Argetsinger & Roberts, 2009).

리얼리티쇼 탄생에 관한 몇 가지 견해

두 소동이 별개로 보이지만, 지난 십수 년간 미국을 비롯한 전 세계 텔레비전 방송사들은 이처럼 평범한 사람들의 일상적인 에피소드를 시청자들에게 숨김없이 보여 주는 이른바 '리얼리티쇼'를 잇따라 방영해 커다란 상업적 성공을 거두고 있다. 리얼리티쇼란 주변의 현실 속에서 찾아볼 수 있는 평범한 인물과 소재를 바탕으로 오락적 요소를 듬뿍 섞어 이야기를 만들어 내는데, 기존 텔레비전 프로그램인 게임쇼, 일일연속극, 다큐멘터리 등의 장점만을 골라 섞어 놓은 듯한 모습을 보인다. 특히 리얼리티쇼는 현실을 기반으로 한다는 점에서 다큐멘터리와 같으나, 다큐멘터리가 저널리즘적 요소가 강한 반면 리얼리티쇼는 오락적 요소를 훨씬 더 강조한다.

이와 같은 새로운 형식의 리얼리티쇼가 등장하게 된 배경을 알아보면 다음과 같다. 1980년대와 1990년대에 텔레비전 방송사 간의 경쟁이 극심해지면서 시청자들이 프로그램에 쉽게 싫증을 내는 성향이 강해졌는데, 특히 오랫동안 하나의 프로그램을 방영할 경우 시청자들의 싫증은 더 심해진다. 따라서 이러한 시청자들을 한순간에 사로잡을 수 있는 보다 이색적이고 엽기적인 인물과 내용을 담은 프로그램이 어느 때보다 필요해진 것이다. 언론학자와 사회학자들(Nabi et. al., 2003)이 말하는 리얼리티쇼의 정의를 살펴보면 다음과 같이 간추릴 수 있다. 첫째, 평범한 실존인물이 출연한다(전문적 연기자는 배제된다), 둘째, 폐쇄된 실내세트가 아니라 자연환경, 가정, 직장 등 현실의 장소에서 촬영된다, 셋째, 대본 없이 진행된다, 넷째, 각 에피소드는 사전에 계획된 것이 아니며 상황에 따라 자연스럽게 진행된다, 다섯째, 프로그램의 주목적은 시청자들에게 오락을 제공하는 것이다. 또한 성공적인 텔레비전 리얼리티쇼를 만들기 위해서는 다음의 네 가지 요소를 프로그램에 반드시 포함시켜야 한다. 첫째, 대중적 인지도가 있는 유명인사 또는 연예인, 둘째, 지극히 평범한 일반인 출연사, 셋째, 출연자들을 차례로 탈락시키는 경쟁 형식, 넷째, 대중적 관심을 끌 만한 이색적 촬영지가 바로 그것이다(Orlebar, 2011). 지난 몇 년 동안 선풍적인 인기를 끈 리얼리티쇼를 자세히 살펴보면 이와 같은 요소들이 적절히 섞여 있음을 알 수 있다.

예를 들어, NBC 방송에서는 부동산기업 총수인 도널드 트럼프Donald Trump가 응시자들에게 다양한 과제를 주어 개인의 자질과 성취능력을 테스트한 뒤 성적에 따라 차례로 해고하고 최종적으로 가장 뛰어난 응시자 한 명을 신입사원으로 고용한다는 내용의 「어프렌티스Apprentice」라는 리얼리티쇼가 몇 년째 인기몰이 중이다. 특히 트럼프 회장이 탈락시키려는

1-3 **리얼리티쇼 제작현장.**
여느 다른 프로그램 제작현장과 마찬가지로 리얼리티쇼 제작현장에는 조명세트와 카메라, 녹음장비들이 즐비하다. 종종 리얼리티쇼 출연자들은 마치 탤런트처럼 시청자에게 자신의 일상생활을 보여 주는 연기를 해야 한다. (촬영: Lance Lundstrom)

사람에게 "당신은 해고야You're fired"라고 외치는 순간은 쇼의 가장 드라마틱한 장면이기도 하다. 이를 본뜬 프로그램도 만들어졌는데, CBS 방송에서는 기업 총수가 신분을 감춘 채 자신이 경영하는 사업체의 지사나 지점들을 돌아다니며 말단 임시직원으로 일하면서 현장 구석구석을 체험하고 그 과정에서 만난 성실하고 부지런한 직원에게 푸짐한 보상을 한다는 내용의 리얼리티쇼 「언더커버 보스: 회장님은 위장 취업 중Undercover Boss」이 큰 인기를 끌고 있다.

지난 10여 년간 전 세계 수많은 방송사에서 방영해 온 텔레비전 리얼리티쇼 형식은 언제 어디에서 최초로 시작되었을까? 흔히 원조 논쟁이 있을 때마다 상반된 견해가 맞서기 마련이지만, 먼저 지난 1997년 스웨덴에서 방영된 「로빈슨 탐험대Expedition Robinson」라는 프로그램이 사상 최초의 리얼리티쇼라는 견해가 있다. 이 프로그램을 창안한 사람은 영국 출신 텔레비전 프로듀서 찰리 파슨스Charlie Parsons인데, 2000년부터 미국 CBS 방송에서 「로빈슨 탐험대」와 거의 유사한 형식의 「서바이버Survivor」라는 제목의 리얼리티쇼가 방영되어 폭발적 시청률을 기록하면서 그의 리얼리티쇼 아이디어와 형식은 폭넓은 대중적 인기를 끌게 되었다. 「서바이버」는, 이십여 명의 평범한 사람들이 출연해 아열대 우림이나 무인도를 배경으로 서로 생존경쟁을 벌여 최후의 일인 생존자가 결정될 때까지의 전 과정을 보여 주는 프로그램이다. 「서바이버」는 방영 직후부터 높은 시청률을 보이는 한편 엄청난 광고수입을 거둬 상업적으로 크게 성공했다. 그 뒤 프로그램의 아이디어 판권을 사들인 세계 각국 방송사들이 현지 사정에 맞게 프로그램의 형식과 출연 요건을 바꿔 제작 방영했다. 「서바이버」의 인기몰이를 계기로 전 세계 방송사들과 독립 프로덕션들은 앞다퉈 리얼리티쇼를 방영하기 시작했는데, 리얼리티쇼는 무엇보다 방송 제작자의 입장에서는 인기 연예인이나 유명인들과 달리 출연섭외가 수월한 평범한 참가자들을 손쉽게 확보할 수 있다는 이점이 있다. 또한 최종 승자가 되기 위한 치열한 경쟁과 탈락 과정을 그대로 생생하게 보여 줌으로써 프로그램에 대한 시청자의 호기심과 몰입감을 쉽사리 이끌어 낼 수 있다.

리얼리티쇼의 또 다른 원조로 꼽히는 프로그램은 1999년 네덜란드에서 방영된 「빅 브라더Big Brother」다. 이 리얼리티쇼는, 열 명의 젊은 남녀를 한 장소에서 함께 생활하게 하고는 100일 동안 여러 대의 감시 카메라를 통해 시청자들이 텔레비전 혹은 인터넷으로 이들의 사생활을 24시간 지켜보고 투표로 참가자를 탈락시키는 일종의 서바이벌 게임이다. 그 뒤 프랑스와 미국 방송에서 이와 유사한 형식의 리얼리티쇼가 방영되어 큰 인기를 끌었는데, 여기에서 알 수 있듯 「빅 브라더」가 최초의 리얼리티쇼라는 것이다(손주연, 2004). 세 번째 견해로는 1989년부터 미국에서 방영된 「캅스Cops」라는 프로그램을 원조로 여기는데, 이 프로그램은 각종 범죄현장에 출동하는 경찰 순찰차에 취재진이 동승해 범죄 용의자를 추적하고 체포하는 과정을 적나라하게 보여 준다. 방영 시점으로 볼 때에는 이 프로그램이 가장 최초의 시도였다고 할 수 있겠지만, 당시는 리얼리티쇼라는 개념이나 인식이 생기기 훨씬 이전이어서 원조 논란에서 다소 배제되고 있다.

리얼리티쇼에는 이러한 것이 있다

리얼리티쇼는 다양한 내용을 다루고 있지만, 대체로 두 가지 대표적인 형식으로 요약할 수 있다. 첫째로 다수의 참가자가 최종 승자가 되기 위해 치열한 경쟁을 벌이는 게임이나 퀴즈 쇼 형식이다. 경쟁을 벌이는 소재는 노래, 장기, 요리, 패션, 인테리어 디자인, 여행, 백만장자와 결혼하기, 서바이벌게임, 물품판매 등 상상을 초월할 정도로 무궁무진하다. 특히 청소년 등 평범한 사람들이 출연해 치열한 경쟁을 거쳐 노래 또는 재능 경연대회에서 스타로 탄생하는 과정을 보여 주는 이른바 오디션 프로그램은 리얼리티쇼 가운데에서도 대표적인 장르로 자리 잡았는데, 「아메리칸 아이돌American Idol」이나 「더 보이스 오브 아메리카The Voice」, 「브리튼즈 갓 탤런트Britain's Got Talent」 등이 전형적인 예다. 우리나라 방송에서 유사한 프로그램을 꼽자면 Mnet의 「슈퍼스타 K」, MBC 방송의 「위대한 탄생」, SBS 방송의 「K팝스타」 등을 들 수 있다. 리얼리티쇼의 두 번째 형식으로는 시청자들이 원격감시 또는 몰래 카메라를 통해 '평범한 사람들'의 일상사를 낱낱이 엿보는 프로그램이다. 미국 방송의 「존 앤 케이트 플러스 8Jon & Kate Plus Eight」, 「언더커버 보스: 회장님은 위장 취업 중」 등을 예로 들 수 있다. 여기서 한 가지 특이한 점은, 서구의 리얼리티쇼는 주로 평범한 사람의 사생활이나 재능경연을 시청자들이 지켜보는 것인 데 반해, 우리나라 리얼리티쇼는 시청률을 손쉽게 끌어올리기 위한 포석 때문인지 평범한 출연자들 외에도 유명 연예인들을 무더기로 출연시키는 사례가 많다는 것이다.

미국 방송에서는 「서바이버」의 성공 이래로 유사한 형식을 띤 수많은 리얼리티쇼가 탄생했다. 예를 들어 CBS 방송에서는, 다양한 신분의 참가자들이 2인 1조로 짝을 지어 세계 각국을 돌며 색다른 문화체험을 하며 기발한 과제에 도전해 가장 빨리 임무를 완수하고 돌아온 팀이 챔피언이 되는 「어메이징 레이스Amazing Race」라는 리얼리티쇼가 2001년 이후 벌써 13년째 인기리에 방영되고 있다. 이 프로그램 참가자들은 몇 년 전 한국에도 찾아와 '산 낙지 삼키기' 등의 과제에 도전하여 미국 시청자들의 호기심을 한껏 자극했다. 한편 케이블 방송 TLC에서는 쌍둥이를 비롯해 무려 여덟 명의 어린 자녀를 키우는 부부의 이야기를 담은 「존 앤 케이트 플러스 8」이라는 리얼리티쇼를 2년 넘게 방영해 인기를 끌었다. 남편인 존이 한국계 미국인이어서 필자 또한 관심을 갖게 되었다. 이들 부부의 일거수일투족, 어린 자녀들의 행동 하나하나, 가족의 일상사를 텔레비전 카메라가 일일이 뒤쫓아 다니며 보여 주고, 시청자들은 이들의 사생활을 들여다보며 일종의 관음증적인 쾌감을 느낄 수 있었다. 인기절정의 이 리얼리티쇼는 예상치 않게 조기 종영하게 되었는데, 주인공 부부가 갑자기 사이가 벌어져 실제로 별거를 거쳐 이혼하게 되었기 때문이다. 그런데 별거 직전 이들의 긴장된 부부관계와 자녀 양육권 등을 둘러싼 갈등을 적나라하게 보여 주면서 프로그램 시청률은 최고로 치솟았다.

진지한 역사물과 수준 높은 다큐멘터리 등을 방영하는 것으로 유명한 히스토리 채널도 뒤질세라 리얼리티쇼 경쟁에 뛰어들었다. 도박의 도시 라스베이거스의 한 전당포 사장과 아들이 날마다 전당포에 맡겨지는 물건들과 관련하여 고객과의 가격흥정에서부터 시작해 담보물의 가치를 따져 보고 때때로 사들인 물품을 보수, 복원해 수십 배의 이득을 남기는 과정을 보여 주는 「전당포 스타Pawn Stars」라는 프로그램을 인기리에 방영하고 있다. 히스토리 채널은 이외에도 골동품 거래 중개인, 중고자동차 수리 판매업자, 벌목공, 악어 사냥꾼 등 다양한 직업의 평범한 인물들을 주인공으로 등장시킨 리얼리티쇼를 방영해 짭짤한 시청률을 올리고 있다. 부동산 거래와 정원 가꾸기 전문 케이블 방송인 HGTV에서는 낡은 집을 팔고 이사하려는 부부가 대대적인 주택 개보수를 거쳐 결국 부동산 매도에 성공하는 과정을 낱낱이 보여 주는 리얼리티쇼 「하우스 헌터스House Hunters」를 방영하여 몇 년째 인기를 끌고 있다.

리얼리티쇼란 허구를 곁들여 만든 '가상의 현실'

이처럼 리얼리티쇼가 시청률 대박 행진을 거듭하고 텔레비전 광고 판매에서 효자 노릇을 하다 보니, 방송사나 독립 프로덕션 제작사들은 새 프로그램을 내놓아야 할 때면 으레 리얼리티쇼로 승부를 걸게 마련이다. 그런데 시청률에 지극히 민감한 리얼리티쇼 제작진은 시청자의 눈길을 사로잡기 위해 선정적인 내용을 담는 데 주저하지 않는다. 지상파 방송보다 프로그램 내용 규제가 느슨한 미국 내 케이블 방송에서는 두 가족이 아내(자녀의 기준에서는 어머니)를 맞바꿔 일정 기간 함께 생활하며 벌어지는 가족 간의 갈등과 애환을 흥미진진하게 묘사한 「와이프 스왑Wife Swap」이라는 리얼리티쇼를 방영하여 인기를 끄는가 하면, 아내 또는 남편이 수백 명의 방청객과 전국의 시청자들 앞에서 자신의 불륜사실을 고백하고 배우자에게 용서를 비는 내용을 담은 리얼리티쇼가 버젓이 방영되기도 한다. 이 밖에 바람을 피우는 배우자를 텔레비전 카메라를 앞세운 제작진이 몰래 뒤쫓아가 불륜현장을 덮치는 「치터스Cheaters」라는 리얼리티쇼도 있다. 평범한 사람들의 사생활을 낱낱이 공개하고 충격적이고 엽기적인 에피소드를 내세워 시청자들의 관심을 자극함으로써 광고수입을 늘리려는 상업방송의 치졸한 마케팅 전술에 불과하지만, 충격적이고 저질스러운 리얼리티쇼를 지켜보는 시청자들의 반응은 가히 폭발적이다. 이러한 리얼리티쇼를 지켜보면서 항상 어이없다며 혀를 차는 필자 역시 좀처럼 텔레비전 앞을 떠나지 못하는 것을 보면 리얼리티쇼가 지닌 흡인력은 실로 대단하다.

문제는 이 같은 방송사들의 리얼리티쇼 열풍에도 불구하고 실제로 상당수의 리얼리티쇼가 현실보다는 허구를 바탕으로 한 에피소드를 중심으로 제작되고 있다는 점이다. 다시 말해, 리얼리티쇼가 다루는 현실은 본래 그대로의 현실이 아니라 프로그램 제작진이 사전에 세심하게 '조작한 현실manipulated reality'이라는 특징을 지닌다(Orlebar, 2011). 달리 말하자면, 리얼리티쇼에 나오는 장면 가운데 상당 부분이 프로듀서나 구성작가의 사전각본에 따라 치밀하게 연출되는 경우가 많다는 것이다(Booth, 2004). 예를 들어 앞서 소개한 「하우스 헌터스」를 비롯한 주택개보수 리얼리티쇼 출연자들을 상대로 한 학술 인터뷰 결과가 공개된 적이 있는데, 출연자들은 프로듀서를 비롯한 제작진이 평소 존재하지 않던 가족들 간의 갈등과 긴장 관계를 설정해 특정 장면을 연출하기도 하고 보다 강도 높은 극적인 행동과 충격적인 발언을 하도록 유도해 프로그램의 재미를 높이고 시청률을 끌어올리려 했다는 사실을 털어놓았다(Esch, 2009). 지상파든 케이블 방송이든 가릴 것 없이 앞다퉈 리얼리티쇼를 제작하면서 시청률 경쟁에 나서다 보니 다른 유사 프로그램들과 차별성을 줘야 하겠고, 결국 출연자들을 상대로 톡톡 튀는 발언을 유도하고 듣도 보도 못한 기상천외한 에피소드를 만들어 내 더욱더 많은 시청자의 관심을 끌고 광고수입도 늘리려 한다는 것이다. 이런 의미에서 리얼리티쇼란, 시청자들에게 '현실'을 바탕으로 한 것이라는 착각이 들도록 '허구'를 곁들여 만들어 낸 '가상의 현실'을 다룬 프로그램이라고 봐야 한다.

우리나라 리얼리티쇼의 현주소

앞서 언급한 콜로라도 '기구소년' 소동을 놓고 텔레비전 대중문화 전문가인 로버트 톰슨Robert Thomson 시라큐스대학교 교수는, 대중의 관심을 끌어 리얼리티쇼에 출연하려는 일탈적인 행동은 "텔레비전 생방송 중계가 가능하고 전국 어느 곳이든 현장연결이 가능한 오늘날에는 언제든 또다시 일어날 수 있는 일"이라고 말한다(Huff, 2009). 사전제작이나 취재 후 내용을 검토하고 프로그램의 완성도에 심혈을 기울이던 종래의 방송 제작방식과는 달리, 이제 실시간 현장연결, 위성중계 등이 가능해지면서 대중적 흥미를 끌 만한 소재라면 사실 여부와 상관없이 무엇이든 앞다퉈 방영하려는 방송사의 선정적이고 무책임한 대응이 앞으로도 계속될 수 있다는 경고기도 하다. 하지만 사전 제작물이나 취재라고 해서 예외일 수는 없다. 우리나라 방송에서도 한때 키 작은 남성을 비하하는 '루저 발언'을 한 여대생이 세간의 입방아에 오르내리며 비난을 받기도 했고, '4억 명품녀'라는 여성을 출연시킨 케이블 방송 프로그램 역시 발언의 진실성과 해당 인물에 대한 사실 여부를 놓고 소동을 빚은 적이 있다. 그러나 논란을 빚은 출연자들의 부주의한 발언이 문제의 핵심인지, 아니면 이들을 상대로 특정 발언을 유도한 의심을 받고 있는 프로듀서나 구성작가 등 방송 제작진들의 책임이 더 큰 것인지 여부는 아직까지 명확히 정리되지 않고 있다. 그러니 앞으로 이러한 리얼리티쇼 형식을 띤 프로그램에서 특정 내용이나 인물이 논란을 빚게 될 경우, 출연자들의 자질이나 의도를 탓하기보다는 구성작가와 프로듀서 등 제작진의 윤리의식과 방송인으로서의 기본적 자세를 곱씹어 보는 것이 오히려 더 현실적인 진단일 수 있다. 지난 몇 년간 미국에서 벌어진 리얼리티쇼를 둘러싼 각종 논란과 소동을 살펴보면, 국내에서도 이처럼 충격적인 내용이 방송되었다는 것은 그다지 놀랄 만한 일은 아니다. 시청률 지상주의를 표방하는 우리 방송 제작환경 속에서 언제든지 생길 수 있는 역효과를 여실히 보여 준 것에 불과하기 때문이다.

리얼리티쇼의 매력과 미래

그렇다면 사람들은 왜 리얼리티쇼를 그토록 즐겨 보는 것일까? 무엇보다 리얼리티쇼를 즐겨 보는 시청자들은 타인의 사생활을 텔레비전을 통해 들여다보면서 대리만족을 느끼거나 충격적인 화면이나 이야기를 접하면서 일종의 관음증적인 쾌감을 느끼게 된다. 마치 실험실의 모르모트처럼 인간을 가두고 실험하며 해부하는 집단적 가학성마저 유발하는 것이다(손주연, 2004). 높은 시청률과 상업적 성공을 염두에 둔 제작진들은 시청자들의 이러한 호기심을 자극하는 선정적인 내용을 더욱 부각시키기 마련이다. 라이스와 윌츠의 연구(Reiss & Wiltz, 2004)는 리얼리티쇼에 열광하는 시청자들의 일반적인 특징을 파악하는 데 몇 가지 흥미로운 단서를 제공한다. 먼저 리얼리티쇼를 즐겨 보는 사람들은 '사회적 신분'에 대한 강한 자의식을 지니고 있다. 달리 말하면, 평범한 사람들이 출연하는 리얼리티쇼를 지켜보면서 시청자들은 자신이 출연자들보다 못할 것이 무엇이냐며 일종의 우월감과 만족감을 느낀다는 것이다. 또한 자신과 비슷한 처지인 평범한 사람들이 텔레비전 프로그램에 출연한 것을 지켜보면서 자신도 텔레비전에 출연하는 유명 연예인과 다름없다는 환상에 빠져들기도 한다. 둘째로 리얼리티쇼를 즐겨 보는 사람들은 상호 간의 화합과 대화를 중시하기보다는 경쟁과 복수라는 냉정한 승부의 세계를 동경하는 경우가 많다. 경쟁심과 복수심에 불타는 사람일수록 리얼리티쇼에서 그려지는 치열한 경쟁 또는 경연 끝에 최후의 승자가 가려지는 스토리라인에 열광하기 마련이다. 반면에 구성원 간의 경쟁이나 갈등, 분노, 복수심 또는 승부욕에 연연해하지 않는 온선한 성향의 시청자들은 리얼리티쇼에 상대적으로 무관심하다. 이 밖에도 리얼리티쇼에 열광하는 시청자들은 목적 달성을 위해서라면 어떤 수단도 정당화된다는 이른바 '도덕불감증' 증세를 보일 때가 있으며, 반면에 다양한 경쟁이나 경연 과정에서 설정되는 복잡한 규칙이나 규정을 따르는 것에 대해 다른 사람들보다 더 긍정적 반응을 보인다고 한다. 한 가지 유념할 것은 이른바 리얼리티쇼에 열광하는 주 시청자 계층이 10대와 20대 젊은이들이라는 것인데, 이들이 앞으로도 계속 대중문화와 소비문화의 주인공으로 남아 있는 한 리얼리티쇼에 대한 방송사와 광고주의 구애는 계속될 것이다. 지난 10여 년간 전 세계 시청자들을 열광시키고 여러 방송사에 막대한 상업적 이익을 안겨다 준 텔레비전 리얼리티쇼는 오늘날 방송 프로그램 가운데 가장 성공적이고 대중적인 형식으로 자리 잡았다. 한편 리얼리티쇼의 원조가 유럽이라는 점에서도 알 수 있듯이 리얼리티쇼는 과거 미국 중심의 방송 프로그램 시장을 유럽으로 옮겨 놓는 데 적지 않은 역할을 했다.

사실이 배제된 허구를 바탕으로 비현실적인 상황을 현실처럼 바꿔 버리는 리얼리티쇼를 체험한 수많은 출연자의 불만스런 반응에도 불구하고, 오늘도 리얼리티쇼에 출연하려는 평범한 사람들의 열망은 끊임없이 이어지고 있다. 리얼리티쇼에 단 한 번이라도 출연해 방송을 타면 대중의 관심을 끌어 자신도 스타가 될 수 있다는 착각이 지배적이다 보니, 방송출연과 대중적 노출만을 목표로 삼는 절박한 심정의 리얼리티쇼 꿈나무들도 적지 않다. 콜로라도 '기구소년' 소동이나 워싱턴 D.C. '백악관 만찬장 난입' 소동도 곰곰이 따져 보면, 리얼리티쇼를 통해 이른바 '인생 역전'을 꿈꾸는 평범한 사람들과 이들을 이용해 시청률을 끌어올리고 자신들의 프로그램을 성공시키려는 방송인들의 합작품이었다고 할 수 있다. 오늘도 전 세계 방송사들에는 리얼리티쇼 관련 소재와 아이디어를 제안하는 평범한 사람들의 러브콜이 이어지고 있다. 이 같은 리얼리티쇼 관련 아이디어가 미국에서만 한 해에 수천 건에 이른다고 하니, 계속되는 소동과 논란에도 불구하고 앞으로도 리얼리티쇼에 대한 방송사들의 관심과 대중적 인기는 좀처럼 식지 않을 듯하다.

참고문헌

손주연(2004). 「〈서바이버〉부터 〈베첼러〉까지: 전 세계 방송을 휩쓸고 있는 리얼리티쇼」. 『씨네 21』. http://www.cine21.com/news/view/mag_id/23581

Argetsinger, A. & Roberts, R.(2009, November 26). "Off the list, but somehow on the South Lawn". *Washington Post*.

Booth, W.(2004, August 10). "Reality is only an illusion, writers say: Hollywood scribes want a cut of not-so-unscripted series". *Washington Post*.

Esch, M.(2009). "Renovating TV, remodeling gender: Home improvement television and gendered domesticities, 1990-2005". Unpublished doctoral dissertation. Boulder, CO: University of Colorado Boulder.

Huff, R.(2009, October 16). "Cable news' coverage of boy in the balloon drama shows TV journalism at its worst". *New York Daily News*.

Nabi, R. L., Biely, E. N., Morgan, S. J. & Stitt, C. R.(2003). "Reality-based television programming and the psychology of its appeal". *Media Psychology* 5(4), pp. 303-330.

Orlebar, J.(2011). *The television handbook* (4th ed.). New York: Routledge.

Reiss, S. & Wiltz, J.(2004). "Why people watch reality TV". *Media Psychology* 6, pp. 363-378.

02.. 총기난사 사건과 텔레비전의 총기폭력 묘사

무고한 생명을 앗아 간 두 건의 총기난사 사건

2012년 12월 14일 금요일 아침, 미국 코네티컷 주의 작은 마을 샌디훅Sandy Hook의 한 초등학교에 반자동 소총 한 정과 권총 두 정을 든 젊은이가 들이닥쳐 이 학교 학생 20명과 교사 등 모두 26명을 살해한 끔찍한 사건이 벌어졌다. 이보다 반년쯤 앞선 7월 20일에는 콜로라도 주 덴버 인근 오로라Aurora 시의 한 극장에서 총기난사 사건이 벌어졌다. 새 「배트맨Batman」 영화 시리즈 「다크 나이트 라이즈The Dark Knight Rises」를 상영하던 극장 안에서 한 젊은이가 관객들에게 총기를 난사해 12명이 숨지고 58명이 부상을 입은 것이다. 이처럼 예고 없이 발생하는 위기상황 때마다 미국 방송사들은 정규 프로그램을 중단한 채 뉴스속보를 내보내는데, 특히 다수의 사상자를 낸 총기난사 사건의 경우에는 최소한 1~2주일간 집중 보도하기 마련이다.

2012년 잇따라 발생한 두 건의 총기난사 사건은 안 그래도 총기규제 문제로 고민을 거듭해 온 미국 사회에 다시 한 번 충격을 안겨 주었다. 오로라와 샌디훅초등학교에서 총기난사 사건이 발생하자마자 텔레비전 뉴스

2–1 샌디훅초등학교 총기난사 사건 추모 현장.
샌디훅초등학교 총기난사 사건에서 희생된 어린이들을 추모하는 꽃다발과 인형 등이 놓인 가운데 주민들이 발걸음을 멈춘 채 지켜보고 있다. (촬영: Bbjeter)

에서는 날마다 사상자와 가족들, 그리고 범인 가족, 지인 등을 인터뷰하면서 거의 공황상태에 빠진 지역사회의 분위기를 전했다. 그리고 총기난사 사건을 보도할 때면 빠짐없이 등장하는, "어떻게 하면 총기로부터 학교와 직장, 지역사회를 보호할 것인가"에 대한 전문가 진단과 심층분석 보도를 앞다퉈 방영했다. 그러면서 미국 전역에 퍼져 있는 2억 7천만 정이 넘는 총기를 범죄자의 손에 들어가지 않도록 어떻게 규제할 것인가에 대한 토의도 빼놓지 않았다. 총기난사 사건으로 숨진 천사와 같은 샌디훅초등학교 어린이 희생자들의 사진이 가득한 텔레비전 스튜디오에서 비통한 표정의 기자와 앵커들은 이제 미국인들이 진지하게 총기규제 문제를 고민해야 할 때라면서 보도를 마무리했다.

미국 텔레비전의 총기폭력 묘사, 이대로 좋은가

총기난사 사건의 희생자들을 추모하고 애도하는 미국 텔레비전의 이 같은 뉴스보도는 언론으로서 당연한 일이긴 하지만, 알고 보면 지극히 이율배반적이다. 미국인들을 총기로부터 보호하자고 외치는 텔레비전이 실제로는 총기폭력과 관련된 내용을 드라마를 통해 가장 적극적으로 방영하고 있기 때문이다. 샌디훅초등학교 총기난사 사건이 일어난 후 미국 내 한 학부모단체가 2013년 1월 중순부터 2월 중순까지 한 달 동안 방영된 지상파 네트워크 텔레비전의 프로그램 392편을 내용 분석해 보았더니, 이 가운데 121편(30.8퍼센트)에서 총기 관련 폭력을 묘사한 것으로 밝혀졌다. 특히 지상파 3대 네트워크의 하나인 CBS 방송의 경우 프로그램 가운데 절반 이상(54퍼센트)에서 총기 관련 폭력을 묘사하고 있었다고 한다(Parents Television Council, 2013). 그런데 이 연구의 경우 불과 한 달 전에 일어난 샌디훅초등학교 총기난사 사건의 여파로 방송사들이 나름대로 총기 관련 폭력물 방영을 다소 자제한 시기에 행해진 것을 감안한다면, 평소 텔레비전의 총기폭력물 방영 빈도는 실제로는 더 높을 것으로 보인다. 이보다 훨씬 앞선 2000년에 이뤄진 또 다른 연구에서는 총기폭력 묘사가 평상시 전체 텔레비전 프로그램의 40퍼센트에 이른다는 결과가 나왔다(Hamilton, 2000). 이 연구에서는 또 텔레비전에서는 총기폭력을 제외한 일반적 폭력, 예를 들어 손찌검이나 주먹싸움을 한다든가 아니면 흉기나 둔기로 상대방에게 해를 입히는 내용은 전체 방영 프로그램의 25퍼센트에 불과했다고 밝혔다. 사정이 이렇다 보니 "총기폭력은 할리우드 영화계는 물론이고 텔레비전이 가장 선호하는 폭력 유형"이라고 말해도 무방할 듯하다.

왜 미국 텔레비전, 특히 드라마에서는 총기폭력 묘사가 넘쳐나는 것일까? 연기자들 간의 재치 있는 대사를 통해 '말싸움'을 하도록 대본을 고치거나, 아니면 서로 어깨나 몸을 밀치는 정도의 '몸싸움'으로 대신하거나,

꼭 필요하다면 '주먹싸움' 정도로 폭력의 강도를 낮출 수는 없는 것일까? 여기서 잠시 미국 텔레비전에서 인기리에 방영되었던 드라마의 총기 관련 폭력 묘사를 살펴보자.

> 미국 뉴멕시코 주의 한적한 도로를 달리는 대형 트레일러 트럭. 이 트럭의 적재함 속에는 곧 마약밀매조직에 넘길 필로폰 제조용 화학물질이 가득 실려 있다. 하지만 트럭은 도로를 가로막고 있던 괴한들에 의해 멈춰 선다. 트럭 운전자는 괴한들의 총격을 받아 즉사한다. 곧이어 트럭을 향해 괴한들의 기관단총이 일제히 불을 뿜는데, 순식간에 수백 발의 총탄이 적재함을 벌집으로 만들어 버린다. 이윽고 괴한들이 트럭 적재함의 문을 열자 바닥에 엎드린 채 숨어 있던 밀매조직원이 재빨리 권총을 겨누어 이들을 한꺼번에 처치한다.

미국 AMC 케이블 방송에서 2011년 인기리에 방영된 「브레이킹 배드Breaking Bad」 시즌 4 에피소드 가운데 한 장면이다. 살인과 폭행을 밥 먹듯 하는 마약밀매단과 폭력조직의 세력 다툼을 묘사한 장면이므로 총기폭력이 포함되는 것이 어찌 보면 당연해 보인다.

> 미국의 대테러 조직 CTU 비밀요원들이 중동 출신 테러리스트를 쫓고 있다. 테러리스트는 차량을 훔쳐 도주한다. 비밀요원 가운데 조준경을 장착한 소총을 지닌 저격수가 테러리스트를 정조준해 어깨에 총상을 입힌다. 부상에도 불구하고 테러리스트는 필사적으로 달아나려 한다. 나머지 비밀요원들이 차량을 뒤쫓으며 권총을 연속 발사한다. 쏟아지는 총탄에 도주차량의 유리창이 산산이 부서진다. 그러나 테러범은 비밀요원들의 추격을 따돌린 채 유유히 사라진다.

FOX TV에서 2001년에서 2010년까지 인기리에 방영된 「24」의 시즌 8 에피소드 가운데 한 장면이다. 국가안보를 위협하는 테러조직에 맞서 싸우는 미국 비밀요원들의 활약을 그린 이 드라마에서 총기폭력 장면을 빼버린다면 어떻게 될까? 드라마에서 경찰이나 군인, 정부 비밀요원 등이 총기를 사용하는 것은 이른바 '정당화된 공권력 행사'를 묘사하는 것이지만, 자칫 이런 내용도 시청자들에게 총기폭력은 정당하다는 인식을 심어주면서 시청자들의 폭력 성향을 부추길 수 있다.

한 학술연구에 따르면, 텔레비전에서 총기폭력을 휘두르는 사람은 대체로 성인 백인 남성이며 정부와 관련이 없는 인물로 묘사된다. 또한 총기폭력의 결과로 가해자와 피해자가 예외 없이 신체적 고통과 정신적 피해를 당하는 것으로 그려지곤 한다. 그런데 최근에는 드라마에서 총기폭력을 휘두르는 사람들이 체포되거나 파국에 이르는 등 부정적 결말을 맞지 않고 아무런 처벌도 받지 않는 것으로 묘사되는 사례가 적지 않다(Smith, Lachlan, et al., 2004). 그리고 지상파 방송보다는 케이블 방송 프로그램에서 총기폭력을 더 빈번하고 노골적으로 묘사하는 것으로 밝혀졌다(Smith, Lachlan, et al., 2004).

총기폭력에 대한 텔레비전 방송의 자유롭고 무책임한 묘사 탓인지 몰라도 미국 신세대 시청자들의 총기폭력에 대한 전반적 인식은 우려를 불러일으킨다. 한 설문조사(Boiarsky & Long, 2009)에 따르면, 남자 대학생 시청자들은 총기폭력이 묘사된 텔레비전 프로그램을 오래 시청하면 할수록 총기폭력을 긍정적으로 받아들이는 것으로 밝혀졌다. 이런 인식은 총기폭력을 다룬 비디오게임이나 영화를 즐기는 학생일수록 그 정도가 심했다. 반면에 같은 조사에 참여한 여학생들의 경우 남학생들에 비해 상대적으로 총기폭력에 부정적인 인식을 갖고 있었다고 한다.

드라마 제작자와 텔레비전 방송사 측은 무분별한 총기폭력 묘사가 불러올지 모르는 시청자와 압력단체의 비난을 의식해 대체로 총기를 사용하는 두 집단을 선과 악의 대결 구도로 만들려고 한다. 총기를 사용해 선량한 시민들을 살해하는 것은 범죄조직, 마약조직 또는 테러조직 구성원들이고, 이들에 맞서 정의와 평화를 지키기 위한 총탄을 퍼붓는 사람들은 수사기관이나 국가정보기관 요원들인 것이다. 그런데 선과 악의 대결이라는 이분법적 구조 아래 인기 드라마에서 묘사되는 총기폭력이, 단지 한두 발의 총탄이 아니라 수십 수백 발의 총탄이 발사되어 수많은 사람이 죽거나 다치는 수준인 경우도 있다. 결국 총기폭력은 '생과 사의 긴박한 상황' 속에서 '선과 악을 대표하는 두 집단 간의 격렬한 갈등과 대결'을 가장 짧은 시간 내에 극적으로 마무리 짓는 촉매제 역할을 하는 것이다. 이 같은 텔레비전의 총기폭력 묘사를 지켜보는 시청자들은 아드레날린이 솟구치면서 극도의 흥분과 함께 대리만족을 느끼게 마련이다. 문제는 방송사들 간의 시청률 경쟁이 치열해질수록 총기폭력의 강도도 점점 올라간다는 데 있다.

총기소유는 미국인의 권리?

텔레비전에서 계속해서 총기 관련 폭력이 묘사되는 또 다른 이유는 총기소유가 합법화된 미국 사회의 독특한 '총기문화' 때문이기도 하다. 미국인들의 총기소유 역사는 미합중국이 탄생하는 시기까지 거슬러 올라간다. 18세기 당시 민병대 조직을 토대로 영국 정부에 맞서 무력항쟁을 벌여 독립을 쟁취한 미국인들에게 총기소유는 역사적 전통인 것이다. 미국 수정헌법 제2조에 총기소유에 관한 내용이 담겨 있는데, "규율을 갖춘 민병대는 자유로운 주state의 안보에 필수적이므로 무기를 보유할 국민의 권리는 침해될 수 없다"라는 내용이다. 그런데 수정헌법 제1조는 종교, 언론, 출판, 집회의 자유를, 제2조는 국민 개개인의 무기소지 권리를 규정하고 있으니, 합법적인 총기소유에 대한 미국인들의 생각이 얼마나 절실한

2-2 즉석에서 총기구입이 가능한 총기 전시회.
잇따른 총기난사 사건으로 총기규제 목소리가 높지만, 많은 미국인은 정기적으로 개최되는 이른바 총기 전시회gun show에서 자유롭게 총기를 만져 보고 마음에 드는 총기를 즉석에서 구입할 수 있다. (촬영: M. Glasgow)

것인지 짐작할 수 있다.

총기소유를 긍정적으로 생각하는 미국인들의 경우, 합법적인 총기소유는 공권력이 제 역할을 하지 못할 때 스스로 무장해 자신과 가족의 생명을 보호하고 독재권력이나 외적의 침략에 무력항쟁으로 맞서 자유와 권리를 보호하는 데 필요하다고 주장한다. 특히 이들은 총기를 합법적인 사냥과 사격 등 스포츠 목적으로 활용하는 것이 왜 문제가 되느냐고 반문한다. 더욱이 무법자들이 활보하던 서부 개척시대를 거치면서 자신과 가족의 생명을 총기에 의존해 지켜야 했던 미국인들에게는 드라마에 등장하는 총기사용과 이에 따른 폭력묘사가 자연스런 문화현상의 일부로 받아들여지는 것인지 모른다. 실제로는 일부 범법자의 무분별한 총기사용으로 인해 존경받는 정치인이나 인기 연예인, 무고한 시민과 심지어 어린 이들이 죽거나 다치더라도, 이를 총기소유 합법화에 따라 감수해야 할 진통이나 부작용 정도로 여기는 것이다. 평범한 이웃이 알고 보면 합법적인 총기 소유자거나 거리를 오가다 경찰이나 사설 경비업체 직원이 휴대한 총기에 자칫 목숨을 잃거나 다칠 가능성이 상존하는 것이 미국 사회다. 이런 사회환경 속에서는 5~6분에 한 번꼴로 범죄자와 공권력 또는 갈등을 빚고 있는 두 주인공들 간에 총격전을 벌이는 드라마의 상황 설정이 지극히 자연스럽게 받아들여질 수 있다. 비록 드라마에서 묘사되는 총기 폭력을 지나치게 과장된 비현실적인 설정이라고 판단하더라도 텔레비전 매체가 제공하는 오락으로 받아들이는 것이다.

총기규제, 아직은 먼 이야기

그동안 텔레비전에서 그려지는 과도한 수준의 총기폭력을 줄여 나가려는 노력은 주로 시청자단체나 학부모단체를 중심으로 이뤄져 왔으며, 연방통신위원회FCC를 비롯한 미국 정부 차원의 대책은 상대적으로 실망스럽다고 할 수 있다. 실제로 지난 2007년 FCC는 텔레비전의 각종 폭력묘사가 어린이에게 부정적 영향을 미치며 이를 규제하기 위해 연방의회 차원의 법률제정이 시급하다는 견해를 제기했다(FCC, 2007). 그러나 몇 해가 지나도록 아직까지 텔레비전 폭력묘사를 규제하기 위한 어떤 법률도 제정되지 않고 있다. 많은 미국인이 텔레비전 프로그램의 총기폭력 묘사를 우려하지만, 이를 법률로 규제하는 것은 '언론과 표현의 자유'를 규정한 미국 수정헌법 제1조에 위배된다고 생각하기 때문이다. 결국 총기폭력 묘사는 대체로 방송사와 드라마 제작자 등의 자율적인 노력에 맡겨지고 있는 실정이다.

미국 정부의 총기규제법안은 중요한 총기 관련 사건이 발생할 때마다 강화되어 왔지만, 대체로 총기구매자에 대해 전과, 마약중독 또는 정신질환 여부를 조회하는 데 그치고 있다. 그러나 1999년 콜로라도 주 콜럼바인고교 총기난사 사건이나 2007년 버지니아공대 총기난사 사건 등에서

2-3 스미스 앤 웨슨사의 38구경 리볼버 권총.
미국에서 가장 광범위하게 유통되고 있는 총기로, 그만큼 범죄에도 많이 사용되고 있다.

드러난 것처럼 전과도 없고 공식적으로는 정신질환도 없는 범인들이 저지른 학교 총기난사 사건이 되풀이되고 있다. 모두 32명이 숨지고 17명이 부상당한 버지니아공대 총기난사 사건 이후 미국의 여러 대학에서는 캠퍼스 내에서 총기를 휴대하는 것을 금지하고 있다. 한편 2012년 샌디훅초등학교 총기난사 사건 이후 오바마 행정부에서는 총기구매자 전체에 대한 철저한 신원확인과 대용량 탄창 판매 규제를 골자로 하는 보다 강화된 총기규제법안을 의회에 제출했지만, 총기소유 옹호 압력단체인 미국총기협회National Rifle Association를 비롯한 보수단체와 공화당의 비협조로 법안통과에 실패했다(O'Keefe, 2013).

필자가 거주하는 콜로라도 주에서는 콜럼바인고교 총기난사 사건과 오로라 총기난사 사건 등 굵직한 총기사고가 두 차례나 일어나 대체로 총기규제 노력에 대한 지지도가 높은 편이다. 지역 텔레비전 방송을 비롯한 언론의 전반적 보도도 총기규제에 대해서는 긍정적인 견해를 보인다. 그러나 2012년 3월 콜로라도 주 대법원은 콜로라도대학교 캠퍼스 내에서 총기소유를 금지하는 것은 위헌이라고 판결했다. 결국 합법적인 총기소유권을 지니고 있으면 학생이든 교수든 그 누구든 캠퍼스 내에서 총기를 지닌 채 활보할 수 있다는 법률해석이 내려진 셈이다. 현재 콜로라도대학교 당국은 독자적으로 총기소유를 금지할 수 있도록 하는 차선책을 마련 중이지만 실현 여부가 의심스럽다.

이처럼 총기 관련 폭력은 미국의 독특한 역사적 경험과 미국인들의 오랜 총기소유 문화 속에서 어느새 현실에서 충분히 벌어질 만한 상황을 각색한 오락물로 바뀌었고, 드라마를 위시해 여러 프로그램에서 가장 손쉽게 긴장감을 조성해 절정으로 끌어올렸다가 어느 한순간에 결정적 파국으로 이끄는 효율적인 도구로 사용되고 있다. 특히 지난 10여 년 이상 미국이 주도한 이른바 '테러와의 전쟁'과 이라크, 아프가니스탄 전쟁 등을 거치면서 미국인들 사이에는 국가안보를 지키고 테러리스트를 제거하기 위한 총기폭력은 정당화될 수 있다는 암묵적인 동의마저 이뤄져 있는 상태다. 이런 점에서 미국 텔레비전의 총기폭력은 'Made in U.S.A.'라는 나름대로의 브랜드를 자랑하면서 앞으로도 오랫동안 드라마와 각종 프로그램 전반을 지배하는 강력한 소재가 될 가능성이 다분하다.

참고문헌

Boiarsky, G. & Long, M.(2009). "Media use, gender, and attitudes toward guns and violence". Paper presented at the annual meeting of the International Communication Association, San Diago, CA.

Federal Communications Commission(2007, April 25). "Violent television programming and its impact on children". FCC 07−50. http://www.c−span.org/pdf/fcc_tvviolence.pdf

Hamilton, J. T.(2000). *Television violence and public policy*. Ann Arbor, MI: University of Michigan Press.

O'Keefe, E.(2013, April 17). "Gun background check compromise, assault weapon ban fail in Senate". *Washington Post*.

Parents Television Council(2013, March 20). "Gun violence is Hollywood's favorite type of violence". http://w2.parentstv.org/Main/News/Detail.aspx?docID=2755

Smith, S. L., Lachlan, K., Pieper, K. M., Boyson, A. R., Wilson, B. J., Tamborini, R. & Weber R.(2004). "Brandishing guns in American media: Two studies examining how often and in what context firearms appear on television and in popular video games". *Journal of Broadcasting & Electronic Media* 48(4), pp. 584−606.

Ⅱ

텔레비전의 메시지가 결국 세상을 바꾼다

03.. 동성애, 평등권, 그리고 텔레비전

미국 텔레비전 속 동성애자, 진보적이고 자유분방한 전문직 종사자

미국 케이블 텔레비전 리얼리티쇼 가운데 하나인 「하우스 헌터스House Hunters」라는 프로그램의 에피소드 한 편을 잠시 살펴보자.

> 로스앤젤레스 시 인근 글렌데일Glendale 시에 거주하는 부동산 개발업자 브라이언과 변호사 데릭은 6년 전 처음 사귀기 시작해 일곱 달 전부터는 함께 살기 시작했습니다. 조만간 이 커플은 두 명이 아기를 입양해 키울 예정입니다. 이 같은 계획을 실천하기 위해 현재 살고 있는 아파트보다 더 넓은 단독주택으로 이사하려고 합니다. 이 커플은 침실 서너 개와 넓은 뒷마당과 조그만 옥외수영장이 갖추어져 있고, 조용한 거주지역에 위치하며, 주변 경치를 즐길 수 있는 단독주택을 물색하고 있습니다. 구입 가격대는 80만 달러에서 1백20만 달러를 예상합니다. (「하우스 헌터스House Hunters」, HGTV, 2013년 1월 19일 방영)

프로그램 서두에 아무런 언급도 없었지만, 이들은 남성 동성커플이다.

대다수 신혼부부들처럼 새로운 보금자리를 마련하기 위해 부동산중개인과 함께 주택을 탐방하는 과정을 리얼리티쇼 에피소드에 담은 것이다. 브라이언과 데릭의 사례에서 보는 것처럼 미국 텔레비전에 등장하는 동성애자들은 인텔리 계층이며 자유분방하며 진보적인 사고를 지니고 대도시 지역에 거주하면서 직장생활을 하는 전문직 종사자가 많다(Becker, 2006). 예를 들어, 동성애자가 등장하는 드라마 가운데 가장 뛰어나다는 평가를 받기도 한 NBC 방송 「윌 앤 그레이스Will and Grace」(1998~2006년 방영)에는 뉴욕 맨해튼에서 일하는 성공한 변호사 윌 트루먼Will Truman이 주인공으로 등장한다. 물론 윌 트루먼은 남성 동성애자다.

이처럼 미국 드라마에 등장하는 동성애 또는 동성애자의 이미지는 긍정적일 때가 많지만, 부정적으로 묘사되는 일도 허다하다. 특히 1990년대 초기 드라마에는 커밍아웃하지 않은 동성애자가 동성애인과의 치정관계에 얽혀 살인이나 폭력을 휘두르는 등 막장드라마식의 줄거리가 많았다. 그러나 최근 몇 년 새 드라마에 묘사되는 동성애자들은 대체로 긍정적인 모습이다. 그런데 일부에서는 이 같은 변화가 동성애에 대한 사회 전반의 인식변화를 나타내는 것이라기보다는 텔레비전 광고주들이 소비성향이 강한 동성애자 고객들을 놓치지 않으려 하기 때문에 일어난 것이라고 주장한다. 보다 구체적으로 말하면, 동성커플들은 대부분 각자 직업을 갖고 있으며 함께 돈을 벌기 때문에 경제적으로 윤택하고 입양하지 않는 한 자녀도 없기 때문에 왕성한 소비성향과 넉넉한 상품구매력을 지니고 있다고 여겨져 텔레비전 광고주들의 주된 타깃이 되었다는 것이다. 방송광고가 따라붙어야 수익을 얻을 수 있는 드라마에서 동성애나 동성커플이 긍정적으로 묘사되는 것은 바로 이런 이유 때문이라는 논리다.

동성애가 미국 텔레비전에서 핵심이슈가 되기까지

동성애 이슈가 미국 드라마에 등장하기 시작한 것은 1970년대부터다. 그러나 당시엔 동성애를 호기심의 대상으로 여기거나 유별난 행동양식으로 묘사해 코미디 드라마 소재로 활용하는 것이 보통이었으며, 동성애자를 긍정적이고 인간적으로 묘사하는 사례는 드물었다. 그러다가 동성애가 본격적으로 미국 텔레비전에 빈번하게 등장하게 된 것은 1990년대에 들어서면서부터다. 지상파와 케이블 텔레비전의 코미디나 일일 시트콤 드라마에서 등장인물 가운데 동성애자를 포함시키거나 단막극 에피소드에서 동성애를 주제로 다루기 시작한 것이다. 당시 드라마에 등장한 동성애자들은 '호들갑스럽고 유쾌하며 자유분방하고 진보적이며 전문직 종사자로 경제적 여유가 있는' 인물로 묘사되는 것이 보통이어서, 과거보다는 확실히 긍정적으로 바뀐 모습이었다. 이렇듯 드라마에 남성 또는 여성 동성커플이 등장하면서 이들의 일상생활이 묘사되기도 했는데, 때때로 이들의 애정표현, 예를 들어 여성 동성커플이 키스를 하거나 남성 동성커플이 함께 침대에 누워 있는 장면 등을 방영해 논란을 일으키기도 했다. 한편 NBC 방송이 1998년 「윌 앤 그레이스」를 방영해 큰 인기를 얻자, ABC 방송에서는 남성 동성커플과 그 딸을 주인공으로 한 「잇츠 올 렐러티브 It's All Relative」라는 드라마를 방영했다. 곧이어 케이블 방송 브라보Bravo에서는 남성 동성애자들 간의 만남을 주선하는 게임쇼 「보이 미츠 보이Boy Meets Boy」, 그리고 디자이너, 스타일리스트 등 다섯 명의 남성 동성애자가 남성 신청자의 패션과 거주 공간을 멋지게 변신시켜 주는 리얼리티쇼 「퀴어 아이Queer Eye for the Straight Guy」를 잇따라 방영했다. 이 시기에는 거의 모든 드라마에서 동성애자를 주인공이나 조연으로 등장시키거나 동성애를 주제로 한 에피소드를 다루면서 동성애는 숨길 것이 아니라 거리낌없이 공개해 사회적으로 인정받아야 하는 것이라는 인식이 싹트기 시작

3-1 1996년 미국 드라마 「프렌즈Friends」에서 방영된 동성 결혼식 장면.
당시 찬반논란에도 불구하고 많은 시청자가 이 드라마에 묘사된 동성 간의 결혼이 변화하는 사회상을 적절히 반영한 것이라며 긍정적으로 받아들였다.

3-2 미국 드라마 「엘런Ellen」의 한 에피소드를 통해 '커밍아웃'한 엘런 드제너러스.
자신이 동성애자임을 밝힌 당시 에피소드는 엄청난 시청률을 기록했고 에미상을 비롯한 여러 굵직한 상을 휩쓸었다. (촬영: Alan Light)

했다.

이렇듯 1990년대에 동성애를 다룬 드라마들이 봇물 터지듯 쏟아져 나오기는 했지만, 여전히 텔레비전에서는 동성애를 코미디나 시트콤 드라마를 통해 기이하고 색다른 모습으로 묘사하여 시청자들의 호기심을 자극하는 수준이었다. 그런데 동성애가 텔레비전의 빼놓을 수 없는 핵심이

슈로 떠오른 것은 유명 방송인들이 잇따라서 자신의 성정체성을 공개적으로 밝히면서부터다. 예를 들어, 1997년 ABC 방송 드라마 「엘런Ellen」의 주인공 엘런 드제너러스Ellen DeGeneres가 드라마 속에서 공개적으로 "나는 게이다I'm gay"라는 대사와 함께 '커밍아웃'했다. 당시 이 에피소드는 4천 2백만 시청자가 지켜보았고, 방송계의 아카데미상으로 불리는 에미상Emmy Award과 피바디상Peabody Award을 받았다(Avila-Saavedra, 2009).

2012년 7월에는 CNN 방송의 메인뉴스 앵커인 앤더슨 쿠퍼Anderson Cooper가 이메일을 통해 자신이 동성애자라는 사실을 공개했는데, 일부 시청자들은 유명 앵커인 쿠퍼가 방송이 아닌 이메일로 커밍아웃한 것에 대해 아쉬움을 나타내기도 했다(Stelter, 2012a). 전국적 지명도를 지닌 CNN 앵커가 커밍아웃하자 미국 내 거의 모든 텔레비전 뉴스와 연예 뉴스가 이 사실을 앞다퉈 보도했다. 주목할 점은 지난 몇 년간 동성애에 대해 눈에 띌 정도로 관대해진 사회 분위기 덕분인지 쿠퍼의 동성애자 고백은 별다른 논란 없이 마무리되었고, 오히려 그의 솔직함에 감동받았다는 시청자들의 격려가 잇따랐다. 쿠퍼의 성정체성 공개는 현재 방송계에서 활동 중인 또 다른 동성애자들을 고무시킨 것이 분명한데, 앞으로 더 많은 동성애자의 공개선언이 잇따를 것으로 예상된다.

동성애자, 평등하고 행복한 삶을 누릴 권리를 지닌 평범한 시민

요즈음 미국 드라마에서 동성애자를 묘사하거나 그들을 소재로 에피소드를 만들 경우 동성애자를 '대부분의 사람들과 전혀 다를 바 없는 평범한 이웃'으로 여겨 있는 그대로의 모습을 보여 주는 추세다. 동성애자가 텔레비전에 출연하거나 드라마에 등장하더라도 이들을 '동성애자homosexual, gay, lesbian'라고 지칭하지도 않는다. 성소수자 단체인 GLAADGay and Lesbian Alliance Against Defamation에서는 텔레비전 방송사 측에 아무런 편견 없이 '공정하고 정확하게' 동성애를 묘사해 달라고 주문한다. 특히 동성애자를 출연시킬 때 '단순한 호기심의 대상이 아닌 평범하고 자연스런 사고와 행동양식을 지닌 사람'으로 그려 줄 것을 주문한다(Stelter, 2012b). 이들은 또 동성애자는 '헌법의 보호 아래 남들과 똑같이 평등하고 행복한 삶을 누릴 권리를 지닌 평범한 시민'이라는 점도 강조한다. 이 같은 요구는 다인종 다문화 사회인 미국 사회에서 강조되는 다양성diversity과 관용tolerance의 미덕을 존중해 방송 프로그램에 담아 달라는 것인데, 여기에서 다양성이란 흔히 "종교와 피부색, 성별, 국적과 신념, 결혼 여부, 군 복무 경력, 성정체성 등을 이유로 특정 인물을 차별해서는 안 된다"라는 미국 사회의 불문율과 밀접한 관련을 지닌다. 성소수자로 일컬어지는 동성애자들의 경우, 헌법에 보장된 평등권에 따라 평범한 시민으로서의 자유와 권리를 보장받으며 남들로부터 부당한 멸시나 차별을 받아서는 안 된다는 것이다.

동성애 이슈에 대한 미국 사회 전반의 전향적이고 진보적인 분위기 탓인지 텔레비전 프로그램에는 거의 날마다 동성커플이 등장한다. 드라마와 리얼리티쇼, 게임쇼 등이 주 무대인데, 허구를 토대로 한 드라마에서는 대본에 맞춰 배우가 연기하는 것이 보통이지만 리얼리티쇼와 게임쇼에는 실제 동성애자나 동성커플이 출연하는 것이 보편화되어 있다.

동성애에 대한 미국 사회 전반 및 방송계의 반응에 비춰 보면, 최근 들어 우리 방송에서도 동성애에 대해 과거보다 더 긍정적인 묘사가 나오기 시작했지만 아직도 갈 길이 멀다. 잘 알려진 것처럼 지난 2000년 커밍아웃한 방송연예인 홍석천 씨의 경우, 동성애자라는 성정체성을 공개했다는 이유로 한동안 방송출연을 하지 못한 채 모진 시련을 겪어야 했다. 동성애를 혐오하던 당시 우리 사회 전반의 정서 탓에 방송사는 물론 시청자들도 그를 배척했던 것이다. 몇 해 전 방송활동을 재개한 홍 씨는 그동안 SBS 「힐링캠프, 기쁘지 아니한가」를 비롯해 여러 방송 프로그램에 출연해 예전보다 더 당당한 모습을 보여 주고 있지만, 아직도 적지 않은 시청자가 그를 호기심의 대상 내지 별난 인물로 여기고 있는 듯하다. 앞으로 우리 방송에서도 홍석천 씨 외에 더욱 다양한 부류의 출연자들이 자유롭게 활동할 수 있는 날이 멀지 않았기를 바랄 뿐이다.

긍정적 여론 형성의 촉매제가 된 텔레비전

미국 텔레비전에서는 지난 10여 년간 동성애가 자유롭게 묘사되었으며, 심지어 시청률을 끌어올리기 위해 더욱 기발하고 엽기적인 내용을 만들어 방영하는 수준에 이르고 있다. 그런데 오늘날과 같이 동성애에 대한 시청자와 사회 전반의 보다 개방적이고 포용적인 태도는, 따져 보면 그동안 서서히 진행되어 온 미국 내 진보계층의 성장과 발언권 확대 덕분이다. 특히 2009년 민주당 버락 오바마Barack Obama 대통령 취임을 계기로 빈곤층, 성소수자 등과 같은 사회적 소외계층에 대한 국가 차원의 관심이 커지면서 동성애 이슈 역시 정치적, 법률적 문제로 대두되었는데, 예를 들어 동성커플 간의 결혼을 허용할 것인가에 대한 논쟁이 그것이다. 오늘날 동성 간 결혼을 허용하는 주는 뉴욕, 캘리포니아, 뉴햄프셔 등 모두 14개 주며, 동성결혼이 법적으로 금지되었더라도 콜로라도 주의 경우에는 2013년 4월부터 동성 간의 결합(결혼을 뜻하는 'wedding' 대신 뜻을 함께하는 사람 간의 결합을 의미하는 'civil union'이라는 용어를 사용한다)이 정식으로 허용되었다. 과거 동성애자의 입대나 가입을 금지했던 군대와 보이스카우트 연맹 등도 최근 동성애 금지 규정을 철폐했다. 무엇보다 오바마 대통령이 텔레비전 인터뷰 등을 통해 "동성애자들은 절대로 차별받아서는 안 되며 다른 사람들과 똑같은 대우를 받아야 한다"라는 의견을 여러 차례 밝힌 바 있다. 이 같은 제반 여건이 상호 작용해 미국 텔레비전은 이제 동성애 문제를 다루는 데 있어서 성역이나 금기사항을 상당 부분 없앤 상태다.

2013년 6월, 미국 연방대법원은 결혼을 이성 간의 결합으로 규정한 연

3-3 동성결혼을 허용하라.
지난 20여 년간 미국에서는 동성결혼 합법화를 요구하는 시위가 끊임없이 이어졌는데, 텔레비전은 이 같은 사회적 논란과 이슈를 드라마나 여러 프로그램에 반영해 전 국민의 폭넓은 공감대를 이끌어 내는 데 일조했다. (촬영: Staffordvaughan)

방 결혼보호법Defense of Marriage Act과 동성결혼을 금지한 캘리포니아 주 헌법 조항Proposition 8이 수정헌법 제5조의 평등권에 위배된다며 위헌결정을 내렸다. 연방대법원의 결정으로 그동안 이성결혼 부부들과는 달리 각종 세금, 상속, 보건, 주택 관련 혜택에서 제외되었던 동성결혼 커플들이 앞으로는 어떤 차별 대우도 없이 동일한 혜택을 누릴 수 있게 되었다(Boll, 2013). 미국 연방대법원의 결정은 동성결혼을 합법적으로 인정하는 14개 주에 국한된 것이기는 하지만, 동성애와 동성결혼의 합법성을 인정한 것이라는 데 의미가 있다.

여기서 중요한 것은, 연방대법원의 결정이 나오기 훨씬 이전부터 미국 텔레비전 방송이 동성애 문제를 공개적으로 제기하고 보다 전향적이고 긍정적으로 묘사해 미국인들의 폭넓은 공감과 지지를 얻는 데 성공하여 여론의 향방을 바꿔 놓았다는 것이다. 따라서 동성애는 지난 반세기 동안 미국 텔레비전이 어떻게 다뤄야 할지 고민했던 여러 주제, 예를 들어 흑백 인종차별 문제, 반전시위, 드라마 내 섹스 묘사처럼 한때 금기로 여겨지던 것을 일상적인 것으로 바꿔 놓은 대표적인 사례로 꼽힐 만하다. 언론학자 그로스(Gross, 1991)는 동성애자를 포함한 이른바 주변인 집단은 사회 주류계층으로부터 정당한 대우를 받지 못하거나 거세되는 상황에 처하기 일쑤인데, 텔레비전을 비롯한 대중매체가 앞장서서 이들 소외집단을 사회 주류계층과 함께 어울릴 수 있도록 주선해야 한다고 주장한다. 따져 보면 과거 텔레비전 방송은 남성 위주의 성차별이 극심해 여성을 방송에서 철저하게 소외시킨 경험이 있다. 따라서 동성애와 성소수자들에 대한 미국 텔레비전의 전향적 태도와 긍정적 묘사는, 원만한 사회통합과 문화적 다양성 확보를 위해 텔레비전매체의 역할이 얼마나 중요하고 효과적인지를 입증하는 더할 나위 없는 기회가 되고 있다.

참고문헌

Avila-Saavedra, G.(2009). "Nothing queer about queer television: Televized construction of gay masculinities". *Media, Culture & Society* 31(1), pp. 5-21.

Becker, R.(2006). "Gay-the med television and the slumpy class: The affordable, multicultural politics of the gay nineties". *Television & New Media* 7(2), pp. 184-215.

Boll, M.(2013, June 26). "The best year ever for gay rights in America". *The Atlantic*. http://www.theatlantic.com/politics/archive/2013/06/the-best-year-ever-for-gay-rights-in-merica/277239/

Gross, L.(1991). *Up from invisibility: Lesbians, gay men, and the media in America*. New York: Columbia University Press.

Stelter, B.(2012a, July 2). "Revelation signals a shift in views of homosexuality". *The New York Times*. http://query.nytimes.com/gst/fullpage.html?res=950CE4DC173DF930A35754C0A9649D8B63

Stelter, B.(2012b, August 30). "GLAAD gives networks passing grade for TV portrayals of gays". *The New York Times*. http://artsbeat.blogs.nytimes.com/2012/08/30/glaad-gives-networks-passing-grade-for-tv-portrayals-of-gays/

04.. 텔레비전의 힘–눈물과 감성에 호소하라

텔레비전, 연예인들의 공개사과의 장이 되다

인기 여가수 알리가 아동 성폭력 피해자의 이름을 자작곡의 가사와 제목에 사용했다가 분노한 대중에게 거센 비난을 받자 텔레비전 기자회견을 통해 자신도 성폭력 피해자라는 사실을 고백하고 고개 숙여 사과한 일이 있다. 그녀는 자신처럼 성폭력 피해를 입은 어린이를 위로하고 성폭력 범죄에 경종을 울리려 했는데, 의도와는 달리 피해자와 그 가족에게 상처를 안겼다며 눈물을 흘리며 사과했다. 텔레비전 화면으로 소개된 충격적 고백에 알리에게 비난과 악플을 쏟아내던 여론이 순식간에 잠잠해졌다. 한편 여러 개의 인기 텔레비전 프로그램을 진행하던 강호동 씨는 세금 과소납부 논란으로 비난 여론이 들끓자 기자회견을 자청해 연예계를 잠정 은퇴하겠다고 선언했다. 그는 “더 이상 국민 앞에서 웃고 떠들 수 없다. 연예계를 잠정 은퇴하겠다”라는 내용의 공개사과를 했다. 이에 강 씨에 대한 대중의 여론은 온정적으로 바뀌었고 국세청도 강 씨를 탈세혐의로 고발하지 않았다.

이 두 가지 에피소드에서 알 수 있는 사실은, 텔레비전을 무대로 대중

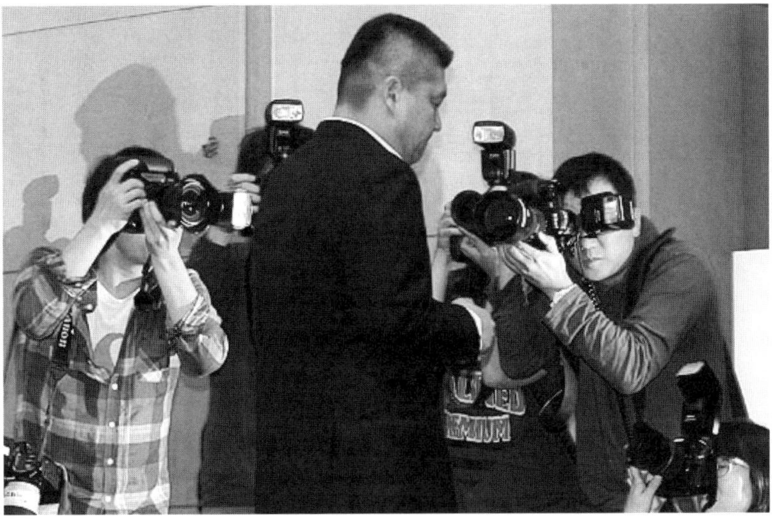

4–1 대중의 감성을 자극하는 연예인의 공개사과.
인기절정의 텔레비전 진행자 강호동 씨가 자신을 둘러싼 세금포탈 관련 스캔들에 책임을 지고 연예계를 잠정 은퇴하겠다고 선언한 뒤 기자회견장을 떠나고 있다. (촬영: 「오마이뉴스」 유성호 기자)

적 인기에 힘입어 활동하는 연예인들은 자신의 언행이나 사생활과 관련해 대중의 비난을 받게 될 경우 이를 회피하거나 부인하기보다 강도 높은 충격적 고백과 진지한 사죄의 메시지를 통해 대중의 감성에 호소함으로써 무난히 위기에서 벗어날 수 있다는 것이다. 이는 인기 대중스타의 홍보관리 측면에서 보더라도 현명한 선택이다. 물론 연예계에서 계속 활동하기 위해 치밀한 계산 아래 공개 사과하거나 겉치레로만 은퇴선언을 하는 일종의 꼼수가 아니냐는 의견도 있지만, 이들의 공개사과에 대한 대중의 반응은 대체로 긍정적이며 사과와 고백을 통해 대중의 비난여론과 논란이 상당 부분 희석되는 것이 사실이다.

미국 텔레비전의 공개사과와 충격고백 전성시대

최근 들어 우리 텔레비전에서는 연예인 또는 공인들의 충격고백이나 공개사과가 대중의 관심을 불러일으키는 새로운 형식의 프로그램처럼 받아들여지고 있는 듯하다. 과거에는 연예인이나 공인들의 사생활을 이른바 '유비통신'으로 일컬어지는 입소문으로 전해 듣거나 가십거리로 취급하곤 했다. 각종 논란이나 비난여론에 휩싸인 연예인이나 공인들도 자발적으로 공개 고백이나 사과를 하기보다는 어느 날 홀연히 텔레비전 프로그램에서 사라지거나 조용히 자숙하며 대중적 관심으로부터 자연스럽게 멀어지면서 위기를 벗어나곤 했다. 그러나 이제 대중은 연예인들과 공인들이 직접 텔레비전 화면에 등장해 자신들의 과오와 실수를 솔직히 고백하고 사과하는 것을 더 선호한다.

따져 보면, 미국 텔레비전에서는 연예인과 공인들이 방송을 통해 충격고백이나 공개사과를 하는 것이 예전부터 일반화되어 있다. 인기배우 멜 깁슨Mel Gibson은 음주운전을 하다 체포되었는데, 당시 경찰관에게 인종차별적 언행을 해 비난을 받자 ABC 방송 아침뉴스 프로그램에 출연해 자신의 행동을 공개적으로 사과했다. CBS 방송 심야토크쇼 진행자인 데이비드 레터맨David Letterman은 부하 여성 제작요원과의 혼외정사로 인한 분쟁이 송사로 번져 거센 비난을 받게 되자 토크쇼 도중 아내와 시청자들에게 공개 사과했다. 레터맨의 공개사과를 지켜본 방청객들은 위로와 격려를 담은 열띤 박수로 화답했다. 영국의 인기배우 휴 그랜트Hugh Grant 역시 할리우드 인근에서 윤락여성과 어울리다가 경찰에 체포되었는데, NBC 방송 심야토크쇼에 출연해 공개 사과함으로써 위기를 넘겼다. 기억할 만한 또 다른 공개사과로는, 골프 황제 타이거 우즈Tiger Woods가 여러 여성과의 혼외정사 스캔들로 일생일대의 위기에 몰리자 텔레비전 기자회견을 자청해 공개 사과한 것을 들 수 있다. 대중에게 거센 비난을 받은 것은 물론이고 비웃음거리로 전락해 버린 우즈가 자신의 과오를 인정하고 가족과 전 세계 팬들에게 공개 사과함으로써 비난 여론은 점차 수그러들었고 우즈는 다시 골프채를 잡고 재기에 성공했다.

연예인이나 스포츠 스타 등의 충격고백과 공개사과는 텔레비전을 통한 감성적 어필이라는 면에서는 효율적이지만 가장 마지막에 사용해야 하는 수단으로, 대중에게 제대로 받아들여지기만 한다면 논란의 당사자들에게 면죄부를 안겨 주는 효과가 있다. 심지어 개인의 고백이나 사과 형식을 채택한 텔레비전 프로그램이 미국 지상파와 케이블 방송을 통해 거의 매일 방영되고 있을 정도다. 한 가지 예를 들어 보자. 아내와 자녀들을 팽개치고 몇 년 동안 방탕한 생활을 하던 가장이 가족에게 돌아와 눈물로 사죄하면서 자신을 다시 받아달라고 애원한다. 물론 텔레비전 생방송 프로그램을 통해서다. 이처럼 애절한 광경에 시청자들의 눈가는 촉촉이 젖어들게 마련이고, 스튜디오를 가득 메운 방청객들은 아내와 자녀들에게 가장을 따뜻하게 받아들이라며 박수로 성원한다. 또 다른 사례를 살펴보자. 혼외정사로 외간남자의 아기를 낳은 아내가 자신의 부정을 고백하면서 남편에게 눈물로 용서를 구한다. 눈물로 얼굴이 얼룩진 남편은 부정한 아내일지라도 다시 받아들이겠다면서 남의 아기일망정 아내와 함께 잘 키우겠다고 말한다. 방청객들의 탄성과 함께 박수가 쏟아지면서 프로그램의 시청률은 치솟는다. 이 글을 읽는 독자들은 다소 엉뚱하거나 극단적인 예라고 생각할지 모르겠지만, 이 같은 충격고백과 공개사과를 소재로 하는 텔레비전 프로그램들이 실제로 미국 방송에서 널리 방영되고 있고 그 대중적 인기 또한 대단하다. 타인의 사생활이나 연예인들의 일거수일투족에 관심을 갖고 있는 시청자들은, 그들이 털어놓는 예상을 뛰어넘는 충격고백과 공개사과라는 감성적 자극에 카타르시스를 느끼면서 결국 분노와 비난을 잠시나마 거두고 이들에게 인간적인 성원과 격려를 보내게 되는 것이다.

필자는 이 같은 미국 방송 프로그램들을 처음 접하면서 문화적 충격을 느낄 수밖에 없었다. 당사자들끼리 조용히 해결해야 할 은밀한 사생활 문제를 왜 텔레비전 스튜디오에 들고 와 대중과 시청자들에게 공개하고 눈물을 쥐어짜며 감동을 전파하는 신파극을 만들어 내는 것일까 자문해 본 적도 있다. 체면과 위신을 중시하는 우리의 전통적 문화규범에 익숙한 탓인지 미국 텔레비전매체가 특정 개인이나 가족의 사소한 일을 남김 없이 대중에게 공개하는 것이 당황스럽기까지 했다. 그런데 필자의 미국인 동료 가운데에는 세 차례나 결혼과 이혼을 반복했다는 사실을 망설임 없이 털어놓는가 하면 이혼한 과거 배우자들과도 허물없이 지낸다고 말하는 사람이 있다. 또 나이 들어 축 처진 피부를 탱탱하게 하려고 보톡스를 맞는다거나 이곳저곳 성형수술을 할 예정이라는 이야기도 자연스레 늘어놓는다. 이들이 자신의 모든 비밀을 털어놓으리라 생각하지는 않지만, 적어도 많은 부분에 있어서 타인에게 정직하게 털어놓거나 정보를 공유하는 것이 이들의 문화규범인 듯하다. 어느새 우리도 이 같은 서구식 행동방식에 익숙해진 탓인지 우리 텔레비전 방송에서도 미국 등 서구 방송에서 쉽사리 찾아볼 수 있는 충격고백과 공개사과를 보다 빈번하게 방영하는 추세다. 언젠가는 미국 일부 방송사들처럼 공인들의 충격고백과 공개사과를 시청률을 높이기 위한 비장의 무기로 사용하는 것이 다반사가 될 때가 올지도 모르겠다.

진정성 있는 공개사과와 충격고백, 대중의 이해를 얻다

연예계와는 다소 차원이 다르지만, 대중의 지지와 인기를 기반으로 하는 정치인들도 충격고백과 공개사과에 있어서는 처지가 비슷하다. 우리 정치인들의 사례를 살펴보더라도 충격고백과 공개사과에 의존해 국민의 지지를 호소하거나 자신의 정치생명을 유지하려 한 경우가 적지 않다. 전직 대통령들 가운데에는 측근이나 가족 비리와 관련해 국민의 비난 여론이 거세게 일자 텔레비전 기자회견을 열어 공개사과를 한 사람들이 있다. 박근혜 대통령의 경우, 국회의원 시절 내부 갈등과 잇따른 실정으로 집권 여당이 국민의 비난 여론에 휩싸이자 비상대책위원장 취임식장에서 텔레비전을 비롯한 언론을 통해 공개 사과해 위기국면을 벗어나기도 했다.

미국 정치에서도 충격고백과 공개사과는 흔히 볼 수 있는 일이다. 2002년 대통령 선거전에 뛰어든 조지 W. 부시George W. Bush 공화당 후보는 투표일 나흘 전 과거 음주운전으로 체포된 적이 있다는 텔레비전의 폭로성 보도가 나오자 곧장 기자회견을 열어 사실을 솔직히 인정하고 젊은 시절 경솔함에서 비롯된 실수였다면서 국민의 이해를 구했다(ABC News Nightline, 2000). 그의 솔직한 시인과 공개사과에 미국 유권자들은 오히려 폭로기사를 내보낸 텔레비전 방송국과 기자들을 비난했다. 2001년 「뉴욕 타임스」와 CBS 방송은 전쟁영웅 출신 밥 커레이Bob Kerrey 전 네브레스카 주 상원의원이 베트남전쟁 당시 현지 민간인들을 살해한 의혹이 있다고 보도했다. 비난 여론이 비등해지자 며칠 뒤 커레이 전 의원은 텔레비전 기자회견을 자청해 작전 도중 실수로 노인과 어린이를 포함한 베트남 민간인들을 사살했다고 고백했다(Karl, 2001). 커레이 전 의원이 공개 사과하자 그의 과거 행적을 집요하게 추적하던 언론도 더 이상 폭로기사를 보도하지 않았다.

이처럼 충격고백과 공개사과는 적대감으로 가득 찬 상대방으로 하여금 공격의 칼날을 무디게 하고 여론의 비난과 인신공격을 누그러뜨리는 효과를 갖고 있다. 그러나 보다 본질적인 문제는 이 같은 고백과 사과를 대중이 어떻게 받아들이냐 여부다. 어떤 고백이나 사과는 진정성을 인정받고 대중적 공감을 얻지만, 어떤 고백이나 사과는 가식적인 본심이 그대로 노출되어 오히려 더 큰 부작용을 낳기도 한다. 심지어 사과는커녕 텔레비전을 통해 변명과 자기합리화를 거듭할 경우 대중으로부터 매몰차게 버림받는 것이 보통이다. 일례로 미국에서 큰 인기를 얻은 케이블 텔레비전 리얼리티쇼 출신 연예인 킴 카다시안Kim Kardashian이라는 여성은 프로농구 스타와 텔레비전으로까지 방영된 호화 결혼식을 올렸는데, 그 뒤 두어 달 만에 이혼해 논란을 불러일으켰다. 스포츠 스타와의 로맨스와 성대한 결혼식이라는 소재를 이용해 또 다른 텔레비전 리얼리티쇼를 만드는 등 철저히 돈벌이에 이용했다는 비난이었다(Bruni, 2011). 카다시안은 며칠 뒤 지상파 텔레비전에 잇따라 출연해 자신의 결혼은 진정한 사랑 때문이었으며 결코 돈벌이를 위한 것이 아니었다고 해명했지만, 대부분의 시청자는 그녀의 해명을 액면 그대로 받아들이지 않았다. 지난 2011년 말 공화당 대통령 후보 지명전에서 한때 선두주자로 떠올랐던 정치인 허먼 케인Herman Cain도 비슷한 예다. 무려 네 명의 여성이 과거 케인으로부터 성추행을 당했다고 주장하면서 사과를 요구했다. 빌 클린턴Bill Clinton 이후 또다시 여성편력으로 논란을 빚게 된 케인의 행보에 관심이 집중되었다. 케인은 이 여성들의 주장이 거짓말이라면서 자신을 파멸시키려는 반대파의 정치적 음모라는 주장을 폈다. 그러나 또 다른 여성이 나타나 텔레비전 인터뷰를 통해 케인과 수년간 부적절한 연인관계로 지냈으며 금전적 도움도 받았다고 고백하자, 케인의 변명으로 일관된 정치 서커스는 끝나게 되었고 결국 대선후보 직에서 사퇴해야 했다(Daly, 2011).

사회적 논란거리가 생길 때마다 공인들이 텔레비전을 통해 충격고백과 공개사과를 해서는 안 되겠지만, 대중은 연예인이든 정치인이든 진심 어린 고백과 사과를 통해 그들을 더욱 잘 이해하고 그들의 정직성과 인간다운 매력을 새삼 느끼게 되었다고 긍정적인 평가를 내리는 것이 보통이다. 심리학자들은 잘못된 행동에 대한 진심 어린 사과는 피해자들의 정신적 치유를 돕고 가해자들을 도덕적으로 성숙시키는 필수적인 절차라고 설명한다. 대중문화적 관점에서 보자면, 어떤 사람의 진실한 고백과 사과를 귀 기울여 듣고 기꺼이 수용하는 것은 서로 화합하는 건전한 사회를 이룰 수 있는 척도이기도 하다. 이런 점에서 텔레비전 기자회견을 통해 이뤄진

여가수의 충격고백과 공개사과를 기꺼이 받아들인 우리 대중의 판단이 옳은 것이라는 데 의심의 여지가 없다. 연예인이나 공인들의 진심 어린 고백과 사과에도 불구하고 그들의 과오를 끝까지 지적하고 사생활을 파헤치고 생업까지 위협하려는 것은 바람직하지 않다. 앞으로도 유사한 사례가 계속 나올지 알 수 없지만, 우리나라에서도 연예인이나 정치인, 정부 관료를 비롯한 공인들이 솔직한 고백과 사과를 통해 국민과 소통하고 그들의 이해를 구하는 전통이 이어지기를 기대해 본다. 물론 이 과정에서 충격고백이나 공개사과와 같은 선정적인 소재들을 이용한 얄팍한 텔레비전 리얼리티쇼를 만들거나 알맹이 없는 이야기를 억지로 부풀려 충격고백으로 과대 포장하려는 몰지각한 방송 제작자들이 있어서는 안 되겠지만 말이다.

참고문헌

ABC News Nightline(2000, November 2). “George W. Bush explains DUI”. ABCNews.com. http://abcnews.go.com/Archives/video/nov-2000-george-bush-explains-dui-14860816

Bruni, F.(2011, November 5). “The invention of outrage”. *New York Times*. http://www.nytimes.com/2011/11/06/opinion/sunday/bruni-kim-kardashian-and-the-invention-of-outrage.html?_r=0

Daly, C. B.(2011, December 3). “Herman Cain drops White House bid”. CBSNews.com. http://www.cbsnews.com/8301-503544_162-57336185-503544/herman-cain-drops-white-house-bid/

Karl, J.(2001, April 26). “Kerrey: Civilian killings in Vietnam a mistake”. CNN.com. http://archives.cnn.com/2001/ALLPOLITICS/04/25/kerrey.blitzer.02/

Ⅲ

텔레비전 업계와 사람들

05.. 미국 방송계의 여성파워

여학생이 넘쳐 나는 미국 언론대학

거의 30년 전, 필자가 미국의 한 대학 언론대학에서 공부할 때의 일이다. 학기 초 '방송보도론' 강의를 듣는 동급생들을 둘러보니 여학생이 열네 명이었고 남학생은 나를 포함해 여섯 명에 불과했다. 굳이 따지자면 여학생 70퍼센트 남학생 30퍼센트였다. 학부시절 여학생이 많은 영문학과를 다녔기 때문에 충격을 받은 것은 아니었지만, 언론학을 전공하는 미국 학생이 대다수 여학생이라는 사실은 당시 남학생의 수가 압도적으로 많던 한국의 대학문화에 익숙한 필자에게 다소 이색적인 발견이 아닐 수 없었다. 수업시간마다 여학생들과 토론하고 방송사 인턴으로 함께 일하며 차츰 그들의 관심사와 직업관을 이해할 수 있었다. 외국 유학생인 필자를 친절하게 도와주던 당시 여학생 동기생들의 세심한 배려와 따뜻한 우정은 오늘날까지도 기억에 생생하다. 더욱이 필자가 십수 년 전 박사학위 논문을 준비하면서 미국 내 지역 텔레비전 방송사들을 찾아 방송기자들을 인터뷰하던 당시, 언론대학 여학생 동기들이 보도국 최고 책임자인 보도국장으로 활약하는 모습에 반갑고 가슴 뿌듯했던 기억도 새롭다.

해마다 발간되는 미국 각 대학의 언론학 전공자들을 분석한 통계자료에 따르면, 2012년을 기준으로 미국 내 언론학 전공 학생의 남녀 비율은 학부의 경우 여성이 전체의 62퍼센트, 대학원 석사과정의 경우 66퍼센트, 박사과정은 59퍼센트에 이른다(Becker, Vlad & Kalpen, 2012). 왜 저널리즘이나 매스컴, 광고 홍보학 등 언론학과에 여학생들이 넘쳐 나는 것일까? 캔자스대학교의 앤 브릴Ann Brill 교수는 캔자스 언론대학에 재학 중인 남녀 학생들의 성별 비율이 여성 70퍼센트 남성 30퍼센트라면서 남녀 재학생의 성불균형 현상에 대해 다음과 같은 추리를 내놓았다. 대체로 남학생들의 경우 고액의 연봉을 기대할 수 있거나 높은 사회적 지위나 권력을 누릴 수 있는 직업을 선호하는데, 이런 전공들은 법학, 정치학, 경영학, 의학, 그리고 공학 계통의 학과들이고, 연봉이 상대적으로 낮고 일거리는 많은 반면 모든 것을 세심히 챙겨야 하고 종종 휴일도 반납한 채 불철주야 일해야 하는 언론인이라는 직업은 남학생들의 기피 대상이라는 것이다(Frederick, 2009). 브릴 교수는 또한 남학생들은 분석적인 작업이 많은 공학이나 경영학에 관심을 가지며 돈벌이에 큰 가치를 두지만, 여학생들은 자유로운 작업환경에서 창의성을 발휘할 수 있는 저널리즘이나 매스컴 분야에 관심을 두는 경향이 있다고 덧붙였다. 브릴 교수는 끝으로 신문이나 방송 이외에도 여성들은 기업 홍보 또는 광고 분야에 관심을 나타내기 마련이어서 이들 분야를 가르치는 저널리즘과 매스컴 관련 학과에 자연스럽게 여성들이 넘쳐 난다고 주장했다. 물론 이 같은 추리분석은 남녀 구분 없이 언론계 취업 지망생들이 항상 넘치는 우리나라의 상황과 비교해 보면 다소 무리인 것 같지만, 나름대로 미국 내 언론학 교육의 현실을 제대로 들여다본 분석으로 여겨진다.

언론대학에 여학생들이 대거 몰린다는 사실은 지난 10여 년간 미국 대학에서 방송학 강의를 해온 필자의 경험에 비춰 봐도 일리 있는 이야기다. 특히 방송학 강좌의 경우에는 여학생의 비율이 매우 높아 무려 80퍼센트 정도가 여학생이며 남학생들의 수는 손에 꼽을 정도다. 덴버지역 텔레비전 방송사 기자로 활약하고 있는 제자 한 명은 자신의 취업 성공담을 필자에게 전하면서 다음과 같은 에피소드를 들려주었다. "저를 채용한 방송국 보도국장은 당시 백여 명의 구직 희망자들 가운데 남성 지원자가 저를 포함해 열 손가락에 꼽을 정도였다고 얘기했습니다. 결국 구십여 명의 여성 지원자들 가운데 한 명과 열 명의 남성 지원자들 중에서 저, 이렇게 총 두 명을 신입기자로 선발했다는 겁니다." 백여 명 가운데 여성과 남성 각각 한 명을 수습기자로 뽑았다니 여성 지원자들 간의 방송사 입사 경쟁이 얼마나 치열한지 짐작할 만하다.

미국 방송계의 파워 여성들

그렇다면 이토록 많은 수의 여성 언론학 전공자 가운데 과연 몇 퍼센트나 실제로 방송계에서 성공가도를 달릴 수 있을까? 이미 1980년대 후반부터 미국 방송계에는 부장과 국장급 여성 고위간부들이 상당수 포진하고 있다. 해가 갈수록 이들의 위치는 높아져 방송사 최고 책임자와 프로그램 단독 진행자 자리에까지 오르게 되었는데, 일례로 ABC-TV 사장은 여성 경영인 앤 스위니Ann Sweeney가 맡고 있다. 방송기자의 경우에도 과거 남성들의 전유물로 여겨지던 안보 및 전쟁 보도, 스포츠 중계 등의 영역으로 여기자들이 대거 진출해 CNN 방송의 크리스티안 아만푸어Christiane Amanpour나 CBS 방송의 라라 로건Lara Logan 등은 저명한 전문기자로 손꼽힌다. 텔레비전 토크쇼 진행자를 보더라도 오프라 윈프리Oprah Winfrey를 비롯해 제인 폴리Jane Pauley, 데보라 노빌Deborah Norville, 바바라 월터스Barbara Walters 등 쟁쟁한 여성 방송인들이 활동하고 있으며, 시민법정 리얼리티쇼로 불리는 「주디 판사Judge Judy」의 주디스 셰인들린Judith Sheindlin에 이르기까지 40~50대의 중년 여성 방송인들뿐만 아니라 60대의 원로 여성 방송

5-1 '토크쇼의 여왕'으로 불리는 오프라 윈프리.
여성이자 소수인종 출신으로서 미국 방송계를 주름잡은 뛰어난 재능을 지닌 인물로 평가받는다. (촬영: Greg Hernandez)

5-2 CBS 방송 메인뉴스의 첫 여성 단독 앵커로 명성을 떨친 케이티 쿠릭.
(촬영: Fred Thompson presidential campaign)

인들이 주요 지상파 네트워크의 굵직한 프로그램들을 진행하고 있다.

2011년 봄, 두 여성 방송인과 관련된 뉴스가 미국인들의 이목을 집중시켰다. 첫 번째는 '토크쇼의 여왕'으로 불리는 오프라 윈프리가 ABC 방송을 통해 지난 25년간 시청률 대박 행진을 이어 온 자신의 토크쇼 「오프라 윈프리 쇼」의 막을 자발적으로 내린 것이고, 두 번째는 CBS 방송 앵커 출신 케이티 쿠릭Katie Couric이 윈프리의 뒤를 이어 2012년 가을부터 ABC 방송에서 평일 오후에 토크쇼 「케이티Katie」를 진행하게 된 것이다.

오프라 윈프리는 남부 미시시피 주의 결손가정에서 태어나 빈곤과 흑인이라는 역경을 이겨내고 방송기자로 경력을 쌓은 뒤, 1986년부터 ABC 방송에서 평일 오후 토크쇼 진행자로 높은 시청률을 올리며 엄청난 상업적 성공을 거둬 미국에서 가장 부유한 흑인이자 가장 영향력 있는 여성으로 꼽힌다. 그녀의 말 한마디에 신간서적이나 신상품의 판매 실적이 요동치는가 하면, 광우병 공포가 확산되던 1990년대 중반에는 생방송을 통해 자신은 쇠고기가 들어간 햄버거도 먹기 겁난다며 시청자들의 불안감을 부추겨 축산업계를 거의 파산 직전으로 몰고 가기도 했다. 심지어 4년마다 치러지는 미국 대통령선거 때마다 그녀의 지지를 얻는 후보가 대통령이 될 수 있다는 농담이 나올 정도로 그녀의 영향력은 지대하다. 실제로 지난 두 차례의 미국 대선에서 윈프리는 버락 오바마Barack Obama를 지지했다.

1990년대 중반 이래 NBC 방송의 아침 뉴스쇼 공동 진행자로 명성을 쌓은 케이티 쿠릭은, 2006년 CBS 방송 저녁뉴스의 단독앵커로 기용되면서 지상파 텔레비전 뉴스 여성 단독앵커 시대를 연 주인공이다. 2009년에는 ABC 방송에서도 다이앤 소여Diane Sawyer를 단독앵커로 내세우면서 한때 미국 3대 지상파 네트워크 ABC, CBS, NBC의 메인뉴스 프로그램 가운데 두 개를 여성 앵커들이 진행하는 진기록을 세우기도 했다. 그러나 아침 뉴스쇼를 진행하면서 미국인들에게 다정하고 친근한 이미지의 달콤한 방송인으로 각인된 쿠릭의 뉴스 프로그램 시청률은 한동안 최하위를 벗어나지 못했다. 결국 쿠릭은 계약기간 5년을 다 채우지 못한 채 2011년 CBS 뉴스를 떠나야 했다(Stanley, 2011). 큰 기대를 모았던 뉴스 여성 단독앵커 자리에서 불명예 퇴장하면서 위기를 맞았던 쿠릭의 방송 역정은 ABC 방송으로 자리를 옮기면서 또다시 빛을 발하고 있다. 시청률과 인지도 면에서 타의 추종을 불허하는 '황금알을 낳는 거위'로 불리던 오프라 윈프리가 자진 하차하면서 평일 오후 시간대 650만 명의 충성스런 시청자들을 잃게 된 ABC 방송이 쿠릭을 4천만 달러(424억여 원)를 주고 스카우트한 것이다. ABC 방송은 쿠릭을 여성들을 대상으로 한 평일 오후 시간대 토크쇼 「케이티」의 진행자로 내세워 '토크쇼 왕국'의 명성을 이어 가려 했다. 쿠릭 역시 자신의 장기인 달콤하고 정겨운 대담진행을 통해 인기와 자신감을 만회했는데, ABC 방송은 쿠릭의 토크쇼를 2013년 가을 시즌에도 계속 방영했다. 2013년 말, 쿠릭은 ABC 방송을 떠나 2014년부터는 인터넷매체인 야후Yahoo에서 또 다른 토크쇼를 진행할 것이라고 발표했다.

한국 방송계에서 여성들이 활발히 활동하는 날을 기대하며

미국 방송계에는 여성 단독 진행자에 의존하는 뉴스와 토크쇼 프로그램이 허다하다. 예를 들어, NBC 방송에서는 여성 진행자 엘런 드제너러스Ellen DeGeneres가 단독 진행하는 「엘런 드제너러스 쇼The Ellen DeGeneres Show」를 절찬리에 방영하고 있는데, 이 쇼는 여성을 겨냥한 평일 오후 시간대 토크쇼다. 앞서 언급한 대로 미국 3대 지상파 네트워크 가운데 두 개 사의 저녁뉴스 앵커 자리를 여성들이 차지한 것도 놀랄 만한 일이었지만, 방송사들이 심혈을 기울이는 여러 프로그램을 여성이 단독 진행하고 있다는 것도 미국 방송계의 여성 파워를 단적으로 보여 주는 사례다. 참고로 방송의 공영성을 우선으로 생각하는 우리 지상파 방송사들과는 달리 시청률과 광고수입에 극도로 민감한 미국 상업 방송사들의 경우 어떤 진행자를 기용하느냐에 따라 프로그램 성공 여부가 좌우된다고 보기 때문에 토크쇼 진행자나 앵커의 연봉이 적어도 수백만 달러 많게는 수천만 달러가 훌쩍 넘는다. 케이티 쿠릭의 경우 한 해 1천5백만 달러(159억여 원) 이상의 수입을 거둬들이는 것으로 알려져 있다. 이미 1980년대 중반에 CBS 뉴스 앵커 댄 래더Dan Rather가 8백만 달러(85억여 원)의 연봉 계약을 했다는 사실을 기억한다면, 거의 30년이 지난 오늘날 쿠릭의 1천5백만 달러 연봉은 인기절정의 방송인이 벌어들일 만한 액수라고 하겠다.

이처럼 미국 방송계에서 여성 방송인들의 성공 사례가 끊이지 않는 이유는 여성의 사회진출을 당연시하고 성차별을 엄격히 금지하는 미국 사회의 전반적 분위기 탓이기도 하지만, 여성 방송인들을 단지 미모와 몸매 또는 나이 등으로만 판단하지 않고 그들의 전문성과 경륜을 존중해 주는 방송사 경영진을 위시한 조직의 풍토 덕분이기도 하다. 우리 방송계에서도 뛰어난 자질을 지닌 수많은 여성 앵커와 진행자가 끊임없이 배출되고 있지만, 그들의 역량에 걸맞은 역할이 주어지려면 아직 갈 길이 멀다. 예를 들어, 우리 지상파 텔레비전 방송의 뉴스 진행은 경륜 있는 중년의 남성 앵커와 아리따운 20대 여성 앵커가 함께하는 것이 오랜 전통이다. 결국 여성 방송인들은 텔레비전 화면을 장식하는 꽃과 같은 존재로 여겨지기 마련이어서 때때로 입사한 지 1~2년밖에 안 된 신참 여성 아나운서가 메인뉴스의 보조앵커를 맡기도 한다. 최근 들어 오랫동안 기자나 아나운서로 현장경험을 쌓은 여성 앵커들이 늘어나고 있지만, 이들이 저녁 메인뉴스 진행자로 나서려면 넘어야 할 장애가 한두 가지가 아니다. 한마디로 여성 방송인들은 자신의 능력을 발휘하는 독립적 역할을 맡기보다는 남성 방송인들의 보조역할을 하게 되는 것이 보통이다. 일부 방송사 경영진은 뉴스의 경우 대부분의 여성 앵커가 취재현장을 두루 누빈 기자가 아닌 아나운서들이어서 보조역할을 맡길 수밖에 없다고 항변하지만, 면밀히 따져 보면 여성을 남성의 내조자 또는 조력자로 폄하하는 우리의 전통적 여성관 내지 편견 때문이라는 견해가 더 설득력 있게 들린다. 방송사 경영진의 입장에서는 경험과 관록을 지닌 여성 방송인을 기용하기보다 대중적 인기가 높은 남성 연예인이나 저명인사를 기용해 프로그램을 이끌어 가는 것이 훨씬 수월하고 안전하다는 것이다.

미국 내 방송사들의 연합체인 RTDNARadio Television Digital News Association 조사 결과에 따르면, 지난 1990년대부터 미국 텔레비전 방송사에서 여기자와 고위직 여성 간부의 수가 급속도로 늘어나면서 오늘날에는 전체 방송사 보도국장의 30퍼센트가 여성인 것으로 밝혀졌다(Papper, 2013). 앞서 밝힌 대로 ABC TV 보도 부문의 최고 경영자도 여성이다. 우리 방송계에서도 앞으로 케이티 쿠릭이나 다이앤 소여 등과 같은 여성 단독 뉴스앵커 혹은 온 국민의 사랑을 받는 오프라 윈프리와 같은 여성 단독 토크쇼 진행자가 배출될 수 있을까? 우리 방송계에서도 이미 2000년대를 거치면서 CBS와 KBS, MBC 방송을 중심으로 편집국장, 센터장, 본부장 등의 고위 직책에 여성들이 잇따라 진출했지만, 아직까지 방송사 최고 경영자 타이틀은 여성들에게 난공불락의 자리로 여겨지고 있다. 그러나 최근 들어 여성들의 파워가 점차 커지고 있다. 예를 들어 KBS 방송의 경우 2013년 사상 최초로 여기자 출신 류현순 씨가 부사장에 임명되었고, 해설위원실장과 글로벌전략센터장에도 여성 임원들을 승진 발령하는 등 여성 간부들의 약진이 돋보인다(박길자, 2013).

여러 분야에서 여성의 파워가 커지고 있는 요즈음, 우리 방송계에서도 여성 고위간부 시대에 이어 여성 방송사 사장과 여성 단독 메인뉴스 앵커, 더 많은 수의 여성 단독 토크쇼 진행자의 탄생을 기대해 볼 만하다. 방송사 조직에서 여성 전문인력이 계속 늘어난다면 미국 방송계에서 볼 수 있는 것처럼 우리 방송계의 여성파워도 조만간 활짝 꽃을 피울 수 있을 것이다.

참고문헌

박길자(2013년 1월 4일). '언론계 인사, 박근혜 효과? 여기자들 부장급 이상 간부로 속속 승진'. 「여성신문」. http://www.womennews.co.kr/news/55724#.UaVA-ZyneM0

Becker, L. B., Vlad, T. & Kalpen, K.(2012, August 10). "2011 Annual survey of journalism and mass communication enrollments". McCormick Foundation, University of Georgia.

Frederick, B.(2009, August 18). "Women dominate j-school enrollment". *Lawrence Journal-World*. http://www2.ljworld.com/news/2009/aug/18/women-dominate-j-school-enrollment/

Papper, B.(2013). "Percentage of minorities up for TV, radio; percentage of women stays the same for TV, up noticeably for radio: 2012 TV and radio news staffing and profitability survey". Radio Television Digital News Association. https://www.rtdna.org/uploads/files/div12.pdf

Stanley, A.(2011, May 19). "Quiet departure is stark contrast to heralded arrival". *New York Times*. http://www.nytimes.com/2011/05/20/us/20watch.html?_r=0

06.. 방송의 꽃? 여성 앵커가 제 역할을 하려면

방송의 꽃, 여성 앵커

우리나라 여대생들이 동경하는 직업 가운데 하나로 텔레비전 방송 뉴스 앵커를 꼽을 수 있다. 여성 앵커는 매일 황금시간대 뉴스에 등장해 단아한 모습으로 국내외 뉴스를 전달하면서 상큼한 미소로 시청자들의 마음을 사로잡는 그야말로 '방송의 꽃'이라 불리는 존재다. 현재 우리나라 텔레비전 방송에는 여성 앵커의 수가 적지 않은데, 주로 아나운서들이지만 취재경험이 있는 여기자들을 앵커로 기용하기도 한다. 여성 앵커가 되기 위해서는 먼저 언론사 입사시험이라는 관문을 뚫어야 하고, 입사 이후에도 치열한 내부경쟁을 거쳐 앵커 자리에 오르기까지 온갖 난관을 거쳐야 하기에 방송 종사자라 하더라도 쉽사리 꿈꾸기 힘든 직책이다. 그러나 일단 저녁 메인뉴스 앵커라는 자리에 오르면 대중에게서 큰 사랑을 받을 수 있으며, 심지어 인기 여성 앵커는 저명인사의 반열에 오르기도 한다. 이처럼 만인이 동경하는 여성 앵커들은 일반 대중에게 어떤 식으로 비춰질까? 여성 앵커들 가운데 선구자로 자타가 공인하며 한때 여대생들이 가장 닮고 싶어 하는 인물로 꼽히기도 했던 전 MBC 방송 아나운서 백지연 씨에 관한 신문기사 일부를 살펴보자.

> 백지연이 「무릎팍 도사」에 출연한다. (중략) 이날 방송에서 백지연은 어떻게 수습 5개월 만에 메인뉴스의 앵커로 발탁되었는지, 본인이 생각하는 앵커의 자질에 대한 생각을 밝히고 30퍼센트의 뉴스 시청률을 기록했던 당시의 갖가지 에피소드들을 밝힐 예정이다. (중략) 또한 백지연은 딸 부잣집 네 자매 막내딸로서 미모와 능력을 겸비한 세 언니들의 모습과 사연을 공개하며 과거 '연대 브룩 쉴즈' 시절 인기를 누렸던 이야기와 함께 "나는 사랑에는 F학점이다"라는 폭탄발언으로 자신의 사랑 관련 이야기를 솔직하게 밝힌다고.
> (「파이낸셜 뉴스」, 2013년 1월 31일)

MBC 방송의 인기 아나운서 서현진 씨에 대한 다음과 같은 기사도 찾아볼 수 있다.

> 대학에서는 무용을 전공했고 2001년 미스코리아 선에 당선됐으며 2004년에는 MBC 아나운서로 입사했다. 입사 2년 만에 「뉴스데스크」 앵커로, 그 후로는 「지피지기」, 「일밤」 등 아나테이너로 활약하며 '매일이 축제 같은' 20대를 보내고, 방송 5년 차이던 서른, 사춘기가 시작됐다. 방황하기보다 책상에 앉아 새벽부터 밤까지 공부를 했고, 저널리즘스쿨에 합격한 뒤 2년간 유학을 다녀왔다. (『여성 조선』, 2013년 5월)

두 여성 앵커의 공통분모는, 뛰어난 미모와 매력을 지닌 여성으로 방송사 입사 5개월 또는 2년 만에 텔레비전 저녁 메인뉴스의 여성 앵커로 발탁되어 전 국민적 관심과 더불어 사랑을 한 몸에 받았으며 그 뒤 부단한 노력을 기울여 해외유학을 다녀오는 등 시청자들의 선망의 대상이었다는 점일 것이다. 실제로 시청자들 가운데에는 백지연 앵커나 서현진 앵커를 지켜보는 즐거움에 MBC 「뉴스데스크」를 시청한다고 답하는 이들도 있을 정도였다. 돌이켜 보면, 1980년대 중반에서 1990년대 초까지 KBS 뉴스가 오랫동안 인기가도를 달린 적이 있는데 이는 당시 KBS 「9시 뉴스」를 진행한 미모의 신은경 아나운서 때문이었다.

앞서 기사들에서 살펴본 것처럼 우리나라에서 지상파 방송의 여성 방송인들은 입사 5, 6개월 만에 간판 뉴스 프로그램의 앵커 자리에 앉아 몇 년간 활동해야 남들보다 뛰어난 능력을 지닌 방송인으로 여겨지게 되었다. 여성 앵커의 미모와 젊음이 워낙 강조되다 보니 내로라하는 여성 앵커들 가운데에는 미스코리아를 비롯한 각종 미인대회 입상 경력자들이 한두 명이 아니며, 대다수 시청자도 아무개는 미스코리아 출신 방송인이라는 식으로 몇몇 여성 앵커를 기억한다. 그런데 이런 뛰어난 미모와 자질을 지닌 여성 앵커들이 그 뒤로도 계속 메인뉴스 앵커로 맹활약해 한국 방송사에 큰 획을 그은 사례는 찾아보기 어렵다. 오히려 이들은 메인뉴스 앵커로 어느 정도 활약한 뒤에는 거의 예외 없이 더 젊고 상큼한 이미지의 후배 아나운서에게 자리를 물려주고 사라진다거나 재벌 2세나 스포츠 스타와 결혼해 방송계에서 은퇴한다는 식으로 예상치 않은 반전을 일으키곤 한다. 어느 직업이든 적어도 10년 정도는 열심히 일하면서 다양한 경험을 쌓은 뒤에야 해당 분야의 전문가로 대접받는 것이 보통인데, 우리 방송계에서 여성 앵커는 청순한 용모에 명확한 발음으로 또박또박 뉴스를 낭독하는, 마치 신인 여배우의 설익은 연기나 걸그룹 멤버의 발랄한 노래와 춤과 같은 '카메라 앞에서의 생방송 연기on-air performance'를 선보이는 데 그친다. 물론 기타 대중매체와 시청자들은 이런 여성 앵커를 마치 유명 연예인처럼 대접하며 그들의 일거수일투족에 관심을 쏟는다. 이러다 보니 가장 성공적인 여성 롤모델로 여겨지는 텔레비전 여성 앵커들은 나이 서른 살에 접어들기도 전에 일찌감치 방송인으로서 최고의 전성기를 구가한 뒤 메인뉴스 무대에서 물러나 대중의 관심으로부터 서서히 사라지거나 아예 방송 일을 접고 또 다른 제2의 인생을 살아간다는 이야기다.

한국 텔레비전 방송에서 여성 앵커란

물론 대부분의 여성 앵커들이 단명하는 것은, 우리 방송에서 앵커를 고작해야 7~8년 만에 계속해서 교체하는 관행과도 밀접한 관련이 있다. 앵커라는 직책을 전문성과 경륜이 필요한 자리로 여기지 않고 방송사 경영진의 순간적 결정에 따라 손쉽게 갈아 치울 수 있는 소모품 정도로 여기는 것도 문제다. 특히 일부 방송사에서는 지난 20여 년간 정권교체기마다 이런 저런 이유를 내세워 남녀 앵커를 전격 교체하여 대체로 남성 앵커의 수명은 3년 내지 5년, 여성 앵커는 2년 내지 3년을 넘기지 못한다. 물론 모두 두 차례에 걸쳐 13년간 활동한 엄기영 앵커, 도합 8년간 활약한 백지연 앵커 등 메인뉴스 앵커로 장수한 사례도 있기는 하다. 또한 여성 앵커들 가운데에는 메인뉴스에서 하차한 뒤에도 방송사에 남아 해가 갈수록 더욱 격조 있고 원숙한 진행으로 높은 대중적 인기를 유지하는 사람도 있다. 하지만 적어도 각 방송사의 간판 프로그램으로 여겨지는 저녁 메인뉴스를 공동으로 진행하는 여성 앵커는 앳된 미모의 20대 초중반의 방송인이라는 불문율에서 벗어나지 않는다. 이 같은 방송사 경영진과 시청자들의 보이지 않는 압력과 기대감 때문에 여성 앵커들이 겪어야 하는 고충도 만만치 않다. 한 설문조사 결과를 보면, 미국 각지의 방송사 여성 앵커 128명은 가장 걱정스러운 것이 텔레비전 화면에 비치는 자신의 미모와 몸매physical appearance라고 답변했다. 두 번째로는 앵커로서의 커리어와 아내 또는 어머니로서 가정생활을 병행해야 하는 데 따른 고충을 꼽았다(Engstrom & Ferri, 1998).

이처럼 성형화된 모습의 여성 앵커인지라 그들의 역할에 대한 언론계 내부나 언론학계의 비판도 계속되어 왔다. 아나운서로서의 방송진행경력이나 기자로서의 취재경력과는 무관하게 미모와 나이(젊을수록 더 유리하다)를 기준으로 앵커에 기용한다는 것이 첫 번째 비판이다. 오랜 세월에 걸쳐 이처럼 편향된 기준에 따라 앵커를 기용하다 보니 여성 앵커를 교체할 때면 20대 초중반 나이의 입사 1~2년 차 아나운서들이 줄을 서게 마련이고, 또한 방송사 보도 담당 고위 책임자들도 '젊고 호감 가는 미모'에다가 '자연스러운 뉴스 낭독 능력'을 지녔다면 더 이상 바랄 것이 없다는 식으로 생각하게 되었다. 또한 뉴스를 진행할 때 톱뉴스를 비롯해 하드뉴스 아이템은 나이가 많고 방송경력이 풍부한 중년의 남성 앵커가 주로 맡고, 여성 앵커는 연성뉴스를 중심으로 단순 보조진행 역할을 맡는 데 지나지 않는다는 비판도 나온다. 무엇보다 여성 앵커를 대하는 시청자들도 이들에게 명쾌한 분석과 해설을 내놓는 방송 언론인의 역할을 기대하기보다는 젊고 매력적이며 다소곳한 여성상을 기대하는 경우가 적지 않다. 한마디로 남성 앵커 혼자서 뉴스를 단독 진행할 때 생길지 모르는 '지나치게 딱딱하거나 엄숙한 느낌'을 완화시키려는 구색 맞추기 또는 분위기 전환용으로 여성 앵커가 활용되는 사례가 많은 것이다. 흔히 여성 앵커들을 이른바 '방송의 꽃'이니 '재색을 겸비한 팔방미인'이니 하는 식으로 지칭하거나 묘사하는 것도 여성 앵커가 진지한 방송 언론인으로 자리 잡지 못하는 원인이다.

신문과 잡지를 필두로 한 인쇄매체와는 달리 텔레비전과 라디오 등 방송매체는 시청자들의 눈과 귀에 호소하는 보다 감성적인 메시지를 바탕으로 한다. 인쇄매체에서는 독자가 스스로 뉴스를 이해하고 분석해야 하지만, 방송매체의 경우 대부분 시청자는 자신들의 눈과 귀를 통해 전달되는 이미지에 좌우된다고 한다. 따라서 신문은 '정통 저널리즘'이란 개념으로 설명할 수 있지만, 방송의 경우 '저널리즘과 쇼비지니스show business의 결합체'라고 이해하는 것이 타당하다. 뛰어난 취재력과 문장력을 지닌 저널리스트가 신문매체에서는 의심의 여지없이 성공적인 롤모델이지만, 방송에서는 뛰어난 취재력이나 논리 정연한 기사 말고도 뭇 시청자의 심금을 울릴 수 있는 비언어적 요소, 다시 말해 대중적 호소력이 뛰어나고 마치 친숙한 가족이나 연인과 같은 이미지를 지닌 기자와 아나운서가 성공적인 롤모델로 여겨지는 경우가 많다. 이 같은 방송의 매체 특성을 이해한다면 방송사마다 대중적 호소력과 이미지는 기본이며 여기에다 젊은 나이에 뛰어난 미모(섹스어필이라고 할 수도 있겠다)를 지닌 여성 아나운서나 기자를 앵커에 기용하는 것이 불문율이 되어 버린 이유를 알 수 있을 것이다. 이와 같이 왜곡된 여성 앵커 선정기준이 오랫동안 관행화된 데 대해 거의 예외 없이 방송사 경영진의 책임론이 거론되곤 한다. 하지만 필자의 생각으로는 텔레비전 뉴스 수용자인 시청자들의 책임 또한 적지 않다. 시청자들이 텔레비전 뉴스를 접하면서 '꽃같이 아름답고 상냥한 미소를 지닌' 여성 아나운서나 기자에게 호감을 보이는 것이 일반적이기 때문이다. 텔레비전 뉴스에서 취재 경험이 풍부한 중년의 여기자가 리포트를 할 때면 "저 늙은 여자는 왜 텔레비전에 얼굴을 비치냐"며 불평을 늘어놓는 시청자도 있는 실정이다. 이는 시청자들이 방송뉴스를 아직 진지한 저널리즘으로 간주하지 않는다는 반증이기도 하다.

미국 방송계의 여성 단독앵커들

20대 초중반의 나이에 간판 뉴스 프로그램의 여성 앵커로 인기를 구가하다가 몇 년 뒤 은퇴하거나 다른 프로그램으로 옮겨 가는 우리나라 방송사의 관행과는 달리 미국 방송사들은 오랜 방송취재 경험을 바탕으로 언론인으로서의 자질과 능력이 검증된 여성들을 앵커로 기용하는 것이 일반화되어 있다. 예를 들어, 지난 2009년부터 2011년까지 2년간 미국 주요 3대 지상파 네트워크 방송의 저녁뉴스 가운데 ABC와 CBS 저녁뉴스를 여

6-1 ABC 방송 메인뉴스 앵커 다이앤 소여. 텔레비전 방송 경력이 무려 40년이 넘는 소여는 지난 2009년부터 ABC 방송의 여성 단독앵커로 맹활약 중인데, CBS 방송의 케이티 쿠릭 등 중도 하차한 다른 여성 앵커들과 달리 오랫동안 자리를 지킬 수 있을지 여부에 관심이 모아지고 있다. (촬영: David Shankbone)

성 앵커들이 동시에 맡은 적이 있다. 주목할 점은, 두 여성 앵커 모두 '앳된 20대 초중반의 뛰어난 미모의 여성들'이 아니라 적어도 20~30년의 '풍부한 현장취재 경험을 지닌 원로 여기자들'이라는 것이다. 구체적으로 ABC 방송의 여성 앵커 다이앤 소여Diane Sawyer는 지역방송 기자로 일을 시작하여 워싱턴 정가의 공무원으로 변신했다가 다시 33살의 나이에 ABC 방송으로 옮겨 20여 년간 취재기자로 활약했다. 그녀는 ABC 방송의 「프라임타임 라이브Primetime Live」라는 뉴스매거진을 통해 앵커로 데뷔했는데, 당시 44살이었다. 2013년 현재 그녀는 68살의 노익장을 과시하며 저녁뉴스의 단독앵커로 활약하고 있다. CBS 방송의 케이티 쿠릭Katie Couric은 지역방송 기자와 에디터로 10여 년간 일한 뒤 32살에 NBC 방송으로 옮겨 정치부 기자로 활약하다가 34살에 아침뉴스 공동진행 앵커가 되었다. 2006년에는 CBS 방송으로 옮겨 저녁뉴스 단독앵커가 되었는데, 그녀의 나이 49살 때였다. 이처럼 미국 주요 지상파 네트워크 방송의 여성 앵커들은 적어도 20년의 취재경력을 지닌 기자 출신인데, 이는 남성이든 여성이든 메인뉴스 앵커 자리에 앉힐 때에는 방송 언론인으로서의 경험과 관록을 중시한다는 일관된 선정기준을 대변하는 것이기도 하다. 이런 점에서 미국 지상파 네트워크 방송의 앵커는 여성일지라도 단독진행을 하는 것이 보통이다. 물론 미국 방송에서도 우리나라에서처럼 남녀 앵커가 뉴스 프로그램을 공동 진행하기도 하는데, 네트워크 방송의 경우 뉴스 이외에 가벼운 신변잡기 위주의 소식을 전하는 아침 버라이어티 뉴스쇼를, 지역 방송의 경우 거의 모든 아침과 저녁 뉴스를 남녀 앵커가 함께 진행한다.

여성 방송인들이 가야 할 길

미국 지상파 방송의 경우 여성 진행자와 소수민족 출신 방송기자의 수가 상대적으로 부족하다는 연구결과가 1990년대부터 지속적으로 나오고 있다(Ziegler & White, 1990). 특히 미국 방송사들에서도 남성 방송인들에 비해 여성 앵커나 기자를 상대적으로 홀대하는 것이 쉽사리 사라지지 않는 병폐로 지적되어 왔다(Helwerth, 2002). 달리 말해 미국 방송사들도 여성 앵커보다는 남성 앵커의 역할을 중시하고 선호해 왔다는 것이다. 예를 들어 지난 1976년 ABC 방송은 저녁 메인뉴스 공동진행 앵커로 바바라 월터스Barbara Walters를 기용했으며, 1993년에는 CBS 방송에서 코니 정Connie Chung이, 그리고 2006년에는 ABC 방송에서 엘리자베스 바거스Elizabeth Vargas가 차례로 남성 앵커와 함께 뉴스를 공동으로 진행했다. 그러나 이들 모두 짧게는 몇 달 길게는 1년 반 만에 메인뉴스에서 하차했다(Ryan & Mapaye, 2010). 이를 두고 평론가들은 미국 방송계의 고질적인 남성 중심 조직문화 또는 여성 앵커 기용에 따른 뉴스 연성화를 우려한 경영진의 성급한 결정 때문이었다고 분석했다. 돌이켜 보면 1970년대에만 하더라도 방송사 보도국장들은 저녁 메인뉴스 앵커로 여성보다 남성이 더 적합하다고 답변하곤 했는데, 그 이유로는 남성 앵커가 뉴스를 전달할 경우 시청자들이 더 신뢰감을 갖는다는 것이었다(Stone, 1974). 더욱 심각한 것은 시청자들이 가진 여성 앵커에 대한 편견 또한 이에 못지않다는 점이다. 최근 언론학계의 몇몇 연구결과를 살펴보면, 텔레비전 시청자들이 여성 앵커에 대해 지닌 생각이 매우 보수적임을 알 수 있다. 유럽의 방송 시청자들을 대상으로 한 실험연구 결과를 보면, 시청자들이 남성 앵커보다는 여성 앵커가 낭독하는 뉴스를 더 신뢰한다고 응답하면서도 또 한편으로는 남성 앵커를 여성 앵커보다 '더욱 신뢰할 수 있는 언론인'으로 여기고 있었다(Weibel, Wissmath & Groner, 2008). 이 연구에서 주목할 만한 또 다른 발견은 나이가 많은 (따라서 방송 경험이 풍부한) 앵커의 경우, 시청자들은 여성 앵커보다는 남성 앵커로부터 더 깊은 신뢰감을 느낀다고 답변했다.

이런 연구결과에 비춰 보면, 나이 지긋한 남성 앵커를 메인앵커로 기용하고 젊은 미모의 여성 앵커를 보조역할로 내세우는 우리 방송 경영진의 결정을 반드시 잘못된 것이라며 일방적으로 매도할 수는 없을 듯하다. 평범한 대다수 시청자가 선호하는 텔레비전 뉴스 앵커의 역할과 이미지를 방송사 경영진이 재빨리 간파해 가장 적합한 앵커를 기용한 것이기 때문이다. 물론 변덕스러운 시청자들인지라 자신들이 가장 신뢰하는 앵커가 진행하는 뉴스만을 시청한다는 보장은 없다. 하지만 시청자들이 지니고 있는 '나이 많은 남성 앵커' 선호 경향 탓인지 몰라도 여성 앵커 케이티 쿠릭이 진행한 CBS 방송 메인뉴스는 5년 내내 주요 네트워크 3사 가운데 최하위의 시청률을 기록해 쿠릭은 결국 기용된 지 5년이 채 안 된 2011년 5월 단독앵커 자리에서 하차해야만 했다. 시청률과 방송광고 수주에 민감한 미국 상업방송으로서는 어쩔 수 없는 선택이었을 것이다. 또 다른 여성 앵커 다이앤 소여가 진행하고 있는 ABC 방송의 저녁 메인뉴스도 시청률이 완만하게 하락하면서 네트워크 방송 3사 가운데 최하위를 기록하고 있어서 앞으로 여성 앵커 소여가 계속 앵커 역할을 할 수 있을지 여부에 관심이 모아지고 있다.

이 같은 미국 지상파 방송의 사례를 살펴볼 때, 미국이든 한국이든 여성 앵커들이 걸어야 할 길은 아직도 멀고 먼 가시밭이라는 느낌을 지울 수 없다. 특히 우리나라 방송에서 가장 시급한 일은 방송사 경영진이 메인뉴스는 남성 앵커 위주로 진행해야 한다는 편견에서 벗어나는 것이다. 그다음으로는 여성 앵커를 남성 앵커의 보조역할로 여겨 젊고 매력적인 아나운서를 기용해 온 오랜 방송관행을 개선해 나가는 것이다. 여성 앵커들도 단지 방송의 꽃 역할을 하는 것에 만족하거나 암묵적으로 동조하지 말고 여성 앵커로서 제 위치를 찾는 데 적극적인 노력을 기울여야 한다. 입사 1~2년 만에 저녁 메인뉴스의 여성 앵커로 발탁된 것에 자부심을 느끼기보다는, 오랜 방송경험과 연륜을 바탕으로 남성 앵커의 들러리가 아닌 주인공으로 뉴스를 단독으로 진행하는 것을 자랑스럽게 여겨야 한다.

마지막으로 시청자들 역시 스스로 의식하지 못하는 오랜 편견을 버려야 한다. 흔히 경험이 부족한 미모의 여성 앵커를 기용하는 오랜 관행에 대해 방송사 경영진을 탓하면서 정작 이 같은 여성 앵커를 연예인처럼 떠받들고 선망하는 시청자들의 편견을 간과하기 쉽다. 이와 같은 시청자들의 요구와 기대감이 바뀌지 않는 이상 젊고 예쁜 여성들이 뉴스를 비롯한 텔레비전 프로그램 전반을 지배하는 현상은 쉽사리 고쳐지지 않을 것이나. 앞서 지적한 것처럼 "늙은 여자가 왜 방송에 나오냐"며 여성 방송인의 가치와 역할을 '미모, 몸매, 젊음과 전통적 여성상'으로 규범화시키려는 일부 남성 시청자들의 왜곡된 견해가 좀처럼 사라지지 않고 있다. 여성 시청자들도 20대 초반에 방송사에 입사해 1년도 채 되지 않아 지상파 방송의 메인뉴스 앵커가 되었다는 여성 앵커를 선망하거나 가장 닮고 싶은 여성으로 롤모델로 삼기보다는, 나이가 들어서도 남성들과 어깨를 나란히 하고 당당히 일하는 나이 지긋한 중장년 여성 방송인들을 더 존경해야 한다. 일찌감치 대중의 사랑과 선망을 한 몸에 받은 신데렐라의 눈부신 성공 스토리에 열광하기보다는 10년 내지 20년간 꾸준한 노력을 기울여 경험을 축적한 뒤 중년이나 노년이 되어서도 원숙하게 뉴스 진행을 하는 여성 앵커가 방송계에 더 많이 등장하기를 기대해야 한다.

참고문헌

Engstrom, E. & Ferri, A. J.(1998). "From barrier to challenges: Career perceptions of women TV news anchors". *Journalism & Mass Communication Quarterly* 75(4), pp. 789–802.

Helwerth, U.(2002). "Einschalt–Quote: Zur Geschlechterdemokratie in den Medien[Audience ratings: About gender democracy]". http://www.womanticker.net/content.php

Ryan, K. & Mapaye, J. C.(2010). "Beyond "anchorman": A comparative analysis of race, gender, and correspondent roles in network news". *Electronic News* 4(2), pp. 97–117.

Stone, V.(1974). "Attitudes toward television newswomen". *Journal of Broadcasting* 18(1), pp. 49–62.

Weibel, D., Wissmath, B. & Groner, R.(2008). "How gender and age affect newscasters' credibility–An investigation in Switzerland". *Journal of Broadcasting & Electronic Media* 52(3), pp. 466–484.

Ziegler, D. & White, A.(1990). "Women and minorities on network television news: An examination of correspondents and newsmakers". *Journal of Broadcasting & Electronic Media* 34, pp. 215–223.

07.. 천 리 길도 한 걸음부터—방송사 인턴십

미국의 방송사 인턴십 프로그램

가을학기에 접어들어 여러모로 분주한 가운데 콜로라도 주 덴버 시의 한 텔레비전 방송사에서 필자 앞으로 편지가 날아왔다. 방송사 인턴십 프로그램 담당자가 보낸 편지에는 지난 여름방학 두 달간 이 방송사에서 인턴으로 일한 우리 학교 학생들에 대한 관찰소견과 함께 개인별 평가점수가 담겨 있었다. 인턴들은 지난 학기 필자의 '텔레비전보도론' 과목 수강생들이었는데, 대부분 훌륭히 현장실습을 마쳤다는 총평이었다. 그런데 한 학생에 대한 담당자의 보다 구체적인 평가가 시선을 끌었다. 이 학생은 인턴으로 일하면서 업무처리를 소홀히 했으며 개인사정을 핑계로 두어 차례 결근을 해 평가점수를 낮게 줄 수밖에 없다는 내용이었다. 문제의 학생을 인턴으로 추천한 지도교수로서 내심 당혹스러웠다. 인턴십 프로그램 담당자에게 전화를 걸어 보니 때때로 인턴들 가운데 이런 예외가 있다면서, 이번 학기에 인턴으로 일한 학생들은 대부분 무척 성실해 만족스럽다고 덧붙였다.

이처럼 미국 대학 학부과정의 방송학 전공자들은 재학시절 방송사에서 일정 기간 인턴으로 일하고 받은 평가점수를 대학의 정식학점으로 인정받아야 졸업할 수 있다. 필자는 항상 방송학 전공 학생들에게 학교수업을 성실히 이수하는 것만큼 방송사 인턴 경험이 중요하다는 점을 강조해 왔다. 2학년 여름방학 때부터 시작해 졸업하기 전까지 적어도 두 차례 이상 인턴십 프로그램에 참여하라는 조언도 곁들인다.

미국 내 대부분의 방송사들은 1년 내내 인턴사원 제도를 운용하고 있다. 인턴으로 일하는 기간은 짧게는 한 달 길게는 1년까지도 가능하지만 대체로 석 달 정도(봄학기, 여름방학, 가을학기)가 일반적이다. 인턴으로 일하는 분야는 보도, 제작, 온라인뉴스, 그래픽 디자인, 경영, 홍보, 편성, 기술 등 방송 분야를 총망라한다. 인턴들에게 교통비나 식비 등을 지원해 주는 방송사가 간혹 있지만 대부분 무보수로 일하는 것을 당연시한다. 인턴이 되기 위한 경쟁도 치열해 지원자들은 지도교수로부터 추천서를 받거나 비디오 촬영 및 편집 등 실무에 필요한 관련 기술을 미리 익혀 놓는 것이 보통이다. 뉴욕의 대규모 지상파 네트워크 방송사에서부터 인구 1만 명이 채 못 되는 소도시의 지역 텔레비전 방송사에 이르기까지 미국 전역의 방송사 인턴의 숫자를 합하면 수천 명에 이른다. 심지어 일리노이주 WEIU-TV라는 곳에서는 앵커, 취재기자, 촬영기자 등 보도국의 거의 대부분 인력을 전국 각지에서 몰려든 인턴으로 구성해 운영하기도 한다.

방송계 진출을 꿈꾸는 학생들은 방송사의 인턴십 프로그램을 통해 일선에서 활약하는 앵커, 기자, 프로듀서, 엔지니어 등과 짧은 기간이나마 함께 일하며 대학 강의실에서 경험하기 힘든 방송현장을 체험할 수 있다. 방송사의 입장에서는 비정규직 사원을 따로 채용하기보다는 무보수 인턴을 고용해 몇몇 분야의 업무 부담을 덜고 경영 측면에서는 임금을 절약할 수 있다는 이점이 있다. 무엇보다 방송사 입장에서는 대학생을 대상으로 한 인턴십 프로그램을 운용함으로써 산학협동의 정신을 구현한다는 명분을 세울 수 있다. 결국 방송학 프로그램을 지닌 언론대학의 입장에서든 방송사의 입장에서든 서로 윈윈win-win 할 수 있는 방편이다. 인턴들에 대한 평가는 방송사 인턴십 프로그램 담당자와 해당 학생의 대학 지도교수가 상의해 이뤄지고, 학생들은 최고 3학점까지 이수할 수 있다. 대부분의 인턴은 석 달간 고생한 것에 걸맞게 A학점을 받는 것이 보통인데, 앞서 언급한 불성실한 학생의 경우엔 C학점을 받았다. 무보수로 일하는 인턴생활이 즐거울 리 없었겠지만, 문제의 학생은 이미 불성실하다는 낙인이 찍혀 졸업 이후 방송사 취업은 꿈꾸기 힘들 것이다.

방송사 인턴들이 하는 일

도대체 방송사 인턴들은 어떤 일을 할까? 덴버 시의 한 텔레비전 방송사에서 인턴으로 일하던 학생이 필자에게 보내온 이메일 중간보고를 살펴보자.

> 교수님께
>
> 인턴십 제1주 차에는 방송국 편집실에서 비디오 편집 시스템을 익히느라 눈코 뜰 새 없었습니다. 하지만 점차 단신기사용 비디오 편집에 익숙해졌고 마지막에는 프로그램 예고 비디오를 직접 편집해 방송하기도 했습니다. 이어 제2주 차에는 취재 데스크로 옮겨 시청자 제보전화를 받거나 부서 이메일을 확인하고 필요한 취재 아이템을 정리해 보도국 기사 전송망에 올려놓곤 했습니다. 제보전화 외에도 수없이 걸려 오는 전화에 응답해야 했는데, 이 과정에서 일선기자들의 취재를 돕는 업무가 어떻게 이뤄지는지 파악하게 되었습니다. 예상치 않은 돌발사건이 터져 정규 프로그램이 중단된 채 뉴스속보가 나갈 때에는 흥분과 긴장감에 온몸이 떨리기도 했습니다. 제3~4주 차에는 보도국 기자들을 따라나서 그들의 취재활동을 어깨 너머로 배웠는데, 이는 제가 항상 바라던 것이었죠. 덴버 지방법원에서 선고판결을 받고 나오는

7–1 방송 준비를 하고 있는 인턴.
덴버의 한 텔레비전 방송사에서 스포츠 담당 인턴으로 일하는 콜로라도대학교 방송전공 4학년생 알렉시스 페리가 NBA 프로농구 경기를 앞두고 방송 리포트 준비를 하고 있다. (출처: Alexis Perry)

피고인을 취재하기도 했는데, 법원 계단을 내려오는 피고인 바로 옆에 다가가 무엇이든 즉석 인터뷰를 하는 것이었습니다. 물론 피고인이 입을 다문 채 노코멘트를 고집해 당시 인터뷰가 방송되지는 못했지만 말이죠. 인턴 근무 제4주 차가 끝나 갈 무렵에는 여러 단신기사를 작성하느라 꽤 고생했습니다. 특히 제가 취재에 동행했던 법원 판결을 토대로 심층 리포트를 제작하는 데 참여하면서 많은 것을 배울 수 있었습니다. 인턴십 제5주 차인 이번 주에는 다시 편집실로 돌아와 저녁뉴스에 내보낼 기획기사를 발굴하느라 끙끙대고 있습니다. 뉴스 프로듀서의 보조역할인데도 수많은 기사를 써야 하기 때문에 어느새 기사작성 실력이 부쩍 좋아진 것을 느낍니다. 저는 앞으로 취재기자가 될 생각이지만 뉴스 프로듀서도 재미있는 일이더군요. 방송국에 취직할 수만 있다면 어느 역할이라도 마다하지 않을 생각입니다.

이미 방송현장에서 일하는 실무자들이 보면 하찮은 에피소드들을 나열한 것에 불과하겠지만, 방송학 전공 학생들은 이처럼 인턴으로 일하면서 방송현장 이모저모를 체험하며 방송계 진출의 첫걸음을 내딛는 것이다. 필자가 가르친 학생들의 경험담을 종합해 보면, 대체로 대도시 방송국에서 인턴으로 일하면 그야말로 커피 심부름부터 시작해 전화 받기 등 사소한 업무가 적지 않은 반면, 소도시 방송국에서 일할 경우에는 기사작성, 프로그램제작, 현장취재 보조 등 나름대로 방송실무와 직결된 생생한 경험을 할 수 있다고 한다.

우리나라의 방송사 인턴십 현황

현재 미국 방송계를 주름잡고 있는 여러 유명 방송인 가운데 처음에는 인턴으로 시작해 오늘날의 부와 명성을 쌓아 올린 경우가 적지 않다. CBS 방송의 메인뉴스 앵커였던 케이티 쿠릭Katie Couric은 방송사 인턴과 CNN 방송 뉴스 프로듀서 보조작가로 일한 경력이 있고, CNN 방송 전쟁특파원으로 명성을 날린 크리스티안 아만푸어Christiane Amanpour도 인턴 경험을 한 뒤 지역 방송사의 그래픽 디자이너를 거쳐 오늘날의 거물급 방송기자로 성장했다. 이외에도 수백 수천 명의 방송기자, 프로듀서, 엔지니어들이 대학시절 인턴으로 시작해 오늘날 미국 방송업계를 이끌고 있다.

이처럼 인턴에서 시작해 거물급 방송인으로 성장하는 마치 '개천에서 용 나는 듯'한 미국 방송계의 입지전적 스토리와는 달리 아직 우리 방송계에서는 인턴부터 시작해 차분히 경력을 쌓아 가는 사례가 거의 전무하다. 우리 방송업계에서는 대학전공이나 실무경험과 상관없이 기자직, 프로듀서직, 촬영직, 엔지니어직 등으로 세분화한 뒤 치열한 입사시험과 합께 까다로운 면접을 통과해야 입사 여부가 결정되기 때문이다. 마치 조선시대 과거를 치르듯 필기시험을 위시한 치열한 경쟁을 뚫은 명석하고 빠릿빠릿한 신입사원들을 추려 모아 이들에게 기사 작성, 프로그램 제작, 비디오 촬영 및 편집 등을 백지 상태에서 도제 식으로 가르치는 '수습사원 현장실습on-the-job training'이 우리 방송계의 전통적인 인력양성 방식이다. 반면에 미국 학생들은 학창시절 방송 또는 매스컴을 전공으로 선택해 관련 과목을 이수하고 매 학기 또는 방학 때마다 일선 방송사에서 인턴으로 일하면서 방송실무 경험을 쌓고 일선 기자, 프로듀서, 엔지니어들과 교류하면서 이른바 장래 취업에 필요한 '스펙'을 쌓아 간다. 방송학을 가르치는 일부 미국 교수들은 학생들이 실무경험을 체험할 수 있도록 일방적인 강의를 최소화하고 대신 학생들이 기자, 프로듀서, 앵커, 엔지니어 등의 역할을 떠맡아 뉴스나 다큐멘터리 프로그램을 제작하도록 '프로젝트 위주'의 학과목으로 커리큘럼을 재구성해 큰 효과를 거두기도 했다(Marks, 1999; Patrow, et al., 2000).

미국의 경우 졸업 후 방송사 입사 과정에서도 필기시험이란 것은 없다. 신입사원을 채용하는 방송사 책임자들은 입사 희망자들의 대학시절 전공이나 인턴십 이수 여부 등을 확인한 뒤 실제 업무와 관련된 지식과 기술을 갖췄는지 여부를 평가할 뿐이다. 입사 희망자가 대학시절 방송 실습과목 수강 때나 인턴십 과정에서 직접 제작한 뉴스 리포트나 비디오, 다큐멘터리 등이 있을 경우 포트폴리오로 제출하도록 하여 평가한 뒤 방송사 입사 여부를 결정하는 것이다. 이렇다 보니 미국 대학의 방송학 전공자들은 그야말로 취업을 위해서라도 열심히 학과목을 듣고 인턴십 프로그램도 두세 차례 되풀이한다. 쉽사리 취업의 기회를 잡지 못한 어느 방송학 전공자는 대학을 졸업한 뒤 조그만 지역 방송사에서 1년간 무보수 인턴으로 일하면서 결국 방송기자로 채용되기도 했다. 방송계 진출을 꿈꾸는 학생들은 자신들이 인턴으로 일한 방송사의 선배 기자, 프로듀서 등을 통해 미국 전역의 신입사원 모집 공고를 전해 듣기도 하고 언제 어느 방송사의 채용공고가 나올 것이라는 등의 구체적인 정보를 얻기도 한다. 신참 방송인들은 대부분 소도시 지역 방송사에서 2~3년간 경험을 쌓은 뒤 좀 더 큰 도시의 방송사로 옮기게 되는데, 이들이 대학시절 인턴으로 일한 곳으로 옮기는 사례가 비일비재하다. 인턴경험을 계기로 맺어진 인적 네트워크를 활용해 방송사 입사나 이직 여부가 결정되는 경우가 많다 보니, 미국 방송계에서의 인턴경험은 그야말로 취업을 위한 필수 불가결한 첫걸음인 것이다.

필자가 한국에서 방송 현업에서 활동할 때에도 해마다 여름방학 때면 방송사 고위 간부의 소개로 보도국 인턴으로 일하던 대학생들이 있었다. 이들 대부분이 미국에서 언론학이나 방송학을 전공하던 유학생들이었다. 그런데 아직 우리 방송사들은 인턴십제도의 필요성과 실효성에 대한 확신과 신념이 없는 듯하다. 대학 언론학과들도 방송사들과 체계적으로 연계된 정기적인 인턴십 프로그램을 운용하지 못하고 있다. 적어도 방송학계와 방송업계가 '산학협동'을 통한 상생을 바란다면 인턴십 프로그램을 보다 체계화해야 한다. 이런 차원에서 최근 몇 년 동안 SBS, EBS, YTN 등 우리 방송사들이 시험적으로나마 대학생 인턴들을 받아들이기 시작한 것은 고무적인 일이다. 이들 방송사의 인턴으로 선발되려면 입사시험에 버금가는 치열한 경쟁을 뚫어야 한다는 이야기도 들린다. 하지만 신입사원의 절반 이상을 인턴사원들 가운데에서 선발한다는 어느 대기업처럼 우리 방송사들도 인턴십제도를 더욱 활성화해야만 앞으로 훌륭한 인재들을 확보할 수 있을 것이다. 궁극적으로는 미국 방송사들처럼 인턴십제도를 1년 내내 운용하면서 취업인터뷰와 포트폴리오를 중심으로 신입사원을 선발하고 필기 위주의 입사시험은 폐지하는 것이 바람직하다. 물론 이른바 '언론고시'로까지 일컬어지는 방송사 신입사원 선발 방식을 하루아침에 바꾸기란 쉽지 않을 것이다. 하지만 장기적 측면에서 볼 때 방송사들이 인턴십제도를 보다 확대해 시행하는 것이 입사제도 개선의 출발점이 될 것이다. 방송사 입장에서는 수십 수백 명의 인턴사원을 뽑아 일일이 관리하는 것이 번거롭고 귀찮겠지만 결코 외면할 일이 아니다.

취업만을 전제로 한 인턴십제도는 상아탑의 권위와 학문의 순수성을 해친다는 학계 일부의 비판도 예상할 수 있다. 하지만 대학전공과는 상관없이 방송사 입사시험을 치르느라 곤욕을 치르는 한국의 대학생들을 지켜보노라면 더욱 '산학협동'의 필요성을 절감하게 된다. 이를 위해 대학의 언론학, 그중에서도 방송학 전공 교육은 방송사 취업과 실무에 보다 긴밀하게 연결되도록 재편되어야 한다. 대학시절 인턴부터 시작해 차근차근 발걸음을 내딛는 예비 방송인들이 더욱 늘어나고 이들의 포트폴리오와 대학에서 이수한 관련 과목을 중심으로 방송사 입사 여부가 결정된다면, 실용학문으로서 방송학의 위상정립과 함께 대학과 방송업계가 함께 고민하고 풀어 가야 할 산학협동의 외연 확대 또한 자연스럽게 이뤄질 것이다.

참고문헌

Marks, R.(1999). "Beyond the anchor: Students and broadcasting opportunities". *Journalism and Mass Communication Educator* 54(1), pp. 79-86.

Patrow, K., Youngblood, S., Madden, T., Hamburger, J. & Johnson, K.(2000). "A TV reporter, an adviser's internship, a TV anchor/reporter, an assignment editor, a TV photojournalist's bag of tricks". *Communication: Journalism Education Today* 34(2), pp. 5-7, 12, 15.

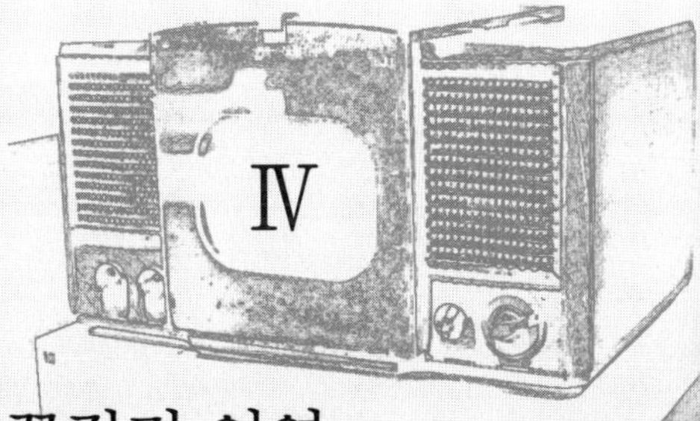

텔레비전과 정치의 끈질긴 인연

08.. 오늘은 방송인, 내일은 정치인 ―텔레비전 정치 시대

방송인, 정치에 나서다

지난 2011년 4월, 국회의원과 지방자치 단체장, 지방의회 의원 등을 뽑는 재보궐선거가 일제히 치러졌다. 언론과 국민의 관심이 집중된 지역 가운데엔 두 명의 전직 MBC 방송 사장이 치열하게 맞붙은 강원도지사 선거를 빼놓을 수 없다. 그런데 최장수 MBC 「뉴스데스크」 앵커로 또 그 뒤로는 MBC 사장으로 오랫동안 국민으로부터 사랑을 받은 엄기영 후보가 낙선한 것은 자못 놀라운 일이었다. 물론 맞상대였던 최문순 후보 역시 MBC 기자 출신에다가 사장까지 역임한 경력의 소유자지만, 지명도 면에서는 엄 후보에 뒤지는 것이 사실이었다. 많은 이가 엄 후보의 낙선 이유를 선거전 막판에 불거진 불법 전화선거운동 탓으로 분석했지만, 이외에도 세대별 소득별 투표성향의 차이로 인해 최 후보 지지표가 좀 더 많이 나왔기 때문으로 보인다. 그런데 역설적이기는 하지만 인기 앵커 출신의 전국적 지명도를 지닌 엄 후보의 낙선은, 그동안 계속되어 온 대한민국만의 기이한 '방송 연예인' 정치문화를 다소나마 바로잡는 의미 있는 계기가 되었다고 생각한다.

언제부터인가 우리 정치권에서는 텔레비전 프로그램을 통해 얼굴을 널리 알린 뒤 선거에 출마하면 십중팔구 당선되는 기현상이 이어져 왔다. 이런 추세를 반영하듯 지난 30년간 수많은 방송 기자와 앵커, 그리고 아나운서가 잇따라 정계로 진출했다. 봉두완, 박성범, 이윤성, 맹형규, 류근찬, 정동영, 그리고 변웅전, 이계진, 박용호, 유정현, 한선교 등 이름만 들어도 텔레비전 화면에서 자주 대했던 그들의 친숙한 얼굴표정이 자연스럽게 떠오른다. 현역 방송인 시절의 명성에 걸맞게 이들 가운데에는 처음 출마한 선거에서 전국 최다득표의 기록을 세우며 기염을 토한 인물도 있다. 물론 방송인들이 똑똑하고 정치감각이 뛰어나며 국민에 대한 봉사심이 남다르기 때문이라고 설명할 수도 있겠지만, 이들이 방송을 통해 국민에게 얼굴을 알린 뒤 대중적 인기를 발판으로 손쉽게 국회의원 배지를 달거나 광역 자치단체장 자리를 차지한 것이라는 것은 삼척동자라도 알 수 있다. 물론 당선 이후 국회에서나 지역에서 열심히 일하고 이웃에 봉사하며 역량을 길러 더욱 위대한 정치인으로 성장해 나가는 것은 차후의 문제일 것이다.

방송기자들뿐만 아니라 연예인들의 진출도 두드러져 탤런트 최종원, 최무룡, 이순재, 강부자, 최불암, 정한용 씨 외에도 영화배우 이대엽, 신성일, 신영균 씨를 비롯해 코미디언 고 이주일 씨 등이 국회의원 또는 시장에 출마해 당선되었는데, 이것이 우리 정치문화의 현주소다. 물론 이들을 선량으로 선출한 유권자들은 후보 개개인의 자질과 국가관이 훌륭하며 그들의 정치적 신념과 포부에 공감을 느꼈기 때문이라고 말할 수 있다. 하지만 직업 정치인이 아닌 방송기자, 연예인들의 정계 진출이 선거철마다 이어지는 것은 비생산적이고 대결 위주인 우리 정치문화에 대한 유권자들의 환멸감을 대변하는 것으로 해석할 수 있다. 예를 들어, 국회에서 의원들끼리 거친 몸싸움을 벌이거나 전기톱과 해머까지 동원해 비상식적인 행동을 벌이는 광경이 텔레비전 화면을 통해 전해질 때면 국민의 정치에 대한 환멸감은 더욱더 깊어진다. 정치권의 추악한 모습을 바라보면서 유권자들이 '정치란 아무 누구라도 할 수 있는 코미디'와 다름없다는 생각을 갖는 것은 무리가 아니다. 결국 오랫동안 정치권에서 단련되고 경륜을 쌓은 검증된 정치인들보다는 영상매체인 텔레비전에 출연해 신선한 이미지와 재치 있는 말재주로 인기를 얻은 방송계 출신 인물들을 정치권이 앞다퉈 영입하려 하고 이런 미숙한 정치신인들을 유권자들이 아무 망설임 없이 국회의원이나 시장, 도지사로 뽑아 주는 것이 우리 정치의 현실인 것이다.

인기만 있다면 어디서든 오케이

한때 미국에서도 텔레비전 리얼리티쇼 주인공이 대통령에 출마하겠다고 나서 뉴스거리가 된 적이 있다. 부동산 재벌 도널드 트럼프Donald Trump의 이야기다. 그는 NBC 방송의 「어프렌티스Apprentice」라는 리얼리티쇼에 출연하여 취직자리를 놓고 서로 경쟁하는 출연자들에게 온갖 과제를 내주어 고생을 시킨 뒤 실적이 저조한 출연자에게 "당신은 해고야You're fired"라는 한 마디를 내뱉어 대중적 인기를 얻게 된 인물이다. 물론 부동산 사업의 귀재인만큼 그의 개인적 재력이 사회적, 정치적 영향력의 토대이기도 하다. 열성 공화당원인 트럼프가 평소 정치에 관심을 가지고 있던 것은 사실이지만, 대통령선거 출마를 고려하는 정치인으로서 그의 업적은 사실상 전무하다. 또한 텔레비전 방송을 통해 대중적 관심을 끌려는 돈키호테적 언행도 질타를 받았다. 민주당 대선 후보인 버락 오바마Barack Obama 대통령이 미국이 아닌 아프리카 케냐에서 태어났다며 출생증명서를 내놓으라며 흑색선전을 퍼부은 것이 그 예다(미국 대통령이 되려면 미국에서 출생한 사람이라야 한다). 또 미국 경제가 어려워지고 대외 영향력이 날로 줄어드는 것은 중국과 아랍 국가들이 값싼 공산품과 석유가격을 무기로 장

8-1 리얼리티쇼 스타가 대통령이 될 수 있을까? 부동산 재벌 도널드 트럼프는 미국 대통령 선거 때마다 끊임없이 출마설이 나도는 인물이다. 그가 과연 텔레비전 리얼리티쇼 스타로서의 부와 명성을 포기한 채 가시밭길 대권에 도전할지 여부는 여전히 미지수다. (촬영: Gage Skidmore)

난을 치기 때문이라며 철저한 응징을 다짐하는 등 어처구니없이 황당한 주장을 폈다. 하지만 정작 트럼프 자신은 미국 내 경제불황의 여파로 여러 건의 대형 부동산투자 사업이 난관에 처해 부도를 맞기도 했다. 한마디로 떠벌이며, 사생활도 그리 모범적이지 않다고 알려져 있다.

그런데도 불구하고 CNN과 「워싱턴 포스트」 등 언론기관의 여론조사 결과, 트럼프는 2011년 초 공화당 경선주자들 가운데 지지율 2위를 기록하더니 4월에는 당당히 1위의 자리를 차지해 모든 이를 놀라게 했다(Jones, 2011). 그러나 정작 소문만 무성했을 뿐 트럼프는 공화당 대선주자 경선에 참여하지 않았는데, 출마선언을 하게 되면 당시 인기절정이던 「어프렌티스」를 그만둬야 하기 때문에 대선출마를 포기했다는 이야기가 떠돌았다. 따지고 보면 미국 정치인 가운데에도 트럼프와 같이 텔레비전 방송에 고정 출연해 대중적 지명도를 쌓아 재미를 본 인물이 여러 명 있다. 지난 1999년에 프로 레슬러 출신 제시 벤추라Jesse Ventura가 미네소타 주지사에 당선된 적이 있다. 그 원동력은 뭐니 뭐니 해도 텔레비전 프

8-2 프로 레슬러 시절 제시 벤추라가 약물 오남용 방지 캠페인 포스터에 등장한 모습.
벤추라는 그 뒤 정치인으로 변신해 미네소타 주지사를 지냈다. (출처: 미국 식품의약청)

로 레슬링을 통해 쌓아 올린 명성 때문이었으며, 여기에다 무기력하고 부패한 기존 정치권에 대한 유권자들의 환멸감이 더해진 때문이다. 캘리포니아 주지사를 지낸 아놀드 슈왈제네거Arnold Schwarzenegger 역시 할리우드 영화를 통해 얻은 대중적 인기 덕분에 정치에 입문할 수 있었으며, 따져보면 로널드 레이건Ronald Reagan 전 대통령 역시 할리우드 영화배우 출신이다.

이렇듯 방송 경력을 무기 삼아 정치인으로 탈바꿈한 인물들도 많지만, 일선에서 물러난 한물 간 정치인들을 방송에서 영입하는 사례도 늘고 있다. 미네소타 주지사 임기를 마친 제시 벤추라는 프로 레슬링계에서는 은퇴했지만, 케이블 채널 MSNBC와 Tru TV 등에서 프로그램 진행을 맡았다. 지난 2008년 미 대통령선거에서 공화당 존 매케인John McCain의 부통

8-3 뉴욕 주지사 시절의 엘리엇 스피처. 성추문에 연루되어 주지사 자리에서 불명예스럽게 물러났지만 CNN 방송의 시사 프로그램 진행자로 기용되어 한동안 시청자들의 관심을 끌었다. 대체로 상업방송사는 대중적 지명도가 있는 인물이라면 앞뒤 가리지 않고 출연시켜 시청률을 끌어올리려 하는데, 이같이 얄팍한 상술에 대한 비판도 만만치 않다. (출처: U.S. Department of State)

령 러닝메이트였던 세라 페일린Sarah Palin은 대선이 끝난 뒤 FOX 뉴스 평론가로 활동했고, 주지사를 지낸 알래스카를 배경으로 하는 케이블 방송 TLC의 한 프로그램에 온 가족과 함께 나와 짭짤한 출연 수입을 챙겼다. 페일린의 장녀는 어머니의 후광에 힘입어 잇따라 텔레비전에 출연하고 강연을 하는 등 한동안 인기를 끌었다. 방송사의 시청률 경쟁 탓인지는 몰라도 성매매 추문에 휩싸여 사임한 정치인을 텔레비전 프로그램 진행자로 영입하기도 한다. 뉴욕 주지사를 지낸 엘리엇 스피처Eliot Spitzer라는 인물로, 그는 성매매 관련 섹스추문으로 정계에서 물러난 뒤 CNN 방송 시사 프로그램의 진행자로 기용되었다. 종종 사회정의나 정계개편 등을 주장하기도 하던 그는 2013년 여름 뉴욕 감사원장 선거에 출마하여 정계 복귀를 시도하기도 했다. 한마디로 긍정적이든 부정적이든 국민이 이름이나 얼굴을 기억하는 지명도 있는 인물이라면 인간 됨됨이나 청렴도, 능력과는 상관없이 선거의 승리를 노리는 정치권도 오케이, 그리고 시청률 경쟁에 나선 방송계도 오케이라는 것이다.

텔레비전을 통한 이미지 메이킹

선거에서 낙선했거나 이런저런 이유로 현직에서 물러난 정치인들이 텔레비전 주변을 기웃거리는 것은, 텔레비전을 이용한 대중적 이미지 메이킹이 자신들의 재기에 절대적으로 도움이 된다는 것을 잘 알고 있기 때문이다. 여성 아나운서 비하 발언, 박원순 서울시장 아들 병역비리 의혹 제기 등 온갖 튀는 발언과 행동으로 논란을 빚었던 강용석 전 국회의원도 텔레비전의 영향력을 일찌감치 간파한 사람이다. 그는 2012년 총선에서 낙선한 뒤 본업인 변호사보다는 텔레비전 각종 연예 프로그램 진행자로 변신해 '예능 우량주'로 대접받으며 정치재기를 노리고 있다. 그는 방송을 통해 쌓은 대중적 인지도와 호감도를 무기로 국회의원 선거에 다시 출마할 것으로 알려져 있는데, 이는 방송을 통한 '이미지 세탁'이라고 부를 만하다. 강 전 의원은 텔레비전 방송 출연은 "정계복귀를 위해서 하는 것"이라고 솔직히 털어놓았는데, 그의 꿈은 대통령이 되는 것이라고 한다(장강명, 2013).

앞에서도 말했듯 우리나라에서는 텔레비전에 자주 얼굴을 비치고 대중의 사랑을 받는 연예인이나 앵커, 심지어 시사토론 진행자 등은, 언제 어떤 선거에서든지 당선 가능성이 매우 높은 인물로 분류되어 각 정당으로부터 스카우트 제의가 쇄도한다. 주요 지상파 방송사의 앵커들은 물론이고 평상시 텔레비전 뉴스나 오락 프로그램에 자주 얼굴을 비치는 인물들이 선거에서 유리한 위치에 선 사람들이라 하겠다. 가수 이승기나 달인 개그맨 김병만, 방송 진행자 유재석 등도 국회의원 자리 하나쯤은 손쉽게 꿰찰 수 있는 인물들인 것이다. 컴퓨터 백신 개발자, 벤처 사업가, 의대와 공대 교수 등 다양한 경력을 지닌 데다가 잇단 텔레비전 출연을 통해 전 국민적 사랑을 받은 전 서울대학교 교수 안철수 씨도 좋은 예다. 안철수 씨는 2012년 대선후보로 나섰다가 사퇴한 뒤 이듬해에는 보궐선거에서

8-4 방송 출연을 통해 전 국민적 멘토로 급부상한 안철수 씨.
안철수 전 서울대학교 교수는 지난 2012년 대통령 선거를 거치면서 정치인으로 변신했고 현재 국회의원으로 활동하고 있다. 그의 거침없는 행보가 과연 대통령직으로까지 이어질지 관심이 모아지고 있다. (촬영: 정진호)

여유 있게 국회의원에 당선되었으며 차기 대선출마가 유력시되는 정치인이다. 안 의원은 텔레비전을 통한 이미지 메이킹이 얼마나 효과적인가를 보여 주는 좋은 예다.

미국에서 텔레비전매체의 이른바 '후광효과halo effect'를 주목하게 된 것은, 1960년 대선 당시 부통령이던 리처드 닉슨Richard Nixon과 젊은 상원의원 존 F. 케네디John F. Kennedy 간의 텔레비전 토론이 계기가 되었다. 널리 알려진 대로 경험이 풍부한 정치인이던 닉슨은 능숙하게 토론을 이끌었지만, 텔레비전 화면에 비친 그의 모습은 질병으로 인한 체중감소와 피곤한 기색으로 인해 시청자들의 호감을 끌지 못했다. 반면 상대적으로 미숙한 초선의 상원의원 케네디는 온화한 미소, 호감 가는 얼굴 그리고 젊은 패기를 과시해 대중적 호응을 얻었다. 당시 두 대선후보의 모습을 보지 못한 채 라디오로 공개토론을 청취한 유권자들은 닉슨이 승리했다고 믿었지만, 텔레비전을 통해 토론을 시청한 대다수 미국인은 케네디가 승리했다고 여겼다(Kraus, 1996). 결국 케네디는 근소한 차이로 닉슨을 누르고 미국 대통령에 당선되었다.

반세기가 지난 지금도 텔레비전매체가 선거와 정치에 미치는 막대한 영향력은 평론가와 학자들의 관심을 끄는 연구대상이다. 미국 대선후보들은 텔레비전 뉴스 인터뷰는 기본이며 쇼와 코미디 등 예능 프로그램에 출연해 '소탈한 서민' 또는 '젊고 변화를 추구하는 정치인'이라는 이미지를 구축하려고 안간힘을 쓴다. 지난 1992년 대선에 첫 출마한 빌 클린턴Bill Clinton이 텔레비전 방송의 심야 토크쇼에 출연해 선글라스를 낀 채 색소폰을 멋지게 연주해 젊은 유권자들의 폭발적인 인기를 끌어 모았는가 하면, 2008년 대선 때에는 공화당 부통령 후보 사라 페일린이 코미디쇼 「새터데이 나이트 라이브Saturday Night Live」에 출연해 자신과 똑같이 분장한 여성 코미디언과 함께 천연덕스럽게 연기하며 이미지 변신을 시도하기도 했다. 물론 2008년 대선 때에는 초선 상원의원이던 버락 오바마도 뒤질세라 심야 토크쇼와 코미디쇼에 잇따라 출연해 젊음과 변화를 외치며 텔레비전을 활용한 선거운동을 벌인 것은 잘 알려진 사실이다. 당시 공화당 경선후보로 나섰던 전 아칸소 주지사 마이크 허커비Mike Huckabee는 경선 탈락 이후 ABC 라디오, FOX 뉴스 등 방송사들로부터 러브콜을 받았는데, FOX 뉴스에서 자신의 이름을 딴 텔레비전 토론 프로그램을 진행하면서 직접 베이스기타를 연주하는 등 시청자의 눈길을 끌었다.

방송인으로서의 사명감을 지녀야

텔레비전매체는 정치적 야망을 지닌 인물들의 데뷔무대로 이들의 이미지 메이킹에 활용되는 사례가 비일비재하다. 텔레비전에 자주 출연해 시청자에게 반복적, 지속적으로 자신의 얼굴을 알릴 경우 얼마 가지 않아 대중적 인기를 얻게 되는데, 이는 선거에서 당선을 이끌어 내는 가장 효율적인 수단이 될 수 있다. 이제 관록과 경험, 웅대한 정치적 비전 제시보다는 젊음과 패기, 변화 등의 선거구호가 유권자들에게 더 잘 먹혀드는 시대가 된 것이다. 이런 점에서 우리 방송계에서 최장수 텔레비전 뉴스 앵커로 전 국민의 사랑을 받았던 엄기영 후보가 낙선한 것은, 역설적이기는 하지만 텔레비전매체가 배출한 유명인에 대한 유권자들의 맹목적인 지지와 투표라는 우리 시대의 대중문화 현상을 부정한 것이라는 데 의의가 있다.

1960년 닉슨–케네디 텔레비전 토론이 정치권에 남긴 영향력은 지대했다. 이후 미국의 각 정당과 후보자들은 선거의 핵심 쟁점이나 정치 지도력 검증보다는 텔레비전 화면을 통해 대중에게 어떤 이미지를 보여 주고 어떤 목소리로 다가갈 것인가에 골몰하게 되었다(Webley, 2010). 어찌 보면 한 나라의 정치와 선거제도도 이제는 잘 준비된 한두 줄의 대사와 가공된 이미지, 그리고 시청자를 겨냥한 감성적 어필을 위주로 하는 텔레비전 리얼리티쇼로 변질되어 가고 있는 셈이다. 이런 상황에서 누가 더 텔레비전 화면에 잘 어울리며 텔레비전 토론에서 더 능숙하게 답변하느냐가 최종 당락을 가르는 주요기준이 되어 버렸다.

2008년 버락 오바마 행정부가 출범하면서 우리의 보건복지부 차관쯤에 해당되는 공중위생국장Surgeon General이라는 고위 관직에 CNN 방송 의학 전문기자 산제이 굽타Sanjay Gupta가 내정된 적이 있다. 굽타 기자는 그러나 자신은 계속 CNN에 남겠다며 제의를 거절했다(Barrett, 2009). 우리 텔레비전 방송 종사자들 가운데 이러한 정부 고위직 제안을 거부할 사람이 과연 몇 명이나 될까? 텔레비전에 출연하는 방송 종사자들은 텔레비전매체의 영향력 확대와 발전을 위해 몸 바쳐 본분에 충실하는 것이 가장 바람직하다. 그러나 돌이켜 보면 텔레비전을 비롯한 우리 언론과 정치권력은 오래전부터 서로 불가분의 관계를 맺고 상호작용을 해왔는데, 일찍이 조선 말 개화기부터 오늘날까지 정치적 야심을 지닌 수많은 언론인이 이런저런 이유를 내세우며 정계에 입성했다(김강석, 2001). 문제는 이처럼 텔레비전 방송 출연자나 기자, 아나운서로 대중적 인기를 누린 인물이 정치인으로 변신할 경우, 평소 방송에서의 발언이나 취재 보도내용이 정치권력을 잡기 위한 방편이 아니었냐는 의심을 떨칠 수 없다는 것이다. 물론 직업선택의 자유가 있는 만큼 어느 누구도 이들의 정계진출을 가로막을 권리는 없다. 하지만 텔레비전을 통해 얻은 대중적 인기를 바탕으로 정치인으로 변신하려는 인물들이 넘쳐 나는 나라에서는 결코 정상적이고 내실있는 정치가 이뤄지지 않고 근시안적이고 대중선동을 기반으로 하는 이미지 정치가 판치게 된다. 텔레비전 프로그램에서 자주 보았다는 친근함에 이끌려 이들을 국회의원, 시장, 도지사 등으로 손쉽게 뽑아 주는 유권자들의 얄팍한 정치의식과 투표관행도 반드시 사라져야 할 우리 시대의 악습이다. 그런데 오늘 이 순간 시청자의 사랑을 받는 텔레비전 출연자가 내일이면 대중적 정치인으로 탈바꿈할 수 있다는 사실은, 오늘날 텔레비전매체의 영향력이 얼마나 강력한 것인가를 여실히 입증한다 하겠다.

참고문헌

김강석(2001). 『언론인의 권력이동』. 서울: 새로운 사람들.

장강명(2013년 3월 30일). "강용석 인지도 높여 꼭 정계 복귀… 대통령이 꿈이다", 「동아일보」.

Barrett, K.(2009, March 5). "Dr. Gupta withdraws name for Surgeon General". ABC News. http://abcnews.go.com/Health/story?id=7017435&page=1#.UaX2-pyneM0

Jones, J. M.(2011, April 22). "Huckabee, Trump, Romney set pace for 2012 GOP field: Trump leads among liberal and moderate Republicans". *Gallup Politics*. http://www.gallup.com/poll/147233/huckabee-trump-romney-pace-gop-field-2012.aspx

Kraus, S.(1996). "Winners of the first 1960 televised presidential debate between Kennedy and Nixon". *Journal of Communication* 46(4), pp. 78-96.

Webley, K.(2010, September 23). "How the Nixon-Kennedy debate changed the world". *TIME*. http://www.time.com/time/nation/article/0,8599,2021078,00.html

09.. 올림픽과 애국심, 그리고 텔레비전

자국 선수들의 활약에 포커스를 맞추는 올림픽 중계방송

온 국민을 열광케 했던 2012년 런던올림픽. 양궁, 사격, 태권도, 펜싱, 축구 등 한국 선수들이 참가한 경기를 국민들은 밤잠을 설쳐 가며 텔레비전을 통해 지켜보았다. 온 국민의 성원에 보답하듯 태극전사들은 금메달 13개, 은메달 8개, 동메달 7개에 종합 메달순위 5위라는 뛰어난 성과를 거뒀다. 국민들은 펜싱과 유도, 수영 등의 종목에서 유독 오심이 많았다면서 안타까워했고, 일본과의 남자축구 3, 4위 결정전에서 감격적인 2대 0 승리를 거두자 마치 금메달을 딴 것만큼이나 기뻐했다. 올림픽 스포츠는 이처럼 온 국민을 단결시키고 국가적 일체감과 자긍심을 드높인다. 스포츠가 지닌 마법이자 긍정적 카타르시스 효과라고 하겠다.

각국의 텔레비전 방송사들은 올림픽중계 때마다 자국 선수단의 선전과 승전보를 전하는 데 치중하기 마련이어서 미국 텔레비전의 런던올림픽 중계 또한 자국 선수단 중심으로 이뤄질 수밖에 없었다. 미국 내 올림픽 독점중계권을 가진 NBC 방송은 연일 미국 선수단의 활약상을 중심으로 아침부터 밤늦도록 특집방송을 내보냈는데, 미국 선수들의 메달획득이

유력시되는 체조, 도로 사이클, 수영, 비치발리볼, 테니스 등을 집중 방영했다. 경기 도중엔 'USA' 구호를 외치는 미국 응원단의 모습을 쉴 새 없이 비췄다. 미국 팀이 우승한 여자 비치발리볼 종목의 경우 미국 내 황금시간대에 텔레비전 중계시간을 잡기 위해 경기시간을 심야로 변경해 줄 것을 올림픽운영위원회 쪽에 요청하여 실제로 경기가 심야에 열리기도 했다. 이러한 자국 선수단 중심의 방송중계방식 때문에 NBC 방송을 시청한 미국인들은 미국 선수들의 눈부신 활약과 메달획득 순간을 지켜보며 국민적 자긍심을 드높일 수 있었다. 하지만 필자를 포함한 재미 한국인들이 한국 선수들의 활약상을 지켜보는 것은 거의 불가능했다. 올림픽이 중반으로 접어들 즈음 필자는 한국을 찾았다. 서울에서 시청한 올림픽 중계방송은 미국 방송과는 현저히 대비되었다. 우리 지상파 텔레비전 방송사들은 한국 선수단이 참가하는 사격, 펜싱, 수영, 유도, 양궁, 배구, 탁구, 태권도 등을 집중적으로 방영했고, 펜싱과 유도에서 발생한 오심논란을 상세히 보도했다. 각 경기종목마다 우리 선수들이 금, 은, 동메달을 따는 광경을 지켜보며 국민들은 벅찬 감동을 받았다. 특히 한국 남자 올림픽 축구 팀의 동메달 획득은 국민에게 커다란 감동과 흥분을 안겨 주었다.

이처럼 올림픽중계는 국가별로 자신들의 국익과 이해관계에 따라 특정 종목을 임의로 선택해 방영하는 것이 관례화되어 있다. 이런 점에서 시청자들은 비록 올림픽 게임이라는 동일한 글로벌 스포츠 이벤트를 접하더라도 자신들이 시청하는 방송매체의 국적이나 보도성향에 따라 각기 다른 인상을 받거나 평가를 내리는 것이 보통이다. 올림픽 게임과 방송의 보도패턴을 연구한 학자들의 분석결과를 살펴보면 어느 나라의 방송이든 성차별이 이뤄지는 것이 보통이어서 대체로 여성 선수보다 남성 선수 위주의 경기를 방영한다고 한다(Higgs et al., 2003; Hilliard, 1984; Jones & Greer, 2012; Tuggle et al., 2002). 특히 여성 선수에 대한 집중보도는 농구나 축구, 역도, 조정, 카약 등과 같이 남성적이거나 힘을 위주로 한 종목보다는 체조와 수영, 비치발리볼 등 '여성적'이거나 '우아한' 특성을 지닌 이른바 '여성에게 적합하다고 사회적으로 용인되는' 종목을 보여 주는 데 그치며, 여자 단체 팀의 주요경기들은 방송중계에서 제외되기 일쑤라고 한다(Alexander, 1994; Kane, 1989). 때때로 방송 진행자가 여성 선수나 선수단에 대해 온갖 격려와 찬사를 늘어놓기도 하지만, 실제 방송시간을 비교해 볼 때 여성 선수가 참가하는 경기종목의 방송시간은 남성 선수가 참가하는 경기종목보다 훨씬 적다는 분석결과도 있다.

선전장이 되어 버린 올림픽

개막식에서 폐막식에 이르는 전 기간 동안 주최국과 참가국들은 올림픽을 전 세계적 홍보기회로 여겨 방송매체가 앞장서서 국가나 정권 홍보에 매진하는 사례가 적지 않다. 예를 들어, 1988년 서울올림픽은 대한민국의 활기차고 역동적인 모습을 텔레비전 방송을 통해 전 세계에 널리 알린 계기였다. 2000년 시드니올림픽의 경우 오스트레일리아 정부는 개막식을 통해 자국의 다문화적 배경과 역동적이면서도 세계화를 지향한다는 이미지를 극대화하는 데 주력했다(Housel, 2007). 공산당 일당 독재와 티베트 인권문제, 국제무역 마찰 등으로 적지 않은 비판을 받아 온 중국은 2008년 베이징올림픽 방송을 통해 자신들이 자국 내 다양한 민족과 문화에 관대하며 민주적이고 자유로운 국가라는 긍정적인 이미지를 보여 주려 했다(Gao, 2010). 오래전의 일이기는 하지만, 1936년 베를린올림픽의 경우 당시 나치정권은 올림픽 주 경기장에 등장한 아돌프 히틀러Adolf Hitler 총통과 선수들의 모습을 뉴스필름에 담아 급속히 성장하는 독일의 모습을 전 세계에 과시하려 했다. 이런 점에서 올림픽 경기는 국제올림픽위원회IOC가 내세우는 비정치적 순수 스포츠 이벤트라는 구호와는 달리 오랫동안 알게 모르게 정치적인 계산이나 국익을 고려한 각종 퍼포먼스와 정

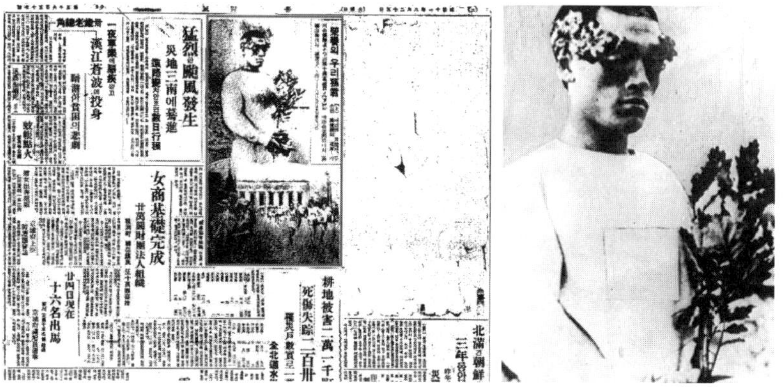

9–1 올림픽의 특성을 잘 보여 주는 '일장기 말소 사건'.
1936년 「조선중앙일보」와 「동아일보」는 베를린올림픽 마라톤에서 우승한 손기정 선수의 사진을 일장기를 지운 채 게재했다. 「동아일보」는 지운 일장기 부분에 월계수 잎을 더 그려 넣어 덧칠하기도 했다. 우리 민족의 자긍심을 살리기 위한 애국심의 발로였다. 일제는 이른바 '일장기 말소 사건'의 책임을 물어 신문 발행인과 기자 등 관련자들을 구속 투옥하고 두 신문을 폐간 및 무기 정간시켰다. 올림픽을 비롯한 국제 스포츠경기란 정치나 민족적 자존심, 애국심의 표현에서 결코 자유로울 수 없다는 사실을 보여 준 선례다.

쟁으로 점철되어 왔다는 점을 부인하기 힘들다. 예를 들어, 1980년 모스크바올림픽은 전해에 벌어진 소련의 아프가니스탄 침공에 항의하는 미국 등 65개국의 불참으로 반쪽 대회가 되어 버렸고, 그다음 번 올림픽인 1984년 로스앤젤레스올림픽은 소련의 주도로 동구권 14개국이 불참하는 등 정치적 대결의 장으로 바뀌었다. 동맹국들을 부추겨 전 인류의 축제인 올림픽을 두 차례나 절름발이로 만들어 버린 미국과 소련 두 나라에 대해 국제올림픽위원회는 어떤 제재도 가하지 않았다. 냉전이 끝나고 21세기에 들어서면서 올림픽을 둘러싼 정치적 이데올로기 갈등은 사라졌지만, 올림픽 방송을 통한 국가들 간의 과열경쟁과 애국심 겨루기는 여전히 계속되고 있다.

이런 와중에 런던올림픽 한일 남자축구 3, 4위 결정전 직후에 벌어진 박종우 선수의 '독도 세레모니'는 순수 스포츠와 정치적 의사표현이라는

9-2 2012년 런던올림픽 남자축구 한일전 독도 세레모니.
지난 2012년 런던올림픽 남자축구 3, 4위 결정전 직후 '독도는 우리 땅'이라고 쓰인 종이와 태극기를 든 채 그라운드를 돌며 독도 세레모니를 펼치고 있는 박종우 선수. 올림픽 무대에서 정치적 행위를 금지한다는 국제올림픽위원회의 규정 때문에 박 선수는 메달이 박탈될 뻔했지만 우여곡절 끝에 뒤늦게나마 동메달을 받았다. (출처: 연합뉴스)

문제를 다시 한 번 부각시켰다. 독도를 둘러싼 한국과 일본 간의 정치적 공방전이 올림픽 무대로 옮겨 가 우리 선수가 경기장 내에서 '독도는 우리 땅'이라고 쓰인 종이를 들고 세레모니를 펼쳤고, 이 과정에서 일본이 '정치적 의사표현 금지'라는 올림픽헌장 제50조 위반을 들먹이며 노골적으로 제동을 건 것이다. 당시 대다수 시청자는 한일전 승리의 감격에 겨워 박종우 선수가 종이를 들고 그라운드를 누비는 모습을 방송화면에서 본 기억이 없을 것이다. 다만 이 문제가 불거진 뒤 텔레비전 화면에 박 선수의 독도 세레모니 사진이 여러 차례 보도되었는데, 국민 가운데에는 비록 스포츠 외교문제로 번지기는 했지만 박 선수의 행동에 뿌듯함을 느낀 이도 많았을 것이다. 며칠 뒤 박 선수의 독도 세레모니와 관련해 대한축구협회가 일본축구협회에 굴욕적인 내용의 이메일을 보낸 것이 알려져 국민의 분노를 샀는데, 정작 이 문제는 국제올림픽위원회나 일본 측에 사과해야 할 성격의 사안은 아니었다. 비록 올림픽 경기장 내에서 할 수 있는 최선의 행동은 아니었을지언정 엄연한 우리 땅에 대한 주권천명을 '스포츠맨답지 않은 행위' 또는 '우발적인 해프닝'으로 간주해 저자세로 일관한 우리 축구협회나, 박종우 선수와 한국 축구 팀의 동메달 박탈 가능성을 거론하며 조용한 외교적 해결을 외친 신중론자들의 태도에도 문제가 있다. 앞서 논한 것처럼 올림픽은 이미 예전부터 알게 모르게 참가국과 선수들의 의도적이면서도 정치적인 의사표현의 장으로 활용되어 온 것이 사실이기 때문이다.

올바른 의사표현은 존중받아야 한다

우리 방송이 독도 세레모니 논란을 보도하면서 흔히 유사한 사례로 거론하는 것이 있다. 1968년 멕시코시티올림픽 때 육상 남자 200미터에서 금메달과 동메달을 딴 미국 흑인 육상선수 토미 스미스Tommie Smith와 존 카를로스John Carlos가 검은 장갑을 낀 주먹을 하늘 위로 높이 들어 당시 미국 내 인종차별에 대한 침묵시위를 벌인 일이다. 당시 국제올림픽위원회는 두 선수의 정치적 행위를 비난하면서 이들을 올림픽 선수촌에서 쫓아낸 데 이어 미국 올림픽 선수단에 압력을 넣어 두 선수를 곧장 미국으로 돌려보내도록 했다. 그런데 만일 앞으로 개최될 또 다른 올림픽에서 인종차별에 대한 이와 유사한 항의 세레모니가 되풀이될 경우엔 과연 어떤 반응이 나올까? 올림픽을 주관하는 국제올림픽위원회는 어떨지 몰라도 적어도 미국을 비롯한 전 세계 수많은 나라에서 이 같은 세레모니를 벌인 선수들을 비난하는 여론은 일지 않을 것이라고 단언할 수 있다. 왜냐하면 1968년 두 흑인선수가 올림픽 시상식에서 보여 준 인종차별에 대한 침묵시위는 곪을 대로 곪은 미국 내 인종차별의 치부를 드러내 그 부당함을 전 세계에 알린 것이었기 때문이다. 특히 흑인 민권운동 지도자 마틴

9-3 1968년 멕시코올림픽 시상대에 선 미국 육상선수 토미 스미스와 존 카를로스. 두 선수가 주먹 쥔 손을 높이 들어 올리며 인종차별에 대한 항의를 하고 있다. 은메달리스트인 오스트레일리아의 피터 노먼 선수도 이들의 항의에 동참해 인권을 상징하는 배지를 가슴에 달았다. 항의시위 직후 국제올림픽위원회는 정치적 의사표현을 한 두 흑인선수를 올림픽 선수촌에서 쫓아냈다. (출처: AP 통신)

9-4 인종차별 항의 세레모니를 기념하는 동상.
올림픽 육상종목 시상대에서의 인종차별 항의가 있은 지 거의 40년이 지난 2005년, 미국 캘리포니아 주 산호세주립대학교San Jose State University 교정에는 전 세계에 인종차별의 부당성을 고발한 두 흑인선수의 용기를 기리는 동상이 세워졌다. 한때 거센 논란과 비난을 받았던 올림픽 무대에서의 정치적 행동일지라도 시대가 바뀌면서 평가가 180도 달라질 수 있음을 말해 주는 사례다.

루터 킹Martin Luther King 목사가 암살되고 미국의 베트남전쟁 개입이 심화되어 수많은 미국인이 죽거나 다치는 와중에 벌어진 두 선수의 항의 세레모니는, 전 세계인에게 인간적 양심을 되찾고 불의를 바로잡는 대열에 동참하라는 요구였다. 그로부터 반세기가 지난 오늘날 미국인들은 인종차별에 맞서다 암살된 마틴 루터 킹 목사의 생일을 국경일로 정해 그의 정신을 기리고 있다. 또 당시 인종차별에 맞서 죽음을 각오하고 항거한 흑인들, 예를 들어 흑인은 버스 뒷좌석에만 앉아야 한다는 규칙에 저항하다 경찰에 체포된 로자 파크스Rosa Parks나 인종차별에 대한 항의 세레모니를 올림픽 무대에서 보여 준 두 흑인선수를 인권수호의 선구자이자 영웅으로 간주하고 있다.

이런 일도 있었다. 2003년 3월, 텔레비전 방송을 통해 미국 전역은 물론 세계 여러 나라에 생중계된 제75회 아카데미상 시상식에서 콜로라도 주 콜럼바인고교 총기 난사사건을 다룬 「볼링 포 콜럼바인Bowling For Columbine」으로 장편다큐멘터리상을 받은 영화감독 마이클 무어Michael Moore가 수상 소감을 밝히던 도중 갑자기 부시 대통령과 그가 벌인 이라크전쟁에 대해 비난하기 시작했다. 영화계 인사들을 비롯한 관객들로부터 찬사와 비난이 쏟아지는 가운데 무어 감독은 다음과 같이 외쳤다. "우리는 한 인물이 가공의 이유를 내세워 국민을 전쟁으로 내모는 시대에 살고 있습니다. (중략) 부시 대통령님, 우리는 이 전쟁을 반대합니다. 부끄러운 줄 아십시오, 부시 대통령님. 부끄러운 줄 아십시오." 당시 생방송으로 중계된 무어 감독의 괴짜 행동에 대해 찬반논쟁이 일었다(BBC News, 2003). 그러나 당시 언론인과 정치인 어느 누구도 감히 '대량살상무기'를 제거한다는 터무니없는 핑계로 이라크를 침공한 미국 정부와 부시 대통령을 비난하지 못하던 때여서 무어 감독의 거침없는 과격발언은 오늘날 뒤늦게나마 양심적인 개인이 텔레비전을 통해 외친 용기 있는 행동으로 재평가받고 있다.

이런 사례들에 비춰 볼 때, 국내문제든 국제적 이슈든 불의나 부당함을 고발하고 이를 시정할 것을 촉구하는 항의 세레모니는 비록 해당 선수가 올림픽 선수촌에서 쫓겨나거나 대표 팀에서 제적되거나 메달을 박탈당하거나 심지어 병역특례 혜택을 받지 못하는 불이익을 받더라도 계속해서 되풀이되어야 한다. 물론 이 과정에서 해당 선수가 불이익을 당하더라도 이는 불의를 바로잡기 위한 정의로운 희생으로 간주해야 할 것이다. 어쨌든 독도 세레모니가 한일 두 나라의 감정싸움을 넘어 정치적 논란으로 번진 이래로 우리나라 텔레비전 방송 보도는 갑자기 신중한 분위기로 바뀌었고 우리 스포츠 관계자들도 가능한 한 조용히 사태를 해결하려고 했다. 더구나 비슷한 시기에 이명박 대통령이 독도를 전격 방문하고 일왕에게 사과를 요구하면서 두 나라 간에 정치 외교적 갈등이 심각해진 뒤로는 더욱더 그랬다. 우리 스포츠계의 적극적인 해명 노력 때문인지 런던올림픽 무대에서 동메달을 받지 못한 박종우 선수는 결국 뒤늦게나마 동메달을 목에 걸었고 이 문제는 텔레비전 방송에서조차 쉬쉬하는 가운데 조용히 마무리되었다.

올림픽 방송 도중 이처럼 예기치 못한 돌발사태를 전하고 논평을 내놓아야 하는 텔레비전 방송 역시 보다 확고한 원칙과 믿음을 갖고 보도에 임해야 한다. 한일 양국 간의 갈등을 치유하면서 조용하고 신중한 스포츠 외교를 벌이는 것도 좋지만, 옳은 것은 옳고 그른 것은 그르다고 상대방에게 당당히 외칠 수 있는 방송, 그리고 국민의 목소리를 충실히 반영하는 방송이어야 한다. 비록 오랜 세월이 흘렀지만 멕시코시티올림픽 시상식에서 벌어진 미국 흑인선수들의 인종차별 항의 세레모니에 대해 후일 올바른 역사적 재평가가 이뤄진 것처럼, 앞으로 50년 뒤 전 세계인들이 런던올림픽에서 '독도는 우리 땅'이라는 엄연한 사실을 재천명한 독도 세레모니에 대해 어떻게 기억하고 평가할 것인지를 다시 한 번 생각해 봐야 한다.

참고문헌

Alexander, S.(1994). "Newspaper coverage of athletics as a function of gender". *Women's Studies International Forum* 17, pp. 655–662.

BBC News(2003, March 24). "Moore fires Oscar anti–war salvo". http://news.bbc.co.uk/2/hi/entertainment/2879857.stm

Gao, F.(2010). "Politics/nationalism affect 2008 Olympics coverage". *Newspaper Research Journal* 31(4), pp. 77–92.

Higgs, C. T., Weiller, K. H., Martin, S. B.(2003). "Gender bias in the 1996 Olympic Games: A comparative analysis". *Journal of Sport & Social Issues* 27(1), pp. 52–64.

Hillard, D. C.(1984). "Media images of male and female professional athletes: An interpretive analysis of magazine articles". *Sociology of Sport Journal* 1, pp. 251–262.

Housel, T. H.(2007). "Australian nationalism and globalization: Narratives of the nation in the Sydney Olympics' opening ceremony". *Critical Studies in Media Communication* 24(5), pp. 446–461.

Jones, A. H. & Greer, J. D.(2012). "Go "heavy" or go home: An examination of audience attitudes and their relationship to gender cues in the 2010 Olympic snowboarding coverage". *Mass Communication & Society* 15, pp. 589–612.

Kane, M. J.(1989). "The post Title IX female athlete in the media: Things are changing but how much?". *Journal of Physical Education, Recreation and Dance* 60(3), pp. 58–62.

Tuggle, C. A., Huffman, S. & Rosengard, D. S.(2002). "A descriptive analysis of NBC's coverage of the 2000 Summer Olympics". *Mass Communication & Society* 5, pp. 361–375.

10.. 공영방송의 이상과 현실

기부금을 보내 주시면 음악 시디를 드립니다

평일 저녁 텔레비전을 켜니 온갖 리얼리티쇼가 거의 모든 채널을 점령하고 있다. 잘생기고 돈 많은 한 독신남을 놓고 여러 여성 참가자가 경쟁하는 내용을 담은 프로그램이 있는가 하면, 기상천외한 과제를 참가자들이 60초 안에 누가 더 빨리 해결하는가를 겨루는 게임쇼에다가, 수수한 외모의 중년 여인에게 화려한 의상을 차례로 입혀 주며 순식간에 패션 아이콘으로 변신시켜 주는 프로그램도 있다. 상업 텔레비전 방송들이 방영하는 요란스런 리얼리티쇼를 피해 이리저리 채널을 옮겨 다니다 보니 존 덴버John Denver, 토토Toto 등 한때 인기 있었던 뮤지션들의 주옥같은 콘서트 하이라이트를 방영하는 채널이 눈에 띈다. 바로 미국의 공영 텔레비전 방송 PBSPublic Broadcasting Service였다. 반가운 마음에 채널을 고정했더니 노래는 5분도 채 안 돼 끝나고 아나운서가 등장해 시청자들에게 애절한 호소를 늘어놓기 시작한다. "저희 방송은 여러분과 같은 수많은 시청자의 도움을 받아 운영됩니다. 공영방송에 대한 여러분의 사랑과 관심을 보여 주십시오. 100달러, 50달러, 단돈 10달러도 좋습니다. 지금 당장 저희에게

10-1 미국 워싱턴 D.C. 지역의 한 공영방송이 시청자들에게 기부금을 호소하는 장면. 일시불로 90달러를 내거나 매달 7달러씩 기부하는 시청자에게 가수 엘비스 프레슬리의 하와이 공연실황 디브이디를 사은품으로 주고 있다. 미국 내 군소 공영방송사들은 기부금 약정 캠페인pledge drive이라고 일컫는 이런 특별방송을 거의 매달 내보내고 있다.

전화를 걸어 여러분의 기부의사를 알려 주십시오. 50달러 이상 기부해 주신 분들에게는 존 덴버와 토토의 히트곡 모음 시디를 보내 드립니다."

거의 매달 되풀이되는 공영 텔레비전 방송 PBS의 시청자 기부 캠페인이다. 연방정부 보조금과 시청자의 기부금 등에 의존해 재원을 조달해야 하는 공영방송은 이처럼 시청자를 상대로 간절한 읍소를 거듭해야 한다. 몇 시간 동안 이어지는 '앵벌이'식 호소를 지켜보면서 미국 공영방송사 직원들이 겪어야 하는 고충이 어느 정도일지 짐작할 수 있었다. 한때 공영방송 KBS에 몸담았던 필자는 시청자들이 납부하는 수신료의 귀중함은 잘 알고 있었지만, 이처럼 시청자에게 애처롭게 호소해 본 기억은 없다. 시청자의 자발적 기부에 사활을 건 미국 공영방송과는 달리 우리 공영방송은 거의 모든 국민이 좋든 싫든 전기요금에 합산해서 내야만 하는 텔레비전 수신료를 주요 재원의 하나로 삼고 있기 때문일 것이다.

한국과 미국의 공영방송은 무엇이 다른가

공영방송의 원조는 1920년대에 라디오, 1930년대에 텔레비전 전파를 발사한 영국의 BBC 방송이다. 그런데 미국과 한국은 그보다 한참 뒤인 1970년대에 공영방송을 시작했다. 미국의 공영방송 PBS가 출범한 것은 1970년, 한국의 공영방송 KBS가 출범한 것은 이보다 조금 늦은 1973년이다. KBS는 서울 본사를 중심으로 여러 지방국을 거느리고 있는데, 미국도 워싱턴 D.C. 인근의 PBS 본사를 비롯해 각 주에 수많은 지역 가맹국을 두고 있다. 공영방송이라는 동일한 정체성을 지니고 있음에도 한국과 미국의 공영방송을 비교하면 몇 가지 차이점을 발견할 수 있다.

무엇보다 방송사 운영재원을 마련하는 방법이 다르다. 2012년을 기준으로 할 때 KBS 방송의 주된 재원은 각 텔레비전 시청가구가 매달 2천5백 원씩 의무적으로 내는 수신료 수입license fee 5,851억 원(37.3퍼센트), 방송광고 수입commercial advertising 6,236억 원(39.8퍼센트), 그리고 국고보조금과 부대사업 수입 등 3,593억 원(22.9퍼센트)을 합쳐 총 1조 5,680억 원이었다(오성일, 2013). 반면에 미국 PBS는 연방정부 보조금federal funding과 시청자들의 자발적인 기부금membership donation, 그리고 비영리재단이나 기업들의 기부 협찬금corporate underwriting에 의존하고 있다. 연방정부로부터 받는 보조금의 대부분은 PBS 본사의 프로그램 제작비로 충당되며, 지역 PBS 방송사들은 시청자와 기업으로부터 받는 기부금과 협찬금에 의존하는 비율이 높다. PBS는 방송광고를 방영하지 않지만 부족한 프로그램 제작비용을 기업들로부터 협찬받고 있기 때문에 프로그램을 방영할 때마다 협찬 단체나 기업들의 이름이 빠짐없이 소개된다. 기업의 협찬금 액수는 해마다 조금씩 다르기는 하지만, 대체로 전체 운영재원의 20~27퍼센트를 차지한다(Ledbetter, 1997). 상업방송들에 비해 공정한 보도를 하는 것으로 알려진 PBS 뉴스 프로그램에도 협찬기업의 이름이 거명되는 등 엄밀히 따지면 상업적 이익으로부터 완전히 자유롭지 않다. 심지어 협찬기업들 가운데에는 환경오염 등으로 비난이 자자한 석유재벌기업이 다수 포함되어 있어서 미국 공영방송Public Broadcasting Service을 석유방송Petroleum Broadcasting Service이라 부르며 빈정대는 이들도 있다. 한편 부족한 운영재원은 PBS의 뉴스보도를 상업방송 네트워크 뉴스에 비해 여러 면에서 뒤처지게 만드는 원인이기도 하다.

주요 시청자층을 살펴보더라도 차이점을 발견할 수 있다. 한국의 공영방송은 청소년층과 중년층, 노년층에 이르기까지 거의 전 국민을 대상으로 다양한 장르의 프로그램을 방영하고 있지만, PBS는 상업방송과 차별화된 시사, 문화, 교양물이나 어린이들을 대상으로 한 교육, 오락 프로그램을 주로 방영하고 있어서 시청률이 비교적 낮고 시청자층도 일부 계층으로 제한된다. 일례로, 미국 공영방송 시청자 가운데 상당수가 15만 달러(1억 6천여 만 원) 이상의 연간소득을 올리고 있으며 자기 소유의 주택에 거주하고 또 7만 달러 이상 주식투자를 하고 있다고 한다(Jensen, 2011). 미국 공영 라디오 NPRNational Public Radio 청취자들의 63퍼센트가 대학 졸업자들이며 세 명 가운데 한 명은 대학원 학위를 지니고 있고, 심지어 청취자의 40퍼센트가 지난 3년간 외국여행을 한 경험이 있다고 한다(Jensen, 2011). 결국 어린이부터 청소년, 중장년층에 이르기까지 전 국민을 주 시청자로 겨냥해 프로그램을 편성하는 우리 공영방송 KBS와는 달리, 미국 공영방송 PBS는 통념과는 달리 지극히 제한된 시청자층을 상대하는 데 그친다. 다시 말해 미국의 공영방송 시청자들은 재미와 오락만을 겨냥한 '저속하고 요란스러운' 상업방송 프로그램들에 식상했거나 시청률과는 무관한 '수준 높고 문화의 향기가 흠뻑 풍기는' 차별화된 프로그램을 선호하는 특수 계층이라고 할 수 있다. 기억을 더듬어 보니 20여 년 전 필자가 잠시 일한 미국 공영 라디오 NPR도 평범한 청취자들이 선호하는 대중음악보다는 클래식과 재즈음악을 골라 틀어 주곤 했다.

소수의 시청자들을 위한 미국 공영방송

공영방송의 역사가 오래된 유럽이나 아시아와는 달리 미국은 상업방송이 압도적으로 우세한 나라다. 상업방송은 거의 전적으로 광고수입에 재원을 의존하고 있고, 이런 점에서 광고주인 기업의 영향력으로부터 자유롭지 못하다. 방송광고를 더 많이 확보하기 위해서 제작과 편성 과정에서 시청자의 눈길을 사로잡을 만한 흥행요소를 고려하게 마련이고, 타 방송사와의 시청률 경쟁에서 패하거나 광고가 잘 따라붙지 않는 비인기 프로그램들은 순식간에 사라지고 만다. 이런 치열한 시청률 경쟁 속에서 기업의 상업주의에 영향받지 않고 폭넓은 계층의 시청자들을 포용하면서 보다 유익한 프로그램을 보여 주자는 것이 바로 미국 공영방송 PBS의 설립 목적이다. 그러나 40년이 지난 오늘날 당초의 훌륭한 설립취지에도 불구하고 대다수 미국 시청자는 공중파와 케이블을 석권한 상업방송의 흥미롭고 자극적인 볼거리에 이끌려 공영방송이 방영하는 격조 높은 프로그램들을 외면하고 있다. 결국 PBS는 저조한 시청률과 낮은 정치적 영향력이라는 악순환에 빠져들 수밖에 없고 부족한 재원 마련을 위해 정부와 시청자에게 끊임없이 구걸해야만 하는 상황이다.

흔히 미국의 상업방송을 이야기할 때 대기업과 광고주의 이익을 대변하기 때문에 뉴스와 논평의 공정성을 기대하기 어렵다고 한다. 여기에다 대기업과 광고주들 역시 정치권의 압력으로부터 완벽히 자유롭지 못하다는 것을 고려한다면 상업방송은 이래저래 공정성 시비에서 벗어나기 어렵다. 하지만 방송광고가 없는 미국 공영방송의 경우에도, 대기업들의 프로그램 협찬을 받고 있는 데다가 연방정부의 재정지원에 지나치게 의존하고 있어서 방송의 공정성 논의에 있어 상업방송에 비해 유리한 입장은 아니다. 특히 1980년대 이후 미국 공화당은 PBS의 친민주당 성향과 뉴스 논조를 비판하면서 공영방송에 대한 재정지원을 중단시키겠다고 위협해

왔다. 실제로 조지 W. 부시George W. Bush 공화당 정권에 비판적이던 빌 모이어스Bill Moyers라는 PBS 시사 프로그램 진행자가 친공화당 성향을 지닌 PBS 사장과의 불화로 쫓겨나기도 했다.

일리노이대학교 교수인 로버트 맥체스니Robert McChesney는 미국 미디어 기업들의 구조적 한계점structural limitations을 분석하면서 두 가지 문제점을 지적했다. 첫째, 언론기업들이 공익에 대한 고려는 내팽개친 채 상업주의의 노예가 되어 대기업의 입장을 대변하고 있으며, 둘째, 주요 고비 때마다 집권 정치세력의 언론플레이에 이용당해 왜곡된 정보를 전달하고 있다는 것이다(McChesney, 2002). 맥체스니는 이 같은 상업미디어의 한계를 극복하기 위해서는 보다 많은 신문과 방송사가 연방정부나 미디어 소비자인 독자와 시청자들로부터 재정지원을 받는 '공영 미디어'로 거듭 태어나야 한다고 주장한다. 그는 특히 PBS처럼 연방정부의 재정지원을 받는 공영방송을 새로 출범시킬 것을 제안한다. 맥체스니는 공영미디어 체제는 인터넷과 온라인미디어의 융단폭격 속에서 존폐의 갈림길에 놓인 신문기업들이 되살아나기 위해서라도 반드시 필요하다고 강조한다. 컬럼비아대학교 총장인 리 볼린저Lee Bollinger 역시 21세기 방송미디어의 바람직한 형태로 공공재원을 바탕으로 하는 거대 미디어 '아메리칸 월드 서비스American World Service'의 설립을 주창한다(Bollinger, 2011). 하지만 공영미디어의 필요성을 역설하는 맥체스니나 볼린저의 주장은 현재 미국 공영방송이 처한 '제한된 소수의 시청자들을 위한 방송'이라는 속사정을 이해한다면 선뜻 받아들이기 어려운 것이 사실이다.

한국 공영방송, 다양한 논란에 휩싸이다

한국 공영방송 KBS는 여러 면에서 볼 때 미국 공영방송 PBS와 확연히 대비된다. 제한된 시청자 계층을 지닌 PBS와는 달리 KBS는 남녀노소 구분

없이 거의 전 국민이 보는 텔레비전 채널이다. 일일드라마, 미니시리즈, 리얼리티쇼, 게임쇼 등은 물론이고 심지어 뉴스 프로그램도 상업 텔레비전 방송들과 시청률 1, 2위를 놓고 다투는 것이 보통이다. 수천 명 관객을 수용할 수 있는 공개홀에서 매머드급 버라이어티쇼 프로그램을 녹화하는가 하면, 전국 각지의 시민이 참여하여 가요경연을 펼치는 장수 프로그램을 갖고 있기도 하다. 텔레비전 시청가구들로부터 매달 2천5백 원의 수신료를 꼬박꼬박 받으면서도 부족한 운영재원은 텔레비전 방송광고를 방영해 거뜬히 충당한다.

이렇듯 대외적 지명도가 높고 한마디로 잘나가는 공영방송이다 보니 비판의 목소리도 드높다. 공영방송의 조직을 거대한 공룡에 비유하면서 지나친 인건비 중심의 임금구조를 개선하고 프로그램 제작비용을 절감해야 한다며 허리띠를 졸라매라는 주문이 끊이지 않는다. 대통령선거가 다가오거나 정치적 격변기마다 집권 정치세력에 아부하는 듯한 뉴스보도를 내보내는 경향이 있어서 분노를 참지 못하는 시청자들의 항의가 이어지기도 한다. 또한 상업방송들처럼 시청률 경쟁에 뛰어들어 선정적이고 저급한 오락 프로그램을 제작하다 보니 품위 있는 문화와 교양 프로그램을 소외시한다는 비판도 만만찮다.

모두 일리 있는 지적이다. 그러나 공영방송이 시청률 경쟁에서 벗어나 세련되고 품위 있는 프로그램만을 방영해야 한다는 생각은, 다수의 국민을 고려하기보다는 일부 식자층 시청자들만을 상대하고 있다는 비판을 받아 온 미국 공영방송 PBS의 전철을 밟을 가능성이 있다. 달리 말하면, 품위 있고 격조 있는 프로그램을 방영해 까다로운 식자층이나 의식이 깨어 있는 시청자들에게 호평을 받는 것과 오락성이 뛰어나고 부담 없는 대중적 프로그램을 만들어 훨씬 더 많은 시청자에게 즐거움을 안겨 주는 것 가운데 어느 쪽이 공영방송으로서 바람직한 역할 설정인지를 잘 따져 봐야 한다. 지난 1990년대 초반 KBS는 상업방송들과 노골적인 시청률 경쟁에 나선 적이 있다. 당시 KBS 드라마와 뉴스, 교양물 등 많은 프로그램이 상업방송들을 압도하면서 잇따라 시청률 1위에 올랐다. 공영방송의 전성기라 할 만했다. 그러나 이 같은 시청률 지상주의가 공영방송의 목적과 가치를 호도했다는 따가운 비판이 뒤따랐다.

공영방송 KBS는 정치적 격변기마다 논란에 휩싸였다. 뉴스보도나 프로그램 편성 과정에서 정치적 편향성 시비가 생길 때면 시민단체들이 앞다퉈 수신료 납부 거부운동을 벌이거나 수신료 인상(KBS 내부에서는 '수신료 현실화'라고 말한다)에 결사 반대한다. 수신료 인상에 반대하는 주된 논리는 KBS가 집권 정치세력의 대변자 역할을 하면서 편향 왜곡 보도를 한다는 것인데, 이런 비판에서 벗어나려면 앞으로도 정치적 중립성을 지키기 위한 KBS 임직원의 뼈를 깎는 고뇌와 노력이 필요하다. 하지만 안타까운 것은 정권이 바뀔 때마다 편향성 시비가 되풀이된다는 것이다. 예를 들어, 2000년대 초 여당인 열린우리당이 앞장서서 KBS 수신료 인상을 추진했지만 당시 야당인 한나라당의 거센 반대에 직면했다. 정권이 바뀌어 여당이 된 한나라당(현재는 새누리당)이 수신료 인상을 추진하자 이번엔 야당인 민주당 등이 공영방송 수신료 인상 불가론을 고수하고 있다. 여당이 되면 공영방송을 감싸 주고 야당이 되면 순식간에 태도를 바꿔 공영방송을 질타하는 정치권의 손바닥 뒤집기식 행태도 바뀌어야 한다. 우리와 비교해 볼 때 정치적 편향성 시비에서 다소 자유로운 미국 공영방송 PBS도 공화당과 민주당 정권이 바뀔 때마다 연방정부 보조금의 규모를 놓고 지루한 신경전을 벌인다. 몇 년 전에는 정부 보조금 지급 문제로 야당인 공화당과 갈등을 빚은 공영 라디오 NPR 사장이 사임하기도 했다(Farhi, 2011).

공영방송 KBS가 나아가야 할 길

공영방송의 재원확보 문제는 KBS가 정부의 일개 부처에서 공사체제로

10–2 KBS의 수신료 인상을 위한 노력은 성과를 거둘 수 있을까.
공영방송 KBS는 지난 30년간 2천5백 원으로 동결된 수신료를 현실화하기 위해 부단히 노력해 왔지만, 번번이 국회와 시민단체가 제기하는 공정성 논란에 휩싸여 수신료 인상에 어려움을 겪고 있다. KBS 측은 방송의 공익성을 더욱 강화하려면 방송광고를 폐지하는 대신에 수신료를 인상해야 한다는 입장이다.

전환한 1973년 이후 40년간 지속적으로 논의된 과제다. 텔레비전 가구 수를 기준으로 시청자로부터 거둬들이는 수신료는 지난 30년간 2천5백 원으로 고정되어 왔는데, 부족한 재원을 보충하기 위해 공영방송 KBS는 지난 수년간 수신료 1천 원 인상안을 추진해 왔다. KBS는 수신료를 인상하면서 공영방송에 걸맞지 않는 것으로 여겨져 온 방송광고를 점진적으로 줄여 나가고 궁극적으로는 충분한 재원확보가 가능해지는 어느 시점에서 광고를 폐지하겠다는 입장을 표명했다. 지난 2011년에는 KBS 이사 일곱 명이 국회에 KBS 수신료 1천 원 인상과 관련된 청원서를 제출했다. 이들은 청원서에서 "수신료 비중이 전체 예산의 40퍼센트에 불과한 이런 기형적인 재원환경에서 방송의 공영성과 품격을 유지한다는 것은 사실상 불가능"하다면서 "전 세계 방송계가 벌이는 무한경쟁의 냉혹한 현실 속에서 수신료 인상안은 '더 이상 미룰 수 없고', '더 이상 인내의 미덕'을 발휘할 수 없는 한국 방송발전의 생명선이자 토대"라고 주장했다(여용준, 2011). 지난 30년간 동결된 공영방송 수신료를 인상할 필요가 있다는 점에는 여야가 공감하고 있다. 그러나 국회를 통한 수신료 인상 과정에서 앞서 기술한 대로 공영방송의 역할에 대한 정치적 공방이 오가면서 수신료 문제는 산업논리나 미디어발전 논리보다는 정치논리에 가로막혀 좌절되곤 한다. 이명박 정부의 마지막 해인 2012년, 공영방송 KBS의 수신료 인상안은 국회에서 논란을 거듭했지만 또다시 좌절되고 말았다. 2013년, 박근혜 정부가 출범한 이후에도 KBS는 수신료 인상을 지속적으로 추진하고 있다. 2013년 12월 KBS 이사회는 현행 월 2,500원인 수신료를 4,000원으로 올리는 인상안을 야당 추천 이사 4명이 불참한 가운데 여당 추천 이사 7명의 표결로 가결했다. 수신료 인상안은 방송통신위원회 의결을 거쳐 국회 논의와 표결을 통해 최종 확정되는데, 야당의 거센 반대가 여전한 데다가 시민단체의 수신료 납부거부 운동이 가로막고 있어서 실현 여부에 귀추가 주목된다.

공영방송 재원확보 방안과 수신료 인상 논의가 이뤄질 때마다 빼놓지 않고 등장하는 것은, 이른바 수신료나 방송광고 문제를 미디어산업의 경쟁구조에 걸맞게 시장논리에 맡겨야 한다는 '시장론자'들과 공영방송의 공익성과 시청자 권익, 복리 차원을 우선 고려해야 한다는 '공익론자'들의 한판 대결이다. 공영방송은 공영방송다워야 한다는, 그래서 방송광고를 폐지하고 수신료만으로 운영하도록 해야 한다는 공익론자의 주장이 대체로 설득력을 얻고 있지만, 광고폐지에 따른 부족한 운영재원을 보충하려면 수신료를 인상해야 한다는 대목에서 번번이 암초에 걸리고 마는 것이다. 여기서 생각해 봐야 할 것이 몇 가지 있다. 만일 공영방송 KBS의 수신료 인상이 이뤄지고 이에 따라 방송광고가 전면 폐지되면, 과연 KBS가 국민 대다수가 사랑하는 공영방송으로서의 제 위치를 지키면서 안정적 운영을 해나갈 수 있을 것인가. 일단 수신료가 인상된다면 차후 10년간 그대로 유지하면서 방송광고 없이 흑자 운영할 수 있겠는가. 수신료만으로 운영되는 공영방송이 현재처럼 상업방송에 견줘 보더라도 탄탄한 프로그램 경쟁력을 갖출 수 있겠는가. 공영방송의 재원구조를 논의할 때 반드시 반문해야 할 내용들이다.

미국 공영방송의 시청자 기부금이 자발적인 것임에 반해 우리 시청자들이 매달 납부하는 수신료는 반강제성을 띠고 있다. 물론 인터넷이나 케이블 방송, 위성 방송 등 다매체 다채널 환경 속에서 유독 공영방송 KBS에만 꼬박꼬박 납부해야 하는 수신료의 적법성에 대한 시청자의 불만도 만만치 않다. 그렇다고 시청자들로부터 받는 수신료에만 의존하다 보면 우리 공영방송도 미국 공영방송처럼 시청자의 자비로운 기부금에 의존해 한없는 하소연을 늘어놓아야 하는 신세로 전락할 수 있다. 시청자 기부금과 연방정부 보조금으로 하루하루 연명하기에 급급한 미국의 공영방송 체제를 살펴볼 때, 우리나라 공영방송은 수신료에 전적으로 의존하는 재원확보 방안보다는 시장논리에 따라 상업방송과 경쟁하면서 시청률 경쟁에서도 이길 수 있는 콘텐츠를 개발하는 것이 자체 경쟁력을 높일 수 있고 시청자에게도 더 유익한 길이 될 것이다. 이런 점에서 결국 KBS는 현재와 마찬가지로 일정 부분의 수입은 시청자들이 납부하는 수신료로 충당하고 나머지는 방송광고를 통해 충당하는 것이 가장 현명한 방안이 될 수 있다. 공영방송에서 방영하는 방송광고를 없애면 당장은 기업이나 재벌의 영향력으로부터 자유로워진다는 위안을 받을 수 있고 상업성을 배제하고 공영성을 더욱 강화한다는 여론몰이에 성공할 수 있을 것이다. 하지만 100퍼센트 수신료로만 운영되는 공영방송이 되면, 5~6년에 한 번씩 수신료 재원을 안정적으로 마련하기 위해 끊임없이 정부와 국회, 정당 관계자들에게 수신료 인상안을 들고 가 읍소해야 하는 등 정치권의 영향력에 더욱 휘둘리게 되는 우를 범하게 될 것이다. 이렇게 되면 우리 공영방송도 재원부족과 정치권의 공방에 시달리면서 소수의 시청자와 청취자들만을 상대하는 미국 공영방송 PBS나 NPR처럼 고독한 방송으로 전락하게 될지 모른다.

참고문헌

여용준(2011년 8월 25일). “전문: KBS 수신료 1천원 인상안 승인을 청원합니다”. 아시아뉴스통신. http://www.anewsa.com/detail.php?number=259403

오성일(2013). 「공영방송의 기본적 재원인 수신료, 현실화는 어떻게 이뤄져야 하나?」. 『방송문화』(2월호), 6−11.

Bollinger, L.(2011). “News for the world: A proposal for a globalized era−an American World Service”. *Columbia Journalism Review*(June/July).

Farhi, P.(2011, March 10). “NPR executive Vivian Schiller resigns under pressure from board and CPB”. *Washington Post*.

Jensen, E.(2011). “Big bird to the rescue? Public television remains largely indifferent to calls to boost serious news coverage”. *Columbia Journalism Review*(June/July).

Ledbetter, J.(1997). *Made possible by... The death of public broadcasting in the United States*. New York: Verso.

McChesney, R. W.(2002). “September 11 and the structural limitations of U.S. journalism”(pp. 91-100). In B. Zelizer & S. Allen (Eds.). *Journalism after September 11*. New York: Routledge.

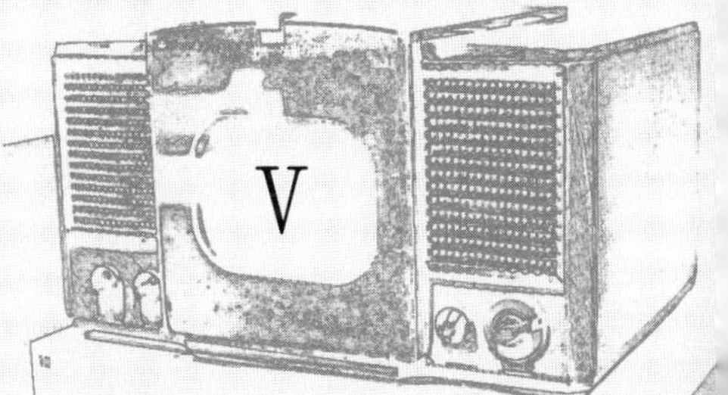

V

텔레비전과 정치선거

11.. 끊이지 않는 공정성 논란 —미국 텔레비전 선거보도는 불공정하다

한국과 미국 텔레비전의 선거보도는 얼마나 다른가

지난 2012년은 선거의 해였다. 4월에는 국회의원선거가 치러졌고, 12월에는 대통령선거(대선)가 치러져 대한민국 역사상 처음으로 여성 대통령이 탄생했다. 공교롭게 미국도 같은 해 대통령과 국회의원을 뽑는 선거가 치러졌다. 유권자들이 직접 대통령을 뽑는 우리나라와는 달리 미국 대선은 유권자들이 특정 대선후보를 지지하는 선거인단(또는 대의원단)을 뽑는 간접선거다. 여기에다 상원의원 일부와 하원의원 전원, 주지사, 심지어 각 주의회 의원 등에 대한 선거를 동시에 치르는 것이어서 미국 유권자들은 선거일 당일 투표지에 적힌 수많은 후보가 과연 어느 선거에 나온 것인지 구별하기 힘들 정도다. 한편 11월 6일에 치러진 미국 대통령선거에서 버락 오바마Barack Obama 대통령이 재선에 성공해 오바마 제2기 행정부가 출범했다.

선거를 앞두고 미국 텔레비전 방송들은 야당인 공화당 대선후보 경선 관련 뉴스를 거의 날마다 한 꼭지 이상씩 방영했다. 공화당 경선에 뛰어든 후보들 가운데 서너 명은 지지율이 저조하거나 여성 편력 스캔들 등이 불거져 자진 사퇴했다. 텔레비전 방송은 각 후보들의 정치인으로서의 자질과 사생활을 낱낱이 들춰 가면서 철저히 검증했다. 텔레비전 토론을 통해 후보들의 정책공약과 자질을 시청자들이 스스로 판단할 기회를 제공하기도 했지만, 유세전 도중 벌어진 이런저런 사소한 말실수를 꼬투리 잡아 유권자들에게 웃음거리를 제공하거나 조그마한 비리 의혹을 들춰내 도덕성이 결핍된 후보라며 비난을 퍼붓기도 했다. 이런 텔레비전 방송의 집요한 취재와 검증을 통과한 후보라면 어느 누구라도 미국 대통령이 되기에 부족함이 없을 정도로 철저한 검증이 이루어졌다.

공화당 경선이 끝나고 선거일까지 각 당의 대선주자들에 대한 미국 텔레비전 방송의 선거보도는 계속되었는데, 한 가지 흥미로운 사실을 발견할 수 있었다. 방송에서 수많은 대선주자 가운데 한두 명을 다른 후보들보다 더 상세하게 보도하는 경우가 적지 않다는 점이다. 공화당의 미트 롬니Mitt Romney 후보와 민주당의 오바마 대통령이 대표적인 경우다. 그런데 우리나라 방송의 경우, 어느 특정 정당의 후보를 지나치게 부각시키거나 그 후보의 유세활동을 다른 후보들보다 더 많이 보도하면 당장 불공정 편파 보도 시비에 휩싸일 것이다. 심지어 여당 후보와 야당 후보 간에 어느 누구의 얼굴을 일 초라도 더 오래 비추거나 유세현장에 모인 군중의 수를 차이가 나도록 촬영하거나 묘사하는 것도 불공정보도 사례로 간주되곤 한다. 그럼에도 불구하고 총선이나 대선이 있는 해마다 우리 방송의 편파보도 시비가 되풀이되는 것은 어제오늘의 일이 아니다. 언론학자들의 연구를 살펴보더라도 우리 방송의 선거보도는 차차 개선되고는 있지만 아직 해결해야 할 문제점이 한두 가지가 아니다. 예를 들어 권혁남(2002) 교수는 첫째, 정치인과 후보자들만이 뉴스의 주인공이 될 뿐 유권자들은 무시되기 일쑤며, 둘째, 후보의 자질 검증보다는 흥밋거리 가십이나 가열된 선거유세를 집중 조명하는 스케치성 기사가 넘쳐나고, 셋째, 3자대결, 7자대결 등 복수후보들의 전략적 대결을 부각시켜 선거를 게임이나 전쟁 또는 심지어 경마를 중계하듯 하며, 넷째, 친여당 혹은 친야당 성향의 뉴스매체로 양분되어 선거보도에 정파성을 드러내는 경우가 비일비재하다고 지적한다. 여기에다가 부정확한 여론조사를 섣불리 인용해 유권자들의 판단을 흐리게 하거나 은근히 지역감정을 조장하는 보도까지 포함시킨다면 방송의 선거보도에 대한 비판과 제언은 끝이 없을 정도다. 최영묵(2003) 교수도 우리 언론이 막대한 여론 지배력을 행사하면서 거대 권력화되어 선거 때마다 자신들의 이익을 극대화시켜 줄 특정 후보를 옹호하는 이른바 '대통령 만들기'에 나선 지 오래라고 비판한다. 최 교수는 방송의 경우 정치권력으로부터 자유롭지 않아 시민사회의 비판과 견제를 받아 왔다면서 경마식 보도, 떼거리 저널리즘, 후보자 따라가기식 보도를 지양할 것을 주문한다. 이 같은 학자들의 지적을 보더라도 우리 방송이 공정하고 유익한 선거보도를 하려면 더 긴장해야 한다는 생각이 든다. 더욱이 보수와 진보의 대결, 지역갈등 구도, 공약 경쟁 등 구조적인 측면과 정책적인 측면에서 대결과 갈등에서 벗어나지 못하는 각 정당의 현실에 비춰 볼 때 공정하고 중립자적 위치에서 선거를 보도한다는 것은 결코 쉬운 일이 아니다.

미국 텔레비전의 선거보도는 공정한가

미국 방송의 선거보도를 면밀히 관찰해 보면 우리 방송이 추구하는 '형식적 공정보도 원칙'이 제대로 지켜지지 않는다는 것을 알 수 있다. 일례로, 2008년 공화당 존 매케인John McCain과 민주당 버락 오바마 후보 간의 대선보도에 있어서 미국 방송은 눈에 띌 정도로 오바마 후보에 더 우호적인 보도를 했다는 지적을 받았다(Farnsworth & Lichter, 2011; Wenger & MacManus, 2009). 미국의 비영리 싱크탱크 퓨리서치센터Pew Research Center가 미국 내 방송사 43곳을 골라 대선보도 내용을 분석했더니, 공화당 매케인 후보 관

11-1 2008년 대통령선거전에서 유세 중인 오바마.
2008년 미국 대선에 출마한 오바마 상원의원이 오하이오 주 클리블랜드 시에서 유세를 펼치고 있다. 오바마는 당시 대선에서 젊고 참신한 이미지를 내세워 사상 최초의 흑인 미국 대통령이 되었는데, 공화당과 보수층 인사들은 오바마의 승리가 진보성향의 언론인들과 텔레비전매체의 도움 덕분이었다고 비판했다. (촬영: TonyTheTiger)

련 보도는 60퍼센트 정도가 부정적인 내용이었던 반면 오바마 후보에 대한 보도는 70퍼센트 정도가 우호적이거나 중립적인 내용이었다고 한다(Pew Research Center, 2008). 선거전 초기 방송사들의 두 후보에 대한 보도량을 비교해 보니 매케인 후보보다 오바마 후보에 대한 보도량이 더 많았다. 2008년 8월 24일부터 11월 3일까지 미국 3대 지상파 네트워크 ABC, CBS, NBC의 선거보도를 분석한 연구(Center for Media and Public Affairs, 2009)에서도 오바마 후보에 대한 방송보도는 매케인 후보보다 더 우호적이었고, 심지어 1988년 이후 대선에 출마한 어느 후보보다도 우호적인 내용을 담고 있는 것으로 나타났다. 오바마 후보를 매케인 후보보다 더 부정적 시각으로 보도한 곳은 친공화당 보수성향 방송으로 알려진 Fox 뉴스뿐이었다. 왜 이렇게 민주당 오바마 후보에게 우호적인 보도가 이뤄졌을까? 혹인 최초의 대선후보라는 점과 그가 자유분방한 민주당 소속이라는 점이 작용했을 것이다. 방송이든 신문이든 미국 기자들의 정치적 성향을 조사해 보면 대체로 보수적conservative이라기보다는 자유분방liberal한 것으로 드러난다. 그러나 기자들에게 단도진입적으로 물으면 자신들은 리버럴하다기보다는 '중도neutral' 또는 '온건파moderate'라고 대답하기 일쑤다. 실제와는 상관없이 자신들이 중립적 위치에서 객관적 보도를 하고 있다고 철석같이 믿는 것이다.

이와 같은 미국 내 연구결과들을 종합해 보면, 미국 방송의 선거보도는 각 정당 후보들에 대해 균등한 분량을 보도해야 한다든가 중립적 시각에서 보도해야 한다는 이른바 '형식적 측면의 공정보도'와는 다소 거리가 있어 보인다. 3대 네트워크에서 다룬 선거보도의 주제를 살펴보더라도 후보들 간의 정책이슈 관련 보도는 24.1퍼센트에 불과했고, 선거 전략이나 전술 보도 23.7퍼센트, 경마식 보도 18.9퍼센트, 유세 이모저모 7.4퍼센트 등 '어느 후보가 경쟁에서 앞서 가는가'를 다룬 내용이 절반이었다.

〈표 11-1〉 미국 3대 지상파 네트워크가 2008년 대선보도에서 다룬 주제들

주제	기사량	백분율
정책 토론 및 분석	213건	24.1%
선거 전략 및 전술	210건	23.7%
경마식 보도	167건	18.9%
유세 이모저모	66건	7.4%
공화당 부통령 후보 관련	49건	5.5%
텔레비전 토론	49건	5.5%
후보자의 인간적 면모	41건	4.6%
친구 및 가족	39건	4.4%
정치 및 과거 경력	29건	3.3%
투표과정	23건	2.6%
합계	886건	100%

(Farnsworth & Lichter, 2011)

결국 미국 지상파 방송의 선거보도 역시 우리나라 언론학자들이 꾸준히 지적해 온 유권자를 무시한 후보 중심의 보도, 정책이슈보다는 각 정당의 선거전략 보도, 일희일비하는 경마식 보도에서 벗어나지 못하는 것으로 볼 수 있다. 그런데 한국 방송사들의 선거보도 행태와 공정보도 규정에 익숙한 우리에게 가장 놀라운 것은, 미국 국회의원선거나 대통령선거 막바지에 이르러 유명 연예인이나 사회 지도급 인사들이 방송에 등장해 특정 후보에 대해 공개적으로 지지선언endorsement을 하고, 이 장면을 텔레비전 방송이 아무런 거리낌 없이 방영한다는 것이다. 텔레비전 토크쇼의 유명 진행자인 오프라 윈프리Oprah Winfrey가 민주당 버락 오바마를, 부동산 재벌 도널드 트럼프Donald Trump가 미트 롬니를 공개 지지한 것이 대표적인 예다.

공정한 선거보도는 이상 속의 이야기일 뿐

현재 미국 지상파 방송사들의 경우, 기자나 프로듀서 등 직원이 특정 정당에 우호적이거나 부정적인 보도를 하는 것은 금기사항이다. 방송인들이 프로그램을 진행하는 도중에, 심지어 개인적 차원에서라도 특정 정당에 지지의사를 표시할 경우 자체 징계를 받거나 해고되는 것이 보통이다. 2008년 대선 때 MSNBC의 인기 앵커 키스 올버만Keith Olbermann은 공화당 측 인사들과 일부 시청자들의 불만이 쇄도해 며칠 간 다른 앵커로 교체되었는데, 프로그램을 진행하면서 민주당에 우호적인 태도를 보였다는 것이다. 그 후 2년 뒤 올버만은 민주당 국회의원 후보 세 명에게 개인 자격으로 수천 달러의 정치헌금을 했다는 이유로 방송사로부터 중징계를 받고 결국 MSNBC를 떠났다(Goldner, 2011). 2011년 10월에는 미국 공영 라디오 NPR의 교양 프로그램 진행자 리사 시메온Lisa Simeone이 월스트리트 점거 시위에 적극 참여했다는 이유로 계약해지 통보를 받기도 했다(Mahabir

& Zongker, 2011). 이처럼 미국 지상파 방송사들이 직원들에게 정치적 중립을 지키고 선거기간에는 특정 정당 후보에 대한 지지선언을 할 수 없도록 하는 규정을 두고 있는 반면, 신문사들의 경우에는 특정 후보를 지지하는 것에 대해 비교적 관대하다.

한국적 기준에서 볼 때 미국 언론의 선거보도는 문제점이 한두 가지가 아니다. 필자가 미국인 동료들에게 한국 방송의 엄격한 선거보도 윤리규정이나 취재 가이드라인을 설명하면 이들의 눈은 휘둥그레진다. 각 후보들에게 동일한 시간을 배분하고 비디오 영상 편집도 균형 있게 해야 한다는 대목에서는 "인간이 기계가 아닌 이상 불가능한 일"이라며 고개를 설레설레 흔든다. 공공재 성격이 강한 지상파 방송에서 중립성 유지라는 가치를 우선적으로 고려해야 한다는 점에는 수긍하지만, 신문매체의 경우에는 정파성을 떨쳐 내기 어려운 것 아니냐며, 특정 정당이나 후보에 대한 신문사의 지지의사 표명에 대해서는 대수롭지 않게 여긴다. 돌이켜 보니 테러와의 전쟁, 이라크 침공, 옹고집 일방 외교 등으로 전 세계로부터 비난을 받았던 조지 W. 부시George W. Bush 대통령이 2004년 재선에 도전했을 때 한국 방송사들이 당시 민주당 존 케리John Kerry 후보에게 훨씬 더 우호적인 보도를 했다는 학술연구도 있다.

대통령선거를 비롯해 주요 선거가 닥칠 때마다 한때 자유언론의 최종 보루로 여겨졌던 미국 지상파 방송조차 은근슬쩍 중립적 위치에서 벗어나 특정 정당의 후보에 보다 우호적인 보도를 했다는 통계수치와 분석이 나온 만큼, 공정하고 객관적인 선거보도를 외치는 슬로건들은 어찌 보면 사치스러운 구호일 수 있다. 언론의 공정성이나 객관성에 대해서는 언론학자들 사이에서도 현실을 부정하는 자기기만이라는 지적이 예전부터 있어 왔다. 심지어 일부 학자들은 공정성fairness이나 객관성objectivity이라는 개념은 언론인들이 자신의 직업과 업무를 남들에게 고귀하게 보이도록 포장하는 이른바 '전략적 겉치레 의식strategic ritual'이라고 비판한다

(Tuchman, 1972). 학자들은 따라서 언론인들 스스로 자신들이 불공정하고 완벽하지 않다는 한계를 인정하고, 필요할 경우에는 자신들의 정치적 입장과 정체성을 숨김없이 밝혀야 한다고 주장한다. 이런 점에서 본다면, 중요한 선거가 닥칠 때마다 방송사 내부에서 취재시각과 보도내용을 둘러싸고 조직원들 간에 갈등이 벌어지거나 외부 시민단체들로부터 거센 비판을 받게 될 경우 보다 근본적 차원의 원인분석이 이뤄져야 한다. 선거방송에 있어서 편파보도란 제도적 공정성과 객관성 논란에서 비롯된 것이라기보다는 지위 고하를 막론하고 방송인들 각자의 이해관계와 정치성향의 차이 때문이라는 솔직한 자기고백이 뒤따라야 하기 때문이다.

참고문헌

권혁남(2002). 「선거보도의 관행과 문제점」. 언론중재위원회 주최 세미나 발표 논문. http://www.pac.or.kr/webzine/22_autumn/contents/sub_1.html

최영묵(2003). 「제16대 대통령 선거보도의 문제점과 개선방안」. 한국언론재단 주최 토론회 발표 논문. http://www.pac.or.kr/webzine/23_spring/contents/sub_7.html

Center for Media and Public Affairs(2009). "How TV news covered the general election campaign". *Media Monitor* 23(1).

Farnsworth, S. J. & Lichter, S. R.(2011). "Network television's coverage of the 2008 presidential election". *American Behavioral Scientist* 55(4), pp. 354–370.

Goldner, D.(2011, January 21). "Keith Olbermann out at MSNBC; controversial liberal host says goodbye in final 'Countdown'". *New York Daily News*. http://www.nydailynews.com/entertainment/tv–movies/keith–olbermann–msnbc–controversial–liberal–host–goodby–final–countdown–article–1.152786

Mahabir, K. & Zongker, B.(2011, October 20). "Radio host fired after DC protest involvement". *Associated Press*.

Pew Research Center(2008, October 22). "Winning the media campaign: How the press reported the 2008 general election". http://www.journalism.org/analysis_report/winning_media_campaign

Tuchman, G.(1972). "Objectivity as strategic ritual: An examination of newsmen's notion of objectivity". *The American Journal of Sociology* 77(4), pp. 660–679.

Wenger, D. H. & MacManus, S. A.(2009). "Watching history: TV coverage of the 2008 campaign". *Journalism Studies* 10(3), pp. 427–435.

12.. 대권 향방 가르는 미국 대통령선거 텔레비전 토론

미국 대통령선거 텔레비전 토론이 걸어온 길

2012년 미국 대통령선거(대선)를 한 달쯤 남겨 놓은 10월 3일, 콜로라도 주 덴버에서는 민주당 대선후보 버락 오바마Barak Obama 대통령과 공화당 대선후보 미트 롬니Mitt Romney 전 매사추세츠 주지사 간의 첫 번째 대선 텔레비전 토론이 벌어졌다. 미국 내 주요 네트워크 텔레비전 방송과 케이블 방송을 통해 생중계된 이날 텔레비전 토론은 공영 텔레비전 방송 PBS 앵커 짐 레러Jim Lehrer의 사회로 진행되었다. 유권자들은 민주, 공화 양당 대선 후보들에게서 국내 정치, 경제, 사회 분야 관련 정책구상을 들을 수 있었으며, 대선후보들은 토론을 통해 열띤 논쟁을 벌였다. 이날 텔레비전 토론을 지켜본 미국인의 수가 7천만 명에 육박하는 등 전례 없는 시청률을 기록했다니 대선에 쏠린 미국 유권자들의 관심이 어느 정도였는지 짐작할 수 있다.

대선후보들 간의 텔레비전 토론은 1960년 공화당 리처드 닉슨Richard Nixon과 민주당 존 F. 케네디John F. Kennedy 후보 간에 사상 처음으로 이뤄졌다. 당시 텔레비전 토론에서는 노련하지만 지치고 병약한 모습의 현

12–1 1960년 사상 최초로 열린 미국 대선후보 간의 텔레비전 토론.
케네디 상원의원과 닉슨 부통령 간의 당시 텔레비전 토론을 지켜본 미국 시청자들은, 노쇠한 이미지의 닉슨보다 젊고 신선한 케네디에게 친근감을 느꼈고 토론에서도 그가 승리했다고 평가했다. 반면에 이 토론을 라디오로 청취한 미국인들은 닉슨이 승리했다고 평가했다. 이처럼 텔레비전 대선 토론은 정치인들에게 내용과 실속보다 이미지 메이킹을 효율적으로 해야 한다는 사실을 일깨워 줬다.

직 부통령 닉슨보다 젊고 잘생긴 용모의 상원의원 케네디가 시청자들의 마음을 사로잡았는데, 케네디가 대선에서 닉슨을 근소한 차이로 누르고 대통령에 당선되는 데 텔레비전 토론이 큰 원동력이 되었다(Kraus, 1996; Thomas, 2011; White, 1961). 당시 대선후보들 간의 텔레비전 토론을 계기로 미국 언론학계에서는 텔레비전매체의 후광효과halo effect를 주목하기 시작했다. 텔레비전 토론에서는 풍부한 국정경험이나 정치경력, 원숙함을 내세우는 것보다 온화한 미소와 호감 가는 용모, 그리고 패기 넘치는 모습으로 희망적인 메시지를 전달하는 것이 유권자들의 긍정적 관심과 지지를 더 얻게 돼 대선에서 승리하는 데 도움이 된다는 것이다. 텔레비전을 통해 메시지를 전달할 경우 실질적인 내용보다 겉치레와 이미지가 더 효율적일 수도 있다는 대목이기도 하다.

그렇다면 대선 텔레비전 토론은 어떤 후보에 더 유리할까? 텔레비전 토론은 현직 대통령이나 여당 후보보다 야당 후보에게 상대적으로 유리하다는 평가가 있다. 텔레비전 토론에서 여당 후보나 현직 대통령은 유권자들에게 자신의 국정경험과 폭넓은 인지도를 무기로 지지를 호소하지만, 야당 후보의 경우 이들에 당당히 맞서 현 정부나 여당의 과오나 실책을 끈질기게 비판하며 새로운 변화와 변혁을 이루겠다는 야심 찬 구호로 유권자들을 사로잡기 때문이다. 실제로 도전자의 입장에서는, 상대적으로 낮은 지명도와 부족한 정치경력에도 불구하고 텔레비전 토론을 적절히 활용할 경우 현직 대통령이나 여당 후보와 대등한 위치에서 당당히 발언함으로써 자신의 이미지와 인지도를 한껏 끌어올릴 수 있다는 이점이 있다. 텔레비전 토론에서 현 정권의 실정을 지적하고 비판함으로써 유권자들에게 변화와 혁신을 불러올 패기만만한 후보라는 이미지를 심을 수 있다는 것이다. 앞에서 말했듯 1960년에는 닉슨–케네디 텔레비전 토론에서 인기를 얻은 도전자 케네디가 현직 부통령 닉슨을 꺾고 대통령에 당선되었는가 하면, 1976년에는 대선 토론에서 선전한 도전자 민주당 지미 카터Jimmy Carter가 현직 대통령 제럴드 포드Gerald Ford를 꺾고 대통령에 당선되었다. 1980년에는 당시 이란인질사태 등으로 궁지에 몰린 카터 대통령과 텔레비전 토론을 벌인 도전자 공화당 로널드 레이건Ronald Reagan이 대권을 거머쥐었다. 1992년 텔레비전 토론에서는 조지 H. W. 부시George H. W. Bush 대통령을 압도한 도전자 민주당 빌 클린턴Bill Clinton이 대권을 차지했다. 다시 말해 텔레비전 토론이 벌어진 열한 차례 대선 가운데 여당 후보가 승리한 것은 1984년, 1988년, 1996년, 2004년, 2012년 다섯 차례이며, 야당후보는 1960년, 1976년, 1980년, 1992년, 2000년, 2008년 여섯 차례 현직 프리미엄을 지닌 대통령이나 여당 후보를 물리치고 대통령에 당선되었다. 다시 말해 도전자의 입장에서 보면 성공 가능성이 적어도 절반 이상인 셈이다. 따라서 정치적 기반이 약하거나 대중적 지명도가 낮은 후보 진영에서는 전국에 생중계되는 대선 텔레비전 토론에 적극적으로 참여해 지지율을 높이려 하게 마련이다. 반면에 대선을 앞두고 지지율에서 앞서 가는 여당 후보의 입장에서는 굳이 텔레비전 토론에 참여해 도전자의 존재를 부각시키는 기회를 주지 않으려 하게 마련이다.

1964년, 1968년, 그리고 1972년 대선에서는 텔레비전 토론이 열리지 않았는데, 그 이유는 다음과 같다. 1964년 대선에서는, 일방적 우세를 보인 린든 존슨Lyndon Johnson 대통령이 도전자인 공화당 배리 골드워터Barry Goldwater 진영의 텔레비전 토론 제의를 거부했기 때문이다. 또 1968년 대선에서 텔레비전 토론이 열리지 않은 것은, 당시 대선후보였던 리처드 닉슨이 8년 전인 1960년 대선 텔레비전 토론에서 달변가인 케네디에게 밀려 대권을 놓친 쓰라린 경험을 되풀이하지 않으려 했기 때문이다. 다시 말해 "자신보다 경험이 부족한 애송이 정치인일지라도 겉으로 드러난 이미지와 언변을 무기로 텔레비전 토론에서 시청자를 사로잡을 경우 대선에서 또다시 패배할 수 있다"라는 일종의 불안감을 갖고 있었던 것이다. 닉슨은 이런 이유로 1972년 대통령에 재선될 때에도 텔레비전 토론을 갖자는 야당의 제의에 응하지 않았다. 닉슨이 지녔던 대선 텔레비전 토론에 대한 깊은 불신과 반감은 2012년 공개된 그의 백악관 집무실 육성 녹음테이프에서도 다시 확인할 수 있다.

대통령선거 텔레비전 토론은 어떻게 진행되는가

미국의 대선 텔레비전 토론에서는, 주요 방송사의 간판급 앵커나 정치담당 기자가 진행자로 임명되어 각 후보에게 대선토론위원회가 선별한 질문을 던지면 각 후보가 발언하는 '질의응답' 방식과 토론회장에 참석한 청중들의 개별 질문에 각 후보가 답변하는 '타운홀' 방식 등이 활용된다. 그런데 텔레비전 토론을 생중계하는 방송사들의 요란한 홍보나 대선토론위원회의 주장과는 달리 두세 차례의 텔레비전 토론을 통해 대선후보들의 인물 됨됨이나 각 정당의 정책들을 제대로 분석하는 것은 사실상 불가능하다는 것이 정치학자와 언론학자들의 공통적인 견해다. 텔레비전 토론이란 단지 한 시간 반에서 두 시간 사이에 텔레비전매체를 통해 대선후보들의 생김새와 각자의 제스처 등을 유권자들에게 눈요깃감으로 보여 주는 데 불과하다는 것이다(Kaid & Davidson, 1986). 토론에 참여한 대선후보들의 얼굴이나 표정 등은 오랫동안 기억하지만, 후보들이 전하고자 하는 메시지를 기억하는 유권자는 손에 꼽을 정도라는 것도 문제점이다(Graber, 1987; Jamieson, 1988). 텔레비전 토론에서 다뤄지는 내용이 빈약하다는 점도 문제로 꼽힌다. 예를 들어, 각 후보들이 텔레비전 토론에서 말한 내용을 분석해 보았더니 '자화자찬'이 59퍼센트, 상대 후보에 대한 '인신공격'이 33퍼센트, 반대 진영의 공격에 대한 '자기변명과 방어'가 8퍼센트를 차지했다는 연구결과도 있다(Benoit & Brazeal, 2002). 무엇보다도 평소 특정 후보나 정당을 지지해 온 유권자에게 텔레비전 토론은 자신의 정치적, 당파적 신념을 더욱 굳히는 세뇌도구일 뿐 텔레비전 토론을 시청한 뒤 다른 후보를 지지하기로 마음을 고쳐먹는 사례는 극히 드물다고 한다. 다만 텔레비전 토론을 시청한 뒤 다른 사람들과 더욱 자주 대화를 나눔으로써 대선 자체에 대한 관심을 높이는 효과가 있을 뿐이라고 한다(Kenski & Jamieson, 2011). 이렇다 보니 2012년 미국 대선후보들 간의 첫 텔레비전 토론을 앞두고 하버드대학교 케네디스쿨에서는 '연극 무대 위의 정치politics in theater'라는 제목으로 토론이 벌어지기도 했다. 텔레비전 토론이란 대선후보들이 마치 무대에 선 연극배우처럼 뛰어난 언변과 재치 있는 한두 마디의 구호, 수려한 용모를 바탕으로 유권자들에게 어필하는 것이 아니냐는 것이다. 그러나 대선을 앞둔 방송사의 입장에서는 시청률 측면에서 흥행 보증수표나 다름없는 텔레비전 토론을 포기하기란 쉽지 않다. 또한 유권자들에게는 전국 곳곳의 유세장을 돌아다니지 않고서도 대선후보들을 한자

12-2 1976년 대선 텔레비전 토론을 벌이는 지미 카터와 제럴드 포드.
당시 포드는 현직 대통령이라는 프리미엄을 지니고 있었지만, 토론 도중 몇 차례나 실언을 거듭해 결국 대선에 졌다는 평가를 받았다.

리에서 쉽게 텔레비전 화면을 통해 접할 수 있다는 장점을 지니고 있다.

대선후보들이 텔레비전 토론에서 내놓는 공약이나 발언이 실제로 유권자의 최종선택에 큰 영향력을 미치지 못한다면, 과연 그들이 텔레비전 토론 도중 저지르는 사소한 말실수는 얼마나 파급력이 있을까? 한 마디 말실수가 대선 결과를 완전히 바꿔 놓는다고 단언할 수는 없지만, 후보자의 실언이 시청자와 유권자의 기억에 남아 순식간에 지지율이 하락하면서 판세가 뒤집어진 경우가 몇 차례 있었다. 예를 들어, 1976년 대선 텔레비전 토론에서 맞붙은 도전자 지미 카터와 현직 대통령 제럴드 포드의 경우다. 포드 대통령이 "동유럽에서 소련의 영향력은 크지 않으며 (자신이 재선될 경우) 향후 4년간 포드 행정부에서도 소련의 힘은 미미할 것"이라고 말했다. 포드 대통령의 발언은 당시 냉전시대의 현실과 동떨어진 실언이라는 비판을 받았는데, 지지율 역시 급락해 결국 대선에서 카터가 당선되는 데 일조했다는 평가를 받았다. 1992년 대선 텔레비전 토론에서는, 빌 클린턴(도전자)이 4년 전 조지 H. W. 부시(현직 대통령)가 대선 유세에서 즐겨 사용했던 "더 이상 세금 인상은 없을 것"이라는 내용의 "Read my lips. No new taxes"라는 공약을 어기고 세금을 인상했다며 끈질기게 공격해 승기를 잡고 대통령에 당선되었다. 당시 부시 대통령의 "Read my lips. No new taxes"라는 말은 오늘날까지도 정치인의 지켜지지 않는 선거공약을 지칭하는 말로 남아 있다. 2012년 대선 텔레비전 토론에서는 미트 롬니(도전자)가 말실수를 해 구설에 올랐다. 롬니 후보는 과거 매사추세츠 주지사 시절 고위 공직에 여성들을 대거 기용했다는 점을 강조하기 위해 "여성 후보자들의 인적 사항이 담긴 서류폴더"를 들여다보며 일일이 낙점했다고 말했다. 이 발언으로 인해 오히려 여성계로부터 거센 비판을 받았는데, 여성들을 물건 고르듯 했느냐는 것이었다. 물론 텔레비전 토론 이전부터 롬니 후보는 말실수가 많았는데, 미국인들 가운데 47퍼센트가량이 소득세도 내지 않은 채 정부 보조금에 의존하는 게으른 사람들이라고 말한 것은 그의 대표적인 말실수로 대선 텔레비전 토론에서 여러 차례 민주당 오바마 후보(현직 대통령)의 주된 공격 소재가 되었다.

한때 공화, 민주 양당 이외에 제3의 대선후보를 포함한 다자간 텔레비전 토론이 논의된 적이 있고, 실제로 1992년 공화당 조지 H. W. 부시, 민주당 빌 클린턴, 무소속 로스 페로Ross Perot 간의 3자 텔레비전 토론이 벌어진 적도 있지만, 미국의 대선 텔레비전 토론은 대체로 공화, 민주 양대 정당 대선후보들 간에 이뤄져 왔다. 미국의 대선 텔레비전 토론은 행정부, 입법부, 사법부 그 어떤 제약도 받지 않는 상태에서 전적으로 후보 본인과 소속 정당의 결정에 따라 참여 여부가 결정된다. 참고로 1976, 1980, 1984년 세 차례의 대선 텔레비전 토론은 무소속nonpartisan 중립단체인 여성유권자연맹League of Women Voters의 주관으로 열렸다. 그런데 대선 텔레비전 토론이 열릴 때마다 세부내용과 진행방식의 조율을 둘러싸고 공화, 민주 양당이 팽팽히 맞서면서 여성유권자연맹은 결국 1988년 대선 직전 항의성명서를 발표하고 텔레비전 토론 주관을 거부하게 되었다. 이에 1988년 대선부터 텔레비전 토론은 공화, 민주 양당 실무자들이 중심이 된 초당적bipartisan 중립단체인 대선토론위원회Commission on Presidential Debates가 주관하고 있다. 따라서 절대 중립적이고 공정한 입장의 제삼자가 주관하는 것이 아니라 양대 정당의 연합체가 상호합의를 바탕으로 대선후보 간의 텔레비전 토론을 주관하는 것으로, 만일 양당 간에 원만한 합의가 이뤄지지 않으면 텔레비전 토론이 무산될 수도 있다. 그럼에도 불구하고 대선 텔레비전 토론이 오늘날까지 꾸준히 이어져 온 것은, 대중매체인 텔레비전의 영향력이 막강한 미국 사회에서 "대다수 유권자에게 가장 효율적으로 다가갈 수 있는 방식이 바로 텔레비전 토론"이라는 당위성에 양대 정당 관계자들이 공감하고 있기 때문이다.

대통령선거 텔레비전 토론, 과연 의미 있는가

2012년 10월 3일, 콜로라도 주 덴버에서 벌어진 첫 대선후보 텔레비전 토론에서는 도전자로 나선 공화당 대선후보 미트 롬니의 선전이 두드러졌다. 첫 번째 텔레비전 토론이 벌어지기 직전까지 미국 유권자들에게 오바마 대통령은 서민과 소외계층을 배려하는 자상한 흑인 대통령으로 여겨졌고, 공화당 롬니 후보는 엄청난 부자에다가 서민과 이민자, 여성들에게 매몰찬 정책을 펼치는 비정한 인간으로 비춰졌다. 롬니는 또 여러 유세현장에서 여성과 이민자, 저소득층들을 무시하거나 화나게 하는 잇따른 말실수를 저질러 스스로 무덤을 파고 있다는 비판을 받았다. 당시 대선 지지율 여론조사 결과 역시 오바마 대통령이 롬니 공화당 후보를 3~4퍼센트 포인트 이상 여유 있게 따돌린 것으로 나타나 오바마 대통령의 재선 가능성에 의심의 여지가 없었다.

예상대로 첫 텔레비전 토론에서 도전자 롬니는 오바마 대통령의 경제

12–3 **콜로라도 주 덴버 시에서 열린 2012 미국 대선 첫 텔레비전 토론.**
오바마 대통령의 발언이 이어지는 가운데 공화당 롬니 후보가 반격의 기회를 엿보고 있다. 중앙 테이블에 앉아 있는 사회자는 공영 텔레비전 방송 PBS 앵커인 짐 레러다.

정책 실패를 집요하게 물고 늘어졌다. 롬니 후보는 지난 4년간 미국 경제가 더욱 악화되었으며 2천3백만 미국인들이 실업상태에서 거리를 헤매고 있다고 비판했다. 롬니 후보는 또 오바마 대통령이 그동안 전 세계를 돌면서 아랍 국가들에게 과거 공화당 정권의 실책을 사과하기에 급급했으며, 이란의 핵개발을 방치했고 언론자유와 민주주의 등 미국적 가치를 소홀히 했다고 비난했다. 또 리비아 벵가지에서 미국 대사와 대사관 직원들이 테러리스트들에게 살해된 것도 전적으로 오바마 행정부의 책임이라며 몰아붙였다(Zeleny & Rutenberg, 2012). 롬니 후보는 청년시절 모르몬교 선교사로 활동하면서 단기간에 교회신도 수를 두 배나 늘렸을 정도로 놀라운 말재주를 지니고 있는데, 이날 텔레비전 토론에서 자신의 진가를 십분 발휘했다.

놀라운 것은, 평소 웅변가로서의 명성을 지닌 오바마 대통령이 이날 첫 텔레비전 토론에서 때때로 말을 더듬거나 상대방이 말할 때 눈을 아래로 내리깔고 자신 없는 태도를 보이는가 하면, 기회가 주어지더라도 기대 이하의 소극적 답변으로 일관하면서 롬니 후보에게 고전했다는 것이다. 방송기자들은 첫 텔레비전 토론에서 오바마 대통령이 고전한 것은 당시 높은 지지율에 취해 사전준비를 소홀히 했기 때문이라고 분석했다. 텔레비전 토론 직후 방송사들이 부동층 유권자들을 대상으로 한 설문조사에서도 롬니 후보가 승리했다는 응답이 압도적이었다.

〈표 12-1〉 제1차 텔레비전 토론(2012. 10. 3.) 직후 설문조사 결과

토론 결과	CBS 방송	CNN 방송
오바마 승리	22%	25%
롬니 승리	46%	67%
무승부	32%	조사 안 함.

제1차 대선 텔레비전 토론에서 두각을 나타낸 공화당 롬니 후보에 대한 지지율이 거세게 요동치기 시작했다. 롬니 대선캠프에는 후원금이 속속 답지했고 공화당 지지자들이 재결집하기 시작했다. 방송 뉴스 프로그램들은 첫 텔레비전 토론에서 롬니 후보가 보여 준 화려한 화술을 거론하면서 그가 텔레비전 토론을 통해 몰인정하고 탐욕스런 기업가의 이미지를 떨쳐 냈다고 보도했다. 특히 지속되는 경제불황과 높은 실업률에 대한 미국인들의 불안감을 자극해 경제 해결사 역할을 자처한 것이 주효했다고 평가했다. 또 오바마 대통령이 텔레비전 토론 하루 전까지 라스베이거스에 머물며 유세에 열중한 반면, 롬니 후보는 텔레비전 토론이 열릴 덴버에 일찌감치 도착해 치밀하게 사전준비를 한 것이 결정타였다고 논평했다. 롬니 후보는 첫 텔레비전 토론에서 보여 준 달변과 미소를 무기로 지지율 상승세를 이어 가, 10월 16일 두 번째 텔레비전 토론 직전에는 일부 여론조사에서 롬니 후보 지지율이 오바마 대통령을 앞지르기도 했다.

그러나 남은 두 차례의 텔레비전 토론에서 오바마 대통령은 거세게 롬

니 후보를 몰아붙였다. 청중의 질문들에 답변하는 타운홀 방식의 두 번째 텔레비전 토론에서 오바마 대통령은 작심한 듯 공세로 돌변해 자신과 민주당 정부의 치적을 옹호하고 롬니 후보가 내세운 세금 관련 공약의 문제점들을 조목조목 따졌다(Rutenberg & Zeleny, 2012). 외교안보 정책 토론을 중심으로 한 10월 22일 마지막 세 번째 텔레비전 토론에서도 오바마 대통령은 지난 4년간 외교안보 경험을 지닌 현직 대통령의 프리미엄을 무기삼아 롬니 후보를 궁지로 몰았다. 롬니 후보가 마지막 텔레비전 토론에서 강세를 보인 대목은 오바마 대통령의 경제정책 실패를 지적했을 때뿐이었다(Baker & Cooper, 2012). 제2차와 제3차 텔레비전 토론 직후 실시된 설문조사에서 부동층 유권자들은 오바마 대통령이 승리했다고 응답했다.

〈표 12-2〉 제2차 텔레비전 토론(2012. 10. 16.) 직후 설문조사 결과

토론 결과	CBS 방송	CNN 방송
오바마 승리	37%	46%
롬니 승리	30%	39%
무승부	33%	조사 안 함.

〈표 12-3〉 제3차 텔레비전 토론(2012. 10. 22.) 직후 설문조사 결과

토론 결과	CBS 방송	CNN 방송
오바마 승리	53%	48%
롬니 승리	23%	40%
무승부	24%	조사 안 함.

최종 결과만을 놓고 보자면, 비록 첫 텔레비전 토론에서 패하기는 했지만 종합 전적 2승 1패를 거둔 오바마 대통령이 롬니 후보를 제치고 텔레비전 토론에서 승리한 셈이다. 대선 텔레비전 토론에서 나타난 유권자들의 평가를 그대로 반영하듯 오바마 대통령은 2012년 11월 6일 치러진 대선에서 당선에 필요한 선거인단 수 270명을 훌쩍 뛰어넘어 303명의 선거인단을 확보했고 전국 득표율에서도 롬니 후보를 여유 있게 제치고 재선

에 성공했다.

미국 대선 한 달 뒤인 12월 19일 제18대 대통령선거를 치른 우리나라에서도 새누리당, 민주통합당, 통합진보당 후보들 간에 대선 텔레비전 토론이 세 차례 열렸다. 앞서 언급한 것처럼 대선후보 간의 텔레비전 토론은 부동층 유권자들의 수가 많으면 많을수록 그 영향력과 파급력이 커지지만, 미국과 마찬가지로 한국의 경우에도 그 영향력이 제한적이었다. 특히 우리나라에서는 '보수와 진보', '구세대와 신세대' 간의 뚜렷한 양극 대립구도에다가 '영남과 호남' 간의 지역적 대결구도까지 더해져 평소 특정 후보나 정당을 지지해 온 유권자들이 자신의 투표의사를 철회하거나 의사를 바꿔 다른 후보를 지지하는 경우가 거의 없기 때문이다. 평소 자신이 지지하던 정당의 대선후보가 어떤 말실수를 하든 전혀 개의치 않고 두터운 신뢰를 보이게 마련이며, 상대 정당의 후보가 어떤 도전이나 반론을 제기하더라도 자신의 생각을 바꾸기보다는 무시하는 것이 일쑤다. 오히려 상대 진영 대선후보의 거센 도전에 집단적 위기감을 느끼며 같은 정치적 성향을 지닌 유권자들과 의기투합해 응집력을 더욱 높이기도 한다. 특히 2012년 한국 대선에서는 50, 60대 보수적인 유권자층의 결집현상이 대선의 향방을 결정했다는 분석이 있다.

미국의 경우, 민주당 오바마 대통령을 두 차례나 당선시킨 주동력은 진보적 백인계층, 여성 유권자, 대학생, 20~30대를 중심으로 한 신세대, 그리고 흑인과 히스패닉 등을 중심으로 한 소수민족이다. 좀 더 시간을 거슬러 올라가 보면, 2008년 미국 대선에서 초선의 상원의원 경력 외에는 별달리 내세울 것이 없던 오바마 후보를 첫 흑인 대통령으로 당선시킨 원동력도 당시 계속되던 이라크, 아프가니스탄 전쟁에 염증을 느낀 청년계층과 2008년 미국발 경제위기로 대량 실직한 서민계층과 소수민족이 집권 공화당 정권에 품었던 반감과 실망감이다. 여기에다 당시 텔레비전 토론에서 늙고 쇠약한 모습의 공화당 존 매케인John McCain 후보보다는 초선 상원의원으로 정치경험이 부족하지만 젊고 신선한 이미지를 지닌 뛰어난 웅변가인 버락 오바마 후보에게 미국인들이 열광했던 것도 중요한 이유다. 한편 2012년 대선에서 도전자인 공화당 롬니 후보를 지지한 계층은 보수적 사고의 백인계층과 웬만한 경제불황에는 전혀 끄떡도 않는 고소득층 유권자들이었다. 대통령 후보 간 텔레비전 토론이 세 차례, 그리고 부통령 후보 간 텔레비전 토론이 따로 한 차례 열리면서 생각을 바꾼 유권자가 다소 있었겠지만, 대부분은 평소 자신의 정치신념과 정당 지지 성향에 따라 투표한 것으로 드러났다. 특히 텔레비전 토론이 열리기 훨씬 이전부터 오바마 대통령이 롬니 후보보다 더 높은 지지율을 보인 여론조사 결과가 최종 대선 결과로 그대로 이어진 것은, 대선 텔레비전 토론이 유권자의 생각을 바꾸는 데 제한적 효과만을 지닌다는 사실을 재확인해 주었다. 다만 세 차례의 텔레비전 토론에서 두 차례 승리한 오바마 대통령이 재선에 성공함으로써 "텔레비전 토론에서의 승자가 결국 대권을 차지한다"라는 항간의 속설을 입증한 셈이다. 텔레비전은 이처럼 국민적 관심이 집중되는 대통령선거라는 최고의 정치 이벤트를 앞두고 대선후보들을 텔레비전 토론이라는 형식의 연극무대에 출연시켜 관객인 유권자들에게 한판 볼거리를 제공한다. 따라서 미국이든 우리나라든, 대선 텔레비전 토론에서 어느 정당 후보일지라도 신선하고 오염되지 않은 진솔한 이미지를 유권자들에게 전달해 긍정적 평가를 받을 수 있다면 충분히 대통령 당선을 기대해 볼 수 있을 것이다.

참고문헌

Baker, P. & Cooper, H.(2012, October 23). "Obama and Romney Spar on Foreign Policy in Final Bout: Candidates Argue Global Strategy and Tactics". *New York Times*, A1.

Benoit, W. L. & Brazeal, L.(2002). "A Functional Analysis of the 1988 Bush–Dukakis Debates". *Argumentations and Advocacy* 39, pp. 219–233.

Graber, D. A.(1987). "Television News Without Pictures?". *Critical Studies in Mass Communication* 4, pp. 74–87.

Jamison, K. H.(1988). *Packaging the Presidency: A History and Criticism of Presidential Advertising*. New York: Oxford University Press.

Kaid. L. L. & Davidson, D. K.(1986). "Elements of Videostyle: Candidate Presentation Through Television Advertising". In L. L. Kaid, D. Nommo & K. R. Sanders (Eds.), *New Perspectives on Political Advertising* (pp. 184-209). Carbondale, IL: Southern Illinois University Press.

Kenski, K. & Jamieson, K. H.(2011). "Presidential and Vice Presidential Debates in 2008: A Profile of Audience Composition". *American Behavioral Scientist* 55(3), pp. 307–324.

Kraus, S.(1996). "Winners of the First 1960 Televised Presidential Debate between Kennedy and Nixon". *Journal of Communication* 46(4), pp. 78–96.

Rutenberg, J. & Zeleny J.(2012, October 17). "Obama and Romney Clash in a Debate With Biting Exchanges". *New York Times*, A1.

Thomas, G. S.(2011). *A New World To Be Won: John Kennedy, Richard Nixon, and the Tumultuous Year of 1960*. New York: Praeger.

White, T. H.(1961). *The Making of the President 1960*. New York: Atheneum Press.

Zeleny, J. & Rutenberg, J.(2012, October 4). "Obama and Romney, in First Debate, Spar Over Fixing the Economy". *New York Times*, A1.

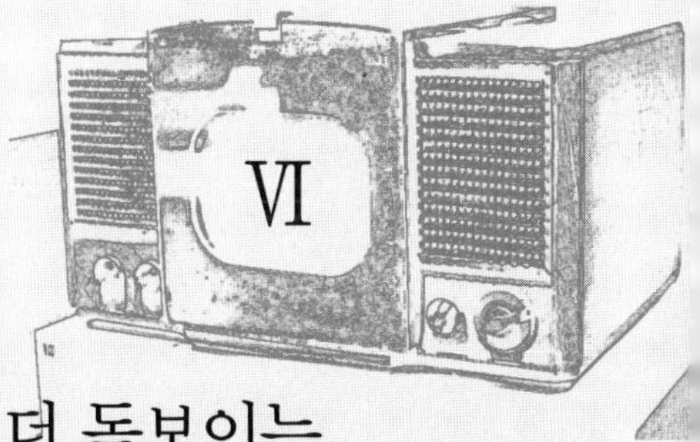

VI

위기상황 속에서 더 돋보이는 텔레비전

13.. 재난발생과 지상파 방송의 사명

동일본 대지진 속에서 빛난 일본의 재난방송

2011년 3월 11일, 진도 9의 대지진에 뒤이어 엄청난 쓰나미(지진해일)가 일본 동부지역에 몰아닥쳤다는 소식을 처음으로 전해 들은 것은 미국 콜로라도 주 기준으로 밤늦은 시각이었다. CNN 방송을 통해 마치 아스팔트가 녹아내린 듯한 시커먼 바닷물이 순식간에 마을 곳곳에 밀려들고 농경지를 삼켜 버리는가 하면 항구에 정박한 선박과 인근 주차장의 차량들이 마치 장난감처럼 이리저리 휩쓸리는 장면을 지켜보면서, 거대한 힘을 지닌 자연재해 앞에서 인간이 얼마나 하찮은 존재인가를 실감할 수 있었다. CNN 방송이 방영한 화면은 일본 공영방송 NHK 화면을 생중계한 것이었는데, 지진 발생 직후 곧바로 방송취재 헬기가 떴는지 하늘에서 촬영한 영상은 쓰나미가 스멀스멀 광활한 농경지를 덮어 버리고 고속도로와 마을을 차례로 집어삼키는 재난영화에서나 볼 수 있는 끔찍한 광경을 담고 있었다.

CNN 방송은 새벽녘에는 도쿄 NHK 방송 스튜디오에서 진행되는 생방송을 영어로 동시통역해 방영했다. 워낙 지진이 잦은 일본이라고는 하지

13-1 거대한 쓰나미가 밀어닥쳐 물에 잠긴 도쿄도 미나토. (촬영: 미 해병대 Ethan Johnson)

만, 엄청난 자연재해 앞에서 평정을 잃지 않는 NHK 뉴스 진행자들의 노련함에 감탄을 금치 못했다. 그런데 이 정도의 자연재해라면 수천 명 또는 수만 명의 인명피해가 생길 것이 자명한데, NHK의 인명피해 보도는 공식발표 수치를 인용한 탓인지 쓰나미 발생 하루 뒤에도 사망자 수백 명 규모를 넘지 않았다. 미국 방송기자와 앵커들이 이틀 뒤 급히 일본으로 날아가 도쿄와 센다이 등지에서 현지 생방송을 시작했지만, 재난 발생 뒤 처음 이틀 동안 일본 공영방송의 뉴스보도는 전 세계 방송사에 귀감이 되기에 충분했다. 이런 비상사태 속에서도 한 국가를 대표하는 공영방송이 차분한 자세로 전 국민에게 재난방송을 내보낼 수 있는 체계를 갖추고 있어야 한다는 생각이 들었다. 재난방송 체계를 갖추기 위해 해마다 3천억 원 이상의 예산을 투입하고 있다는 NHK의 위상이 돋보였다.

지난 2001년 9월 11일, 미국도 알카에다의 연쇄 테러공격으로 뉴욕 맨해튼의 세계무역센터가 무너져 내리고 수도 워싱턴 D.C.의 국방부 건물이 일부 파괴되는 재난을 겪었다. 아침방송을 진행하던 텔레비전 방송사들은 첫 테러공격으로 무역센터가 화염에 휩싸이자 곧바로 현장을 생방송 연결하면서 하루 종일 재난방송 체제에 돌입했다. 온 미국인의 눈과 귀는 잇따른 항공기 테러공격을 생방송하는 텔레비전 화면에 고정되었다. 전대미문의 대규모 테러공격으로 인한 국민의 충격과 슬픔을 의식해서인지 텔레비전 방송사들은 방송광고를 전면 중단한 채 몇 주일간 재난방송을 이어 갔다. 이 같은 9·11 테러 속보방송은 미국 방송 사상 보기 드문 성공적인 재난방송 사례로 꼽힌다.

이처럼 자연재해나 전쟁 등 긴급한 위기상황에서 전 세계 어느 나라에서든 국민에게 가장 신속하고 효과적으로 뉴스를 전달할 수 있는 것은 텔레비전매체, 그것도 뛰어난 인적, 기술적 역량과 노하우가 결집되어 있는 지상파 네트워크 방송사라고 하겠다. 최근 중동지역의 민주화시위에서 돋보인 페이스북Facebook이나 트위터Twitter가 새로운 대안매체로 떠오르고 있지만, 전 국민에게 신속하고 강력한 메시지를 전할 수 있는 매체는 뭐니 뭐니 해도 지상파 텔레비전 방송이다.

우리 텔레비전 방송의 재난방송 수준은

우리나라에서도 국가 비상사태가 닥쳤을 때의 방송의 역할에 대해 생각해 볼 기회가 많아지고 있다. 연평도 포격사건 후 거의 넉 달 만에 일어난 동일본 대지진으로 숨가쁘게 재난방송을 해 온 우리 방송사에 대해, 한편에서는 대체로 무난했다는 평가가 있는가 하면 또 한편에서는 이웃나라의 자연재해를 보도하면서 사실보다 과장된 선정보도로 소란만 떨고 국민의 불안감을 높였다는 비판도 있다. 달리 말해, 텔레비전 방송이 재난방송을 통해 체계적이고 차분하게 뉴스를 전하고 국민을 충격과 슬픔으로부터 보호하는 순기능을 보여 주지 못했다는 것이다. 이 같은 견해를 반영하듯 한 신문의 만평에서는 동일본 대지진을 보도하는 우리 방송뉴스에 "공영·민영 할 것 없이 통곡, 궤멸, 아비규환, 아수라장, 초토화, 유령도시, 쑥대밭, 암흑천지 같은 말들이 넘쳐 났다"면서 방송의 선정적이고 과장된 보도를 비판했다(김태익, 2011). 또 다른 신문에서는 우리 방송사에서 자체분석을 내놓기보다 일본 방송과 CNN 방송의 보도내용을 그대로 인용하고 베꼈다는 주장까지 나왔다. 다른 언론매체들도 한목소리로 일본 공영방송 NHK의 앵커나 기자, 아나운서들이 국가적 비극 앞에서 흥분을 자제하고 평소보다 더 차분한 자세로 재난방송에 임했으며 결코 속보경쟁에 휘말리거나 피해자와 유가족의 피해를 과장하는 식의 선정성을 보이지 않았다면서 우리 방송사들은 이를 본받아야 한다고 지적했다(김병규, 2011; 민왕기, 2011). 만일 이 같은 비판이 모두 사실이고 또 우리 방송 앵커나 기자들이 섣불리 추측보도나 선정적이고 과장된 보도를 했다면 당연히 주의를 받고 부족한 점은 개선해야 할 것이다.

이 같은 자성의 목소리 때문인지 정부나 방송업계에서는, 우리도 유사시 새로운 국가재난 대응체제를 세우는 한편 재난방송지침을 만들어야 한다는 의견이 잇따라 제시되고 있다. 당연한 이야기다. 그런데 잠시 기억을 더듬어 보니, 이미 십수 년 전부터 우리 방송계에도 홍수나 지진, 전쟁 등 다양한 상황에 대비한 재난방송지침이 있었다. 필자의 서가에 꽂혀 있는 책들 가운데 KBS 방송에서 펴낸 『재난방송 매뉴얼』이라는 책자가 눈에 띄었다. 첫 페이지를 넘겨보니 재난방송의 목적으로 "자연재난과 대형 사건·사고로부터 국민의 생명과 재산을 보호하기 위한 재난방송의 원칙과 운용체계"를 정하고 "재난 현장상황이나 피해상황의 전달과 함께 재난 시 대처요령 등을 사전에 국민들에게 적극적으로 알려 재난으로 인한 피해를 최소화할 수 있도록" 한다는 문구가 적혀 있다. 재난방송의 대상을 태풍, 호우, 폭설, 지진, 해일, 황사, 강풍 등 자연재난과 화재, 산불, 폭발, 붕괴, 통신망 마비, 방사능 유출, 환경오염 등 대형 사건·사고로 규정한다는 재난유형에 대한 상세한 정의도 되어 있다. 책장을 더 넘겨보면 재난방송의 기본요령도 규정되어 있는데, 몇 가지만 살펴보자.

> 다. 재난에 대해 신속하게 대응하되 불필요한 혼란이 일어나지 않도록 냉정하고 침착하게 보도한다.
> 라. 피해를 줄이기 위한 사전정보를 방송하는 데 주력한다. 단순한 현장상황 전달보다는 재난으로 인한 피해를 사전에 최소화하는 데 우선 노력한다.
> 마. 피해지역 주민들이 무엇을 필요로 하고 있는지를 취재하여 이재민 등에게 필요한 정보를 적극적으로 보도한다.
> 바. 재난보도는 신중하고 중립적으로 보도해야 한다. 선정적인 보도나 피해자의 인권을 침해할 수 있는 취재·보도는 지양한다. (『재난방송 매뉴얼』, 2005, 6쪽)

책장을 계속 넘겨보면 재난방송을 담당하는 KBS 방송 내 조직과 운용망이 총정리되어 있고, 별첨자료에는 직종별 비상연락망과 재난 유형별로 전문가, 교수, 공무원들의 이름, 연락처와 전화번호들이 상세히 정리되어 있다. 또 지역 방송국별로 필요한 인적, 물적 지원 현황과 주요 협력기관의 목록이 나와 있다. 심지어 상황별로 방송 시나리오가 구비되어 현장에서 기자들이 구체적인 사실만 추가해 방송할 수 있게 해 놓았다. 예를 들면, 일본에서와 같은 지진재난이 닥쳤을 때에는 다음과 같은 현장중계 방송문구가 마련되어 있다.

> 최대 1분가량 계속된 이번 지진의 진동은 지금은 멈췄기 때문에 이제는 주변의 응급상황을 해결해야 합니다. 우선 본인이 무사한 경우 주변에 다친 사람이 없나 확인하셔야 합니다. 또 진동이 심했던 지역에선 화재예방에 신경을 써야 합니다. 진동으로 가스관이나 전선에 문제가 생겼는지 살피고 가스가 새고 있다면 밸브를 잠그고 문을 열어 환기를 시킨 뒤 즉시 대피해야 합니다 ……. (『재난방송 매뉴얼』, 2005, 35쪽)

지진해일 쓰나미에 대한 긴급방송 문구도 있다.

해당지역에 계신 주민들은 이 방송을 보신 뒤 즉시 이웃 주민들에게 지진해일주의보 사실을 알리고 높은 지역으로 대피하시기 바랍니다. 해일은 사람이 달리는 속도보다 빠르기 때문에 해일이 밀려오는 것을 보고 대피할 수는 없습니다. 지금부터 바로 대피를 시작해야 합니다 ……. (『재난방송 매뉴얼』, 2005, 38쪽)

이 정도라면 비록 KBS 방송의 내부자료이기는 하지만 재난방송에 대한 기본적인 대비는 갖춰져 있다고 할 수 있다. 그동안 세월이 꽤 흘렀으니 개정된 매뉴얼이 한두 차례 더 마련되었을 것이고, 또 동일본 대지진 이후 더 광범위한 수준의 매뉴얼도 갖추었으리라 확신한다. 그러나 문제는 우리 공영방송이 이 같은 재난방송의 지침을 제대로 실천할 만한 유사시 운용능력을 갖추었는가 여부다. 또 이런 시나리오에 따라 공영방송 KBS가 재해 주관 방송사로 활동할 때 다른 민영방송사들도 유사한 기준과 신중하고 조심스런 자세로 재난방송에 임할 것이냐 하는 점도 의문이다. 재난방송은 재난사실과 관련 정보를 국민에게 신속히 전달하고 사후 인명구조와 시설복구 작업까지도 충실히 보도할 때 그 기능을 충분히 발휘할 수 있다. 방송과 통신이 융합된 오늘날에는 지상파 방송뿐 아니라 인터넷이나 IPTV, 위성 텔레비전, DMB 할 것 없이 온갖 형태의 뉴미디어를 활용해 그 역할을 수행할 수 있다. 하지만 실제로 대형 재난이나 사건이 발생했을 때 가장 신속하고 효율적으로 취재진을 운용하고 재난방송에 돌입할 수 있는 것은 지상파 텔레비전 방송일 수밖에 없다.

재난에 대처하는 방송의 자세

앞서 일본 공영방송 NHK가 보여 준 차분하고 과장되지 않은 재난보도의 필요성과 중요성에 대해 살펴보았지만, 이런 재난방송 보도행태에 대해서는 반론도 만만치 않다. 방송사의 독자적인 판단이나 현장기자들의 보다 정확한 피해규모 파악에 의존하기보다 정부나 관련기관의 보수적이고 '축소 지향적'인 공식자료에 의존해 보도하는 것이 반드시 공익에 부합하느냐는 질문이다. 동일본 대지진 당시 엄청난 인적, 물적 피해상황을 비교적 신속하게 보도하고 업데이트한 민영방송들에 비해 공영방송 NHK는 '재난방송준칙'에 지나치게 충실한 탓인지 지진과 쓰나미 발생 하루 뒤에도 피해상황을 공식집계 수치에만 의존해 사망 수백 명에 재산피해는 여전히 집계 중인 것으로 보도해 시청자들로부터 핀잔을 받았다고 한다. 또한 NHK 방송의 재난보도는 차분한 논조를 유지하면서 국민의 불안감을 진정시키고 동요를 막는 데에는 성공적이었지만, 막상 일본 정부의 재난대비책 미흡이나 현장 구호활동의 지지부진함에 대한 비판은 없었다고 한다. 이 밖에도 당시 쓰나미경보가 발령되고 NHK 방송에서 긴급 재난방송을 계속했음에도 불구하고 엄청난 사상자를 낸 이유가 너무나 조용하고 침착한 분위기의 재난방송 때문이었다고 판단해서인지, 이듬해인 2012년 쓰나미경보 방송 때부터는 아나운서의 목소리가 기존의 침착하고 차분한 분위기에서 강하고 긴박한 어조로 바뀌었다고 한다. 결국 호들갑을 떠는 재난방송도 문제지만 너무나 차분한 재난방송도 최선은 아닌 셈이다.

필자가 방송 현업에 종사할 때인 지난 1995년, 대구 상인동의 지하철 공사장에서 대규모 가스폭발 사고가 일어났다. 아침 출근길에 벌어진 가스폭발로 어린 학생과 시민 등 1백여 명의 사망자와 2백여 명에 육박하는 부상자를 낸 당시로서는 보기 드문 초대형 참사였다. 현장 텔레비전 중계차 앞에서 필자가 직접 목격한 시망지 수만 따져봐도 60~70명이 넘었는데, 보도본부에서 내려온 지침은 공식 사망자 20명으로 보도하라는 것이었다. 생방송 중계에서 '공식 사망자 20명'이라는 내용을 언급하면서 과연 현장 취재기자가 해야 할 말과 하지 말아야 할 말이 따로 있는가 고민해야 했다. 사고현장에서 취재 중인 동료기자들에게도 절대로 흥분하거나 과장하지 말고 차분히 보도하라는 지시가 끊임없이 내려왔다. 현실을 목격한 대로 전하는 것이 과장일 수 없는데 정부 당국의 공식집계 수치만을 인용하라는 것이었다. 당시 인명피해 규모와 사고의 중대성에 비춰 현장 생방송을 계속하자고 요청했지만, 본사에서는 대형참사를 집중 보도하는 데 따른 부담감 때문이었는지 오후에 접어들면서 가스폭발사고 현장 생중계를 중단하고 원래 방송 스케줄에 따라 야구경기를 중계방송했다. 당시 야구중계를 한 KBS 방송은 그 뒤 시민단체들로부터 한동안 거센 비판을 받아야 했다.

재난방송을 하는 데 있어서 방송기자들은 작은 사건을 과장되게 전달하는 '침소봉대'형 보도는 당연히 자제해야 한다. 또 피해상황만 집중 조명하기보다는 국민이 어떻게 피해를 줄이고 복구에 나설 것인지 행동요령을 제시하는 것도 재난방송의 중요한 기능이다. 단편적이고 부정확한 사실을 나열하기보다 보다 객관적인 보도를 위해 정확한 통계수치가 나올 때까지 기다리는 것이 현명할 때도 있을 것이다. 특히 불안감과 공포감을 확대 재생산하는 선정적인 보도는 결코 국민에게 환영받지 못할 일이다. 그러나 신중하고 책임 있는 방송을 해야 한다는 명분을 내세워 상식적으로 도저히 이해할 수 없는 '보도유보'나 '축소보도'가 이따금씩 이뤄진다는 데 문제가 있다. 특히 공영방송사 고위 경영진이 정치권의 눈치를 보거나 이른바 '알아서 기는' 자기검열에 빠지는 경우가 적지 않다. 한마디로 공영방송이 앞장서는 재난방송 보도에 있어서는 정부에 대한 감시와 비판이 결여될 우려가 크다는 것이다.

텔레비전 뉴스보도는 역사적 순간을 영상과 음향을 활용해 오랜 세월

13-2 재난발생 시 텔레비전 방송의 역할.
텔레비전 방송사들은 지난 2004년 12월 인도양 연안의 인도네시아, 타이, 스리랑카 등지에 밀어닥친 쓰나미를 통해 위급한 자연재해 보도를 일찍이 경험했다. 당시 텔레비전 화면을 통해 방영된 쓰나미의 위력과 파괴력, 그리고 인명과 재산 피해 모습은 전 세계 시청자의 뇌리에 깊이 새겨졌다. 사진은 타이 아오낭Ao Nang 해변에 거대한 쓰나미가 밀어닥치는 순간이다. (촬영: David Rydevik)

기록으로 보관한다는 특성을 지니고 있다(Utterback, 2005). 재난방송은 텔레비전 뉴스의 속보성과 현장성을 가장 생생히 살릴 수 있는 영역이기도 하다. 우리나라에서는 방송법과 그 시행령, 방송통신위원회 규칙, 그리고 앞서 소개한 KBS의 『재난방송 매뉴얼』 등을 통해 방송 가이드라인과 저널리스트들의 행동요령을 상세히 다루고 있다. 하지만 이와 같이 제도가 잘 갖춰져 있어도 실제 재난이 닥쳤을 때 제대로 운용하지 못한다면, 지상파 텔레비전 방송은 연평도 포격사건이나 동일본 대지진 보도 때처럼 거센 비판의 화살을 피하기 어려울 것이다. 더구나 실제 재난이 닥쳤을 때 방송사들 간에 속보경쟁이나 선정적 보도가 가열될 경우 그야말로 더 큰 혼란과 재앙을 불러올 수 있다. 평소 방송인들의 끊임없는 사전대비와 노력이 중요한 이유기도 하다.

참고문헌

김병규(2011년 4월 11일). "'日 대지진' 신속 차분한 보도, 패닉 줄였다". 연합뉴스.

김태익(2011년 3월 15일). "만물상: NHK 재난 보도". 「조선일보」.

민왕기(2011년 3월 16일). "日 재난보도, 국내언론에 '교훈'". 한국기자협회. http://www.journalist.or.kr/news/articleView.html?idxno=25585

한국방송(2005). 『재난방송 매뉴얼』.

Utterback, A. S.(2005). *Broadcasting through crisis: How to keep going when tragedy hits*. Santa Monica, CA: Bonus Books.

14.. 전쟁위협과 텔레비전 뉴스

미국 텔레비전, 남한이 아닌 북한을 이야기하다

미국 텔레비전에 모처럼 한반도 관련 뉴스가 방영될 때가 있다. 그런데 뉴스의 주체는 대한민국이 아니라 북한인 경우가 더 많다. 2013년 4월 북한의 김정은 정권이 우리나라와 미국을 상대로 무려 한 달 동안 미사일 위협을 이어 갔을 때가 그랬다. CNN 방송과 네트워크 지상파 텔레비전 방송에서는 날마다 계속되는 북한의 위협을 매시간 뉴스속보로 전했고, 여러 미국인이 필자에게 대한민국의 안전과 더불어 한반도 정세가 어떻게 될 것 같으냐고 질문하며 함께 걱정했다. 미 국방부 출입기자로 일한 적이 있는 박사과정 대학원생은 실제로 한반도에서 전쟁이 발발하겠느냐며 넌지시 묻기도 했다. 지난 십수 년간 이라크, 아프가니스탄 전쟁을 잇따라 치른 뒤 더 이상 전쟁에 발을 담그려 하지 않는 미국 정부는, 북한 정권이 날마다 쏟아 내는 미 본토에 대한 미사일 위협에 웃을 수도 울 수도 없는 듯 어정쩡한 반응을 보였다.

당시 이라크, 아프가니스탄, 리비아, 레바논 등 분쟁지역을 누벼 온 NBC 방송의 리처드 엥겔Richard Engel 기자를 비롯한 미국 방송 특파원들이 앞다퉈 서울에 도착해 시시각각 긴장감이 더해 가는 한반도 정세를 보도했다. 주로 중동지역 분쟁을 취재해 명성을 드높인 엥겔 기자가 한국을 찾은 것은, 미국의 이라크 침공 직전 때와 같은 전운을 감지하고 또 한 차례 특종을 기대했기 때문일 것이다. 미국 방송사들은 한반도에서 조만간 전쟁이 터질지 모른다는 특파원들의 다소 과장된 보도를 일주일이 넘도록 톱뉴스로 내보냈다. 그러나 4월 중순 이후 북한의 도발적 언동이 갑자기 사그라지면서 미국 텔레비전에서는 언제 그랬냐는 듯 북한과 한반도 관련 기사가 순식간에 사라졌다.

이에 앞서 지난 2010년 11월에도 북한은 서해 연평도에 포격 도발을 가해 한반도 전역에 긴장상태를 고조시켰고, 그때에도 미국 방송은 포연이 피어오르는 연평도 사진과 함께 뉴스속보를 시시각각 전했다. 당시 한반도 위기가 고조되면서 함께 높아진 미국인들의 관심을 배려해서인지 포격사건 직후 CBS 방송은 몇 달 전 방영한 인기 리얼리티쇼「어메이징 레이스Amazing Race」의 한국 편을 재방영했다. 리얼리티쇼 출연자들은 경기도 동두천의 주한미군 기지에서 미군 병사들의 태권도 시범을 관람하고 서울 시내 곳곳을 누비는가 하면, 서울월드컵경기장, 목동 아이스링크를 찾아 까다로운 수행과제를 완수하는 등 머나먼 나라 한국의 문화와 풍물을 미국 시청자들에게 상세히 보여 주었다.

이처럼 미국 텔레비전에 방영되는 한반도 관련 뉴스는 급작스럽게 일어나는 위기 돌발상황을 다룬 주제가 대부분이며, 뉴스의 주체 또한 평화롭고 잘사는 대한민국보다 호전적이고 주민들이 굶주리는 북한을 다룬 것이 많다. 그러나 잠시 시청자의 눈길을 끌던 한반도 관련 뉴스라 할지라도 북한의 도발적 위협이 사그라지고 전쟁이나 미사일 발사 등 무력충돌 가능성이 줄어들 때쯤이면 급작스럽게 막을 내린다. 연평도 도발 때나 대미 미사일 위협 때나 미국 텔레비전 뉴스의 마지막 리포트 주제는, 미 해군 항공모함을 비롯한 미군 전력이 한반도 해역에서 대규모 한미 합동

14-1 2010년 11월 북한의 연평도 포격 장면.
서해 연평도에 북한군의 대규모 포격이 가해진 직후 피격지점에서 연기가 피어오르고 있는 광경을 사람들이 부두에서 지켜보고 있다. 미국 텔레비전에 가장 먼저 방영된 사진으로, 피격 직후의 모습을 담고 있다.

훈련을 벌인다는 내용이었다. 북한의 추가 도발이 이어져 남한 영토가 폐허로 변하거나 대규모 인명피해가 나지 않는 이상 방송뉴스로서 가치가 떨어진다는 판단을 내리는 것이다.

전쟁·폭력·파괴, 텔레비전 뉴스의 단골소재

미국 텔레비전 뉴스에서 '코리아'라는 단어가 나올 경우 대체로 북한 핵위기나 무력도발, 남북한 긴장상태 또는 독재자 김정은의 근황 등이 단골메뉴로 등장한다. 반면에 대한민국의 눈부신 발전상이라든가 삼성, 현대, LG 등 한국 기업들의 놀라운 기술혁신, 기타 긍정적인 뉴스는 단신으로 다뤄질 뿐 방송기자의 음성과 영상을 담은 비중 있는 리포트감이 아니다. 미국 텔레비전이 이처럼 부정적이고 폭력적이며 위기를 집중적으로 부각

14-2 독재자들은 언론의 좋은 소재.
미국을 비롯한 서방 언론은 독재자들의 일거수일투족을 지대한 관심을 갖고 보도한다. 무려 3대에 걸쳐 세습정치를 펴고 있으며 미국과 전 세계를 상대로 핵공격 위협을 하는 김정은(왼쪽)도 이런 점에서 텔레비전 뉴스 메이커로서 손색이 없다. 지난 몇 년 사이 잇따라 비참한 최후를 맞은 리비아의 무아마르 알 카다피 국가원수(가운데)나 이라크의 사담 후세인(오른쪽) 등 다른 독재자들도 미국 언론의 관심거리였다.

시키는 주제들을 즐겨 다루는 것은, 평범하고 평화로운 일상사를 다루기보다는 기괴하거나 충격적인 내용을 다루는 것이 시청자들의 눈길을 더 끌 수 있다는 텔레비전 뉴스 제작진과 취재진의 본능적인 뉴스 판단 속성 때문이라고 할 수 있다.

오래된 연구이기는 하지만, 미국의 사회학자 허버트 갠스Herbert Gans는 미국 언론이 즐겨 다루는 국제뉴스의 주제를 일곱 가지로 분류했다. 이를 간단히 살펴보면, 미군이 참전한 지역분쟁, 미국에 영향을 미치는 주변국들의 움직임, 공산국가와 독재국가들, 외국의 선거와 정권이양, 대규모 전면전쟁, 막대한 인명피해를 동반한 천재지변, 독재자들에 관한 가십거리 등이다(Gans, 1979). 이런 점에서 무려 반세기가 넘도록 공산정권이 건재해 왔으며 독재자 김정은이 3대에 걸쳐 유일무이한 세습정치를 펴고 있는 북한 관련 뉴스는 미국 언론이 놓쳐서는 안 될 기괴하고도 흥미진진한 국제뉴스 아이템이 아닐 수 없다.

텔레비전 뉴스에서 최우선 소재는 뭐니 뭐니 해도 예기치 못한 순간에 발생하는 이른바 돌발성 뉴스breaking news에 해당하는 사건 사고다. 그중에서도 가장 시청자들의 관심을 끄는 뉴스소재로는 전쟁이나 테러 등 폭력을 동반한 사건과 지진이나 홍수, 태풍 등 천재지변을 들 수 있다. 전쟁이나 테러를 예로 들자면 우선 연상할 수 있는 것은 막대한 파괴와 인명피해를 동반한다는 것인데, 대체로 피해가 크면 클수록 뉴스가치는 높기 마련이다. 언론학자들의 말을 빌리자면, 텔레비전 뉴스는 시청자들에게 '충격적인 영상'을 보여 주거나 시청자 또는 자기 나라가 '직접적 이해 관계자로 얽혀 있는 내용'을 다룰 경우 파급효과가 가장 크다고 한다(Chang & Lee, 1992; Kim, 2002; Perlmutter, 1998). 이런 점에서 우리 방송사들이 시청자들의 직접적 이해관계가 걸려 있고 국가안위를 좌우하는 북한의 미사일 위협을 연일 다룬 것은 어찌 보면 당연한 결과라고 하겠다.

미국 방송들도 지난 2001년 9·11 테러를 계기로 텔레비전 뉴스를 통해 반복적으로 테러로 인한 파괴, 죽음, 전쟁 등 충격적인 화면을 보여 주면서 시청자들의 감성을 자극해 왔다. 시청자들은 테러집단 알카에다의 공격으로 뉴욕의 세계무역센터와 워싱턴 D.C.의 국방부 건물 등이 무너져 내리는 모습을 생방송 또는 재방송으로 지켜보면서 국가안보의 중요성을 절감했다. 미국 정부는 각종 테러 대비책을 마련하는 데 골몰하게 되었고, 인권침해 논란 속에서도 '애국자법Patriot Act'을 위시한 시민들의 자유와 권리를 제한하는 법률을 잇따라 제정하는가 하면, 전 세계적인 비난과 반전여론 속에서도 '대량살상무기 제거'라는 모호한 구호를 내세워 이라크전쟁을 일으키기까지 했다. 여기에다가 국가안보 히스테리에 사로잡힌 텔레비전 방송사와 방송기자들은, 테러집단 알카에다와 이라크를 연계시키고 대량살상무기 위협을 과장한 부시 행정부의 주장을 액면 그대로 받아들여 이라크전쟁을 묵인 방조했다. FOX 뉴스와 같은 보수적인 방송에서는 보다 적극적으로 전쟁을 부추기고 지지하는 보도성향을 이어갔고, 다른 미국 방송들도 자발적이든 타의에 의해서든 전쟁을 부추기는

데 가담해 언론으로서의 사명을 저버렸다는 비판을 들어야 했다.

그러나 지나치거나 지속적인 전쟁보도는 오히려 격렬한 반전여론을 불러오는 역효과를 낳는다. 일례로 베트남전쟁을 들 수 있다. 1968년 1월 베트남전쟁이 한창일 무렵 수도 사이공을 비롯한 남베트남 전역 155곳에서 월맹군과 베트콩의 대대적인 구정공세가 시작되었다. 미국 방송사들은 미군의 허를 찌르는 기습공격을 벌인 공산군들이 미군 기지 여러 곳을 유린하고 베트콩 유격대원들이 수도 사이공 중심부의 미국 대사관에 난입해 총격전을 벌이는 광경을 생생한 텔레비전 화면으로 방영했다. 특히 남베트남 경찰 총수가 자신의 권총으로 베트콩 혐의자를 거리에서 즉결처분하는 장면을 담은 영상이 NBC-TV 뉴스를 통해 방영되자 시청자들의 충격은 극에 달해 그 뒤 반전여론이 불붙게 되었다(Bailey & Richty, 1979).

평화와 희망의 뉴스를 기대하며

지난 2008년까지만 해도 미군이 참전한 이라크전쟁과 아프가니스탄전쟁은 미국 텔레비전 뉴스에서 약방의 감초 역할을 해온 단골 뉴스 아이템이었다. 매일 저녁 텔레비전에서는 바그다드를 중심으로 벌어지는 이라크 저항세력의 끊임없는 공격과 미군 사상자를 다룬 뉴스를 전했고, 민주당 오바마 행정부가 들어서면서 전쟁의 중요도가 아프가니스탄으로 옮겨 가자 곧바로 아프가니스탄 관련 뉴스를 집중적으로 방영했다. 하지만 오랫동안 종결될 조짐도 없이 계속되어 온 이라크전쟁과 아프가니스탄전쟁 관련 뉴스는 2008년 말을 정점으로 미국 방송에서 순식간에 사라졌다. 글로벌 경제위기로 미국 내 경제사정이 악화되면서 외국에서 벌이는 군사 모험주의에 관한 국내여론이 좋지 않은 데다가, 계속되는 전쟁과 늘어나는 미군 사상자에 대한 미국인들의 피로감이 견딜 수 없는 수준에 달했기 때문이었다. 미국 텔레비전 방송의 전쟁보도는 이제 다수의 미군 사상자가 나올 때 단신으로 처리하거나 명절을 맞아 전장에 있는 미군의 안부를 걱정하는 군인 가족들의 애환 등을 다룬 기획물을 방영하는 정도에 그친다. 한 연구에 따르면, 2008년을 전환점으로 미국 방송의 전쟁보도는 양적인 면에서 한 해 전인 2007년의 3분의 1 수준으로 줄어들었다고 한다(Ricchardi, 2008). 날마다 전쟁 관련 뉴스로 텔레비전 뉴스 전체를 도배하다시피 했던 2003년 봄 이라크 침공 때의 뉴스 보도량과 비교하면 논의할 필요도 없다.

이런 시점에서 북한의 무력도발이나 미사일 위협은 미국인들에게는 반갑지 않은 지구 반대편에서 들려오는 불길한 전조다. 미국인 가운데 그 누구도 이라크, 아프가니스탄에 이어 한반도에서 미군이 참전하게 될 또 다른 전쟁을 원치 않는 심정이고, 미 행정부와 군부 역시 대한민국 정부와 국민들에게 북한의 위협에 적극 맞서 대응하자고 부추기기보다는 아예 무시하고 위기를 잠재우려는 식의 전략을 사용하고 있다. 아프가니스탄과 이라크 침공 당시 전쟁을 부추기던 미국 방송들도 더 이상 절실한 국익이 걸려 있지 않은 해외분쟁의 불씨에 부채질을 하지 않는다. 한반도와 마찬가지로 지난 2011년 이래 계속되어 온 시리아 내전에 미국인들이 적극적으로 개입하지 않으려는 것도 비슷한 이유에서다. 구체적으로 2013년 8월, 시리아 정부군이 사린 독가스를 사용해 반군과 민간인 1천4백여 명을 살해했다는 의혹이 생생한 비디오 화면을 통해 전 세계에 전해지자, 오바마 행정부는 국제적으로 금지된 화학무기를 사용한 시리아 정부를 응징하기 위한 대규모 공습을 제안하면서 미 의회에 승인을 요청했다. 하지만 시리아 내전에 말려들게 될 것을 우려한 미국 내 여론은 싸늘하기만 했고, 대다수 의원도 거부의사를 분명히 했다. 결국 미국 정부는 무력제재 안건을 의회의 표결에 부치지도 못한 채, 시리아 정부가 보유한 화학무기 일체를 유엔 등 국제기구에 양도하도록 하는 것을 골자로 한 러시아 정부의 평화중재안을 따를 수밖에 없었다

2013년 6월, 대한민국과 미국에 미사일 위협을 쏟아 내던 북한이 개성공단 정상화와 금강산관광 재개 문제 등을 논의하자며 대한민국 정부 당국에 대화를 제의해 왔다. 불과 몇 달 전 특파원들을 파견해 한반도 전쟁 가능성을 숨가쁘게 보도하던 미국 텔레비전 방송사들은 북한의 대화 제의를 20초도 채 안 되는 단신기사로 보도하는 데 그쳤다. 전쟁의 먹구름과 핵전쟁의 재앙이 한반도와 미국 본토에까지 들이닥칠 것처럼 호들갑스럽던 미국 방송사들이 전쟁 대신 평화와 대화의 조짐이 내비치자 한발 뒤로 빼는 모습을 보인 것이다. 세계 어느 곳에서든 전쟁이 발발하면 큰 뉴스거리가 되지만 평화와 화해의 봄기운이 완연해지면 그다지 시청률에 도움이 되지 않고 신나지 않다는 텔레비전 뉴스의 속성을 여실히 보여 준 사례다. 가능성이 어느 정도일지 모르겠지만, 앞으로 미국 텔레비전에서 한반도에서 남북 간의 평화와 번영, 화해의 물결이 밀어닥친다는 소식을 단신으로나마 접할 수 있기를 기원해 본다.

참고문헌

Bailey, G. A. & Richty, L. W.(1979). "Rough justice on a Saigon street: A gatekeeper study of NBC's Tet execution film". *Journalism Quarterly* 49, pp. 221–229.

Chang, T. K. & Lee, J. W.(1992). "Factors affecting gatekeepers' selection of foreign news: A national survey of newspaper editors". *Journalism Quarterly* 69, pp. 554–561.

Gans, H.(1979). *Deciding what's news: A study of CBS Evening News, NBC Nightly News, Newsweek and Time*. New York: Pantheon Books.

Kim, H. S.(2002). "Gatekeeping international news: An attitudinal profile of U.S. television journalists". *Journal of Broadcasting & Electronic Media* 46(3), pp. 431–452.

Perlmutter, D.(1998). *Photojournalism and foreign policy: Icons of outrage in international crises*. Westport, CT: Praeger.

Ricchiardi, S.(2008). "Whatever happened to Iraq?". *American Journalism Review*(June/July). http://www.ajr.org/Article.asp?id=4515

15.. 국익에 좌우되는 텔레비전의 항공기 추락사고 보도

같은 사건, 다른 보도

2013년 7월 6일(한국 시각은 7월 7일), 샌프란시스코공항에 착륙하려던 아시아나 214편 보잉 777기의 꼬리부분이 활주로 끝 방파제에 부딪히면서 탑승객 세 명이 숨지고 180여 명의 부상자가 발생하는 사고가 일어났다. 랜딩기어가 부러지고 한 차례 기체가 뒤집힐 듯 요동친 뒤 활주로 옆 잔디밭에 멈춘 항공기에서 탑승객들이 비상 탈출하고 기체가 화염에 휩싸이는 모습이 휴일 텔레비전 뉴스를 통해 하루 종일 방영되었다. 승객들의 탈출이 조금이라도 더 지연되었더라면 엄청난 인명피해를 동반한 대형 참사로 이어질 뻔한 아찔한 사고였다.

잘 알려진 것처럼 국제선 항공기가 추락하거나 파손되는 등 사고가 날 경우에는 국제민간항공기구ICAO 제반 규정에 따라 사고 발생국이 항공기 사고 조사권을 갖게 되며 사고 항공사의 등록국 및 운영국이 조사에 동참한다. 따라서 미국 영토인 샌프란시스코공항에서 발생한 아시아나기 착륙사고는 당연히 미연방교통안전위원회NTSB가 주도하게 되었다. 그런데 한 가지 눈에 띈 점은 한국과 미국 방송사의 사고원인에 대한 보도가 어

15-1 샌프란시스코공항 착륙사고로 불타 버린 아시아나항공 214편의 잔해.
이 사고로 승객 세 명이 숨지고 180여 명의 승객과 승무원이 크고 작은 부상을 입었다. 한미 양국 언론은 사고원인을 놓고 조종사 과실과 기체결함으로 갈라져 상반된 보도를 했다. (출처: U.S. National Transportation and Safety Board)

느새 서로 상반된 방향으로 흘러갔다는 것이다. 미국 지상파와 케이블 텔레비전 방송사들은, 아시아나기 조종사가 지나치게 낮은 착륙 접근고도와 속도를 유지해 사고를 냈다는 NTSB의 발표내용에 근거해 조종사의 과실이 주된 사고원인이라고 보도했다. 특히 사고 직전 조종사 간에 기체 이상에 대해 대화한 내용이 없으며 당시 샌프란시스코공항에 다른 항공기들은 모두 이상 없이 착륙했다는 사실을 언급하며 아시아나기 조종사의 과실에 초점을 맞췄다. 반면에 한국의 텔레비전 방송사들은 사고 직후에는 조종사 과실에 무게를 둔 NTSB의 발표내용을 보도했지만, 그 뒤로는 사고를 낸 보잉 777기의 기체결함 가능성과 샌프란시스코공항의 착륙유도장치인 글라이드 슬로프의 미작동, 사고 직후 비상사태에 대한 대응 미흡 등을 쟁점으로 부각시키면서 사고원인이 조종사 과실보다는 공항의 문제나 기체결함 때문일 가능성이 높다고 보도했다. 우리 텔레비전 방송사들은 특히 NTSB가 초동단계 조사에서 조종사들의 기내 대화내용을 공개하고 사고 직전까지도 기체결함 흔적이 없었다는 등 사고원인을 조종사 과실 쪽으로 성급하게 몰아가고 있다면서 조종사 과실 가능성을 집중 보도한 미국 언론에 대해서도 쓴소리를 덧붙였다. 한미 두 나라 텔레비전 방송의 당시 보도내용을 좀 더 자세히 알아보기 위해 사고 당일부터 일주일간 두 나라 방송사 가운데 시청률이 가장 높았던 KBS와 NBC 방송의 저녁 메인뉴스에 방영된 사고원인 관련 리포트 제목을 살펴보자.

〈표 15–1〉 아시아나기 샌프란시스코 착륙사고 원인에 대한 한미 방송 보도내용 비교(2013년)

날짜(요일)	「KBS 9시뉴스」	「NBC Nightly News」
7월 6일(토)		• 보잉 777, 샌프란시스코에 비상 착륙Boeing 777 crashes in San Francisco • NTSB 샌프란시스코 항공기 사고 조사 나서NTSB to investigate San Fran-cisco plane crash • NTSB가 추정하는 사고원인 시나리오들NTSB to consider multiple scenarios
7월 7일(일)	• 긴박했던 교신 일부 공개… 조종 미숙? 기체 이상? • 착륙 전에 비상조처 교신, 착륙 전후 혼선 • 가파른 하강? 사고원인 다각도로 조사 • 사고 여객기 "한 달 전에도 이상 징후" • 또 사고… '보잉 777' 어떤 비행기?	• 조사관들 항공기 착륙사고 증거 수집 중Investigators piece together clues in jetliner crash landing • 전문가들 항공기 착륙 실패에 의문제기Experts question how jetliner missed landing
7월 8일(월)	• 아시아나기 충돌영상 공개… "낮고 느리게 착륙" • 충돌 7초 전 저고도 경고… 1.5초 전 재상승 시도 • 이번 비행 '고도, 속도' 정상착륙과 달랐다	• 아시아나기 사고 직전 위험천만 저속비행Asiana plane flew dangerously slow prior to crash • 조종실 대화기록 통한 사고 직전 상황 재구성Cockpit voice recorder reveals final moments before crash

7월 9일(화)	• '충돌 82초 전' 수동 조종 전환 후 급하강 • 정상 착륙 vs. 사고 착륙… 다른 점은? • 국토부, "조종사 과실 속단 안 돼"… 기체, 관제? • 오늘도 '보잉 777 회항' 기체결함 없었나? • 비정상 고도, 속도… 관제탑 늑장 대응 의혹	
7월 10일(수)	• "착륙 때 자동속도장치 꺼져 있었다"… 왜? • 자동속도장치… 결함? 과실? • 조종사, 관제사 조사… '한미 동시 브리핑' 제안 • 국제조종사협회, "NTSB 과잉 공개" 비판 • NTSB, 승무원 이은혜 기자회견까지 '경고' • 독일 항공기도 착륙 실패… "사고는 시간 문제"	• 아시아나기 승객대피 지연 Passenger evacuation delayed during Asiana flight
7월 11일(목)	• 섬광에 시야 방해… 자동속도장치 진실 규명 • '자동속도장치'가 핵심… '실속방지장치' 미작동? • '90초 후 대피' 지시 논란… 이후 침착·신속 탈출	• 아시아나 사고, 절박한 911 긴급구조 요청 전화Chilling 911 calls released from Asiana crash
7월 12일(금)	• 美 "속도장치 이상 없어… 충돌 전 재상승 시도" • 애절한 구조요청… "20분간 구급차 안 왔다" • 초기조사 마무리… 잔해 수거 작업 한창	• 사망 10대 여학생, 출동 소방차에 치어 숨져Teen struck by fire truck after Asiana plane crash
7월 13일(토)	• '막장 비하' 연루 NTSB, '일방적 결론' 우려	• 아시아나 사고 여러 증거 조종사 과실에 집중Evidence points to pilot error in Asiana crash

- 아시아나 항공기 착륙사고는 미국 시간으로 7월 6일 오후, 한국 시간으로는 7월 7일 오전에 일어났기 때문에 사고 관련 저녁 메인뉴스 첫 보도를 NBC 방송은 7월 6일, KBS 방송은 7월 7일에 내보냈다.
- KBS와 NBC 저녁 메인뉴스는 한국과 미국 두 나라에서 각각 가장 높은 시청률을 기록하는 프로그램인 점을 감안해 비교대상으로 선정했다. 보다 과학적인 상호비교를 하려면 더 많은 방송사 뉴스 프로그램을 대상으로 한 내용분석이 필요하다.

위의 표에서 알 수 있는 것처럼, 우리 텔레비전 방송은 사고 발생 직후 이틀간의 사고원인 보도에서는 기체결함과 조종미숙 등 여러 가능성을 동시에 제시했지만, 사흘째 보도부터는 우리 국토교통부의 '조종사 과실' 속단 말라는 내용의 보도를 시작으로 사고기체의 결함이나 관제 실수, 공항의 비상사태 대응 지연 등을 잇따라 지적하며 미국 측에도 사고책임이 있다고 보도했다. 그 뒤로는 자동속도장치인 오토스로틀auto throttle switch의 이상 여부, 다른 외국 항공사 소속 보잉 777기의 기체결함이나 샌프란시스코공항 회항뉴스 등을 잇따라 보도해 기체결함 가능성과 공항의 문제점을 부각시키려는 의도를 내보였다. 특히 NTSB가 초동단계 사고조사 결과를 성급히 공개해 일방적이고 성급하게 조종사 과실 쪽으로 몰고 가고 있다고 비난하기도 했다. 사고 발생 칠 일째인 7월 13일에는 NTSB가 이번 착륙사고를 조종사 과실로 몰아 최종결론을 낼 것 같다는 우려를 담은 리포트로 마무리했다. 반면에 미국 NBC 방송은 사고 발생 당일에는 목격자 진술과 구조 관계자 인터뷰 등을 위주로 보도했지만, 이틀째 방송부터는 NTSB의 브리핑을 토대로 조종사 과실 여부에 초점을 맞춰 보도를 이어 갔다. 특히 아시아나기의 착륙 접근고도와 속도가 지극히 낮았다는 내용에서부터 사고 직후에 기장이 불필요하게 승객대피를 지연시켰다는 내용을 보도해 조종사 과실 가능성에 무게를 실었다. 사고 발생 일주일째인 7월 13일에는 NTSB의 현장조사와 여러 정황증거에 비춰 볼 때 이번 사고가 조종사 과실 때문에 일어난 것이라고 결론 내린다.

아시아나기의 사고원인을 둘러싼 한국과 미국 두 나라 텔레비전 방송사들의 상반된 보도내용을 비교해 보면, 시청자들에게 정확한 사고원인에 대한 실체적 진실을 알리기보다는 조종사 과실이냐 아니면 기체결함이냐는 식의 논쟁을 불러와 대체로 방송보도에 의존하던 시청자들의 혼돈을 가중시켰다. 또 한 가지 주목할 점은 우리 국적 항공기의 착륙사고 원인에 대한 대해 KBS 방송은 날마다 여러 꼭지의 리포트를 방영했지만, NBC 방송의 경우 사고 후 사흘간 2~3꼭지의 리포트를 방영한 뒤로는 사고원인 관련 리포트를 단지 한 꼭지씩만 다뤘다는 것이다. 사고 항공기가 한국의 민간항공사 소속이며 사망자와 부상자 등이 대부분 중국인과 한국인이었다는 점에 비춰 보면, 이 사고에 대한 미국 방송의 상대적 무관심과 홀대는 그리 놀랄 일이 아니다. 여기서 분명한 것은, 시간이 지날수록 「KBS 9시뉴스」 시청자들은 NTSB가 미국의 국익을 위해 사고원인을 제멋대로 조종사 과실 쪽으로 왜곡하고 있다는 인상을 받게 될 것이고, 반대로 미국 「NBC Nightly News」 시청자들은 아시아나 항공이 착륙도 제대로 못할 정도로 조종사 훈련에 소홀했다고 여기고 자칫 전체 한국 항공사들에 대해서도 부정적 인식을 가질 수 있다는 점이다.

자국의 이익을 우선하는 텔레비전 방송 뉴스

그렇다면 과학적인 조사를 통해 규명되어야 할 항공기 사고원인을 둘러싸고 한국과 미국 텔레비전 방송에서 상반된 보도가 나온 것은 어떤 이유에서일까? 국내에서 일어나는 사고와는 달리 국외에서 국제선 항공기 추락 등 대규모 사고가 일어나면 당사자의 입장에 선 두 나라 언론은 항상 날을 세우며 대립된 견해를 보이곤 한다. 대표적인 예가 지난 1983년

9월 소련이 저지른 대한항공 007편 격추 사건이다. 승객과 승무원 등 모두 269명이 숨진 이 충격적인 사건에 대해 한국은 물론 미국 언론도 소련의 만행을 규탄하면서 '하늘에서의 살인' 또는 '가공할 범죄' 등 원색적 용어를 사용해 적대국 소련을 비난했다. 그러나 당시 관영 소련 언론은 대한항공기가 소련 전투기의 영공침범 경고를 여러 차례 무시했다고 보도하는가 하면 심지어 소련 영공에 고의로 진입해 미국의 스파이 활동을 한 의혹이 있다면서 격추를 정당화시켰다. 그로부터 5년 뒤 공교롭게도 페르시아 만에서 미 해군 순양함 빈센스호USS Vincennes가 이란항공 655편 여객기를 격추해 무려 290명의 승객과 승무원이 숨지는 사건이 일어났다. 이란 언론은 미국이 고의적으로 민항기를 격추했다고 주장하면서 미국의 만행을 규탄하는 내용의 보도를 쏟아냈지만, 미국 언론은 미 해군이 민항기를 적군기로 오인해 저지른 예상치 않은 실수였다며 축소 보도하기에 급급했다(Entman, 1991).

또 다른 예도 있다. 1999년 10월 미국 뉴욕을 출발한 이집트항공 990편이 대서양에 추락해 승객과 승무원 217명 전원이 숨졌는데, 미국 언론은 NTSB의 조사결과를 인용해 당시 심리적 장애를 겪고 있던 이집트인 부조종사가 고의로 비행기를 급강하시켜 자살한 것이라고 보도해 논란을 일으켰다. 물론 이에 대해 이집트 정부와 언론은 말도 안 되는 이야기라며 거세게 반박했고, 그 뒤 이집트 정부가 별도로 사고원인 조사를 벌여 추락원인이 기체결함 때문이었다고 발표했지만 별다른 공감을 얻지 못했다.

이번 아시아나 항공기 사고와 유사한 착륙과정에서의 지상충돌 사고로는 1997년 8월 괌에서 일어난 대한항공 801편 사고를 들 수 있다. 모두 228명이 숨진 당시 사고의 원인에 대해 미국 언론은 착륙접근 고도와 안전수칙을 제대로 지키지 않은 대한항공 조종사들의 과실이었다고 보도했는데, 이에 맞서 한국 언론은 괌공항의 안전시설 미비와 관제사의 실수를 집중 조명해 미국 측에 사고책임이 있다고 보도했다(Kim & Lee, 2008). 당시

한미 두 나라 방송사들의 저녁 메인뉴스 리포트 제목을 비교해 보면 사고 원인을 둘러싼 시각 차이를 분명히 알 수 있다.

〈표 15-2〉 대한항공기 괌 추락사고 원인에 대한 한미 방송 보도내용 비교(1997년)

날짜(요일)	「KBS 9시뉴스」	「NBC Nightly News」
8월 5일(화)		• 대한항공기 사고, 괌공항 이착륙안전설비 미작동이 단서 될 듯Servicing of air controller landing system may hold key to Korean Airliner crash
8월 6일(수)	• 추락 사고원인은? • 美, 사고조사, 국익보호가 우선 • 괌 공항 활공각유도장치 미작동	• 대한항공기 사고, 운항보조장비가 단서 될 듯Navigational aid possible key to Korean airlines crash
8월 7일(목)	• 한미 사고원인 놓고 견해 대립	• 대한항공기 사고 조사단, '조종사 과실'이 사고원인Investigators believe the Guam Korean Airlines crash was caused by human error
8월 8일(금)	• 美, 조종사 과실에 초점 • 대한항공, '조종사 과실' 말도 안 돼 • 사고 당시 기상상태 최악 • 대한항공, 공항 관제사 과실 가능성 제기	
8월 9일(토)	• 기체결함 여부 조사 계속 • 괌공항 관제사 과실에 초점 • 조종사 저고도경보 무시했나? • 활주로 접근 시 조종사 과실?	
8월 10일(일)	• 최저고도경보장치MSAW 고장 드러나 • 괌공항 "최저고도경보장치 꺼져 있었다"	
8월 11일(월)	• 미 연방항공청(FAA) 사고원인 조사 • FAA 최저고도경보장치 고장원인 조사 • "블랙박스 분석에 시일 걸려" • 801편 '저고도 접근' 의문점 • 801편, 출발에서 사고까지	

	• 괌 아가냐공항 위험 무방비 • 일본항공JAL 괌공항서 위험천만 착륙	
8월 12일(화)	• NTSB 수석조사관, '조종사 과실' 배제 • 사고조사 길어질 듯 • 괌공항 관제실수에 의문점 투성 • 801편 저고도 접근 원인은? • 美 언론, 관제설비 고장 집중보도	
8월 13일(수)	• '폭우와 악천후'도 추락원인	
8월 14일(목)	• 괌공항, 추락 뒤 25분 만에 늑장 구조요청 • 괌공항 문제점으로 다른 항공기들 회항 • 국내공항들도 괌 공항 못지않게 불안	
8월 15일(금)		
8월 16일(토)	• 정부 조사단 괌서 귀국… "최저고도 경보장치 고장, NTSB에 우려 전달했다"	

- 대한항공기 추락사고는 괌 현지시간으로 8월 6일 새벽, 미국 본토시간으로 8월 5일 오후에 일어났다. 이에 따라 이 사고 관련 저녁 메인뉴스 첫 보도는 NBC 방송은 8월 5일, KBS 방송은 8월 6일에 내보냈다.
- 한국인 213명 등 모두 228명의 승객과 승무원이 숨진 대한항공기 추락사고를 KBS 방송은 거의 이 주일간 집중 보도했는데, 이는 중국인 승객 세 명이 숨진 아시아나 항공기 착륙사고 때보다 훨씬 더 오랜 기간 동안 이어진 것임을 알 수 있다.

2013년 아시아나기 착륙사고 때는 물론이고 위의 표에 나타난 것처럼 그보다 16년 전에 발생한 대한항공기 괌 추락사고 때에도 한국과 미국 방송사들은 사고원인을 놓고 조종사 과실이냐 아니면 기체결함 또는 공항 착륙안전시설 부실 때문이냐로 의견이 갈려 상반된 보도를 했음을 알 수 있다. 주목할 만한 것은 8월 9일 「KBS 9시뉴스」에서 조종사 과실

15–2 1997년 태평양 괌의 니미츠힐에 추락한 대한항공 801편 잔해.
이 추락사고로 승객과 승무원 등 228명이 숨졌다. 당시 사고원인을 둘러싸고 조종사 과실이냐 아니면 기체결함 또는 공항관제 잘못이냐를 놓고 한미 양국 언론 간에 미묘한 신경전이 벌어졌다. (촬영: 미 해군 Michael A. Meyers)

15–3 대한항공 추락사고 희생자 추모비.
대한항공 괌 추락사고 3주기를 맞은 2000년 8월 사고지점인 니미츠힐에 희생자들을 기리는 추모비가 건립되었다. (촬영: Josie Moyer)

과 기체결함, 관제사 실수 등 가능한 거의 모든 사고원인에 대한 다각적인 분석을 별도의 리포트 형식으로 보도한 점이다. 그러나 기자 리포트에 NTSB 사고원인 조사에 미국의 국익이 달려 있다는 주장을 담기도 했으며, NTSB 조사단이 조종사 과실 가능성을 배제했다고 오보한 경우도 있었다. 결론적으로 이때에도 한미 두 나라 방송은 대한항공기 사고원인과 관련해 서로 내 탓이냐 네 탓이냐를 놓고 상반된 가설과 주장을 내세우며 국익논쟁을 거듭한 것을 알 수 있다.

아시아나기 착륙사고와 관련해서 NTSB와 미국 텔레비전 방송이 사고원인을 조종사 과실로 일방적으로 몰아간다고 우리 방송사에서 반론을 제기했지만, 과거 국내에서 일어난 외국 항공기 사고 보도내용을 살펴보면 조종사 과실에 초점을 맞춘다고 미국 언론을 탓할 수만은 없다. 지난 2002년 4월 15일, 중국 국제항공 129편이 착륙 도중 경남 김해의 야산에 추락해 승객과 승무원 128명이 사망했는데, 당시 우리 언론은 사고원인 조사가 시작되기도 전에 조종사 과실로 추락한 것이라고 단정적으로 보도한 적이 있다. 그리고 사고 당시의 악천후나 김해국제공항 측의 관제실수 가능성에 대해서는 침묵했다. 결국 외국 항공사가 낸 사고에 대해서는 우리 언론 역시 '조종사 과실'을 주요 사고원인으로 꼽는 데 전혀 망설이지 않는다고 하겠다.

균형과 공정함의 잣대를 스스로에게도 면밀히 적용해야

셀 수 없을 정도로 많은 항공기 추락과 충돌 사고 가운데 몇 가지 사례를 간추려 보았다. 공통된 점은, 국외에서 벌어진 국제선 항공기 사고를 둘러싼 텔레비전 뉴스보도에 있어서는 각국 언론이 자국 항공사나 조종사의 과실 가능성을 제기하는 상대방 국가의 사고조사 결과에 대해서는 거세게 비난과 반박을 하면서도 자국 항공사나 조종사 또는 타국의 항공기를 격추한 자국 군의 잘못에 대해서는 변명이나 축소보도를 통해 국익을 지키려 한다는 것이다. 이 같은 언론의 국익추구 속성은 자국의 이익에 부합하는 부분은 크게 부각시켜 과장 보도하면서도 자국에 불리한 점은 축소 보도하거나 아예 누락시키는 관행으로 굳어져 있다. 이를 가리켜 정치학자 로버트 엔트만(Robert Entman, 1991, 1993)은 언론이 특정이슈를 어떤 색안경을 끼고 다루느냐에 따라 전체의 내용이나 맥락이 크게 달라진다는 이른바 프레이밍이론framing theory를 통해 설명한다. 아시아나기 사고 때 미국 방송이 여러 사고원인 가운데 하나인 조종사 과실을 집중 조명한 것이나, 한국 방송에서 사고 주원인으로 기체결함이나 공항관제 실수를 집중 조명한 것이 그 예다. 논란이 되는 이슈를 언론이 어느 한 쪽에만 비중을 두어 집중 조명하거나 과장 보도하는 것은 다분히 의도적인 것이지만, 때때로 본능적 자기보호 의식에서 이뤄질 때도 있다(Gamson, 1989). 결국 언론사와 기자들이 공정하고 객관적인 관점에서 항공기 사고와 관련된 기사를 취재 보도하기보다는 자의 반 타의 반으로 자국 정부의 공식입장에 동조하거나 자국 항공사의 이익에 부합하는 논조를 유지하기 일쑤고, 상대 국가가 주도하는 사고원인 조사나 발표내용에 대해서는 반박논리를 펴는 사례가 빈번하다는 것이다(Kim & Lee, 2008).

항공기 사고에 대한 텔레비전 뉴스보도에서 찾아볼 수 있는 또 다른 특징은 사고로 숨지거나 다친 승객들이 내국인인가 외국인인가에 따른 이중 잣대다. 한마디로 말해 우리 동포가 죽거나 다친 사고는 방송이 집중적으로 보도하지만, 외국 항공사에서 일어난 사고나 외국인 승객이 죽거나 다치면 상대적으로 소홀히 취급한다는 것이다. 일례로, 지난 1989년 10월 20일 미국 뉴욕 라구아디아공항을 이륙하던 US항공 여객기가 조종사 과실로 활주로를 벗어나 허드슨 강에 빠지는 사고가 일어났다. 이 사고로 탑승객 두 명이 숨지고 다섯 명이 다쳤는데, 당시 미국 언론들은 이 사고를 주요뉴스로 다루며 며칠산 집중 보도했다. 같은 날 아프리카 차드

상공을 비행하던 프랑스 UTA항공 여객기가 폭탄테러로 공중 폭발해 탑승객 171명이 한꺼번에 목숨을 잃었는데, 프랑스 여객기 참사뉴스는 며칠 뒤 미국 언론에 간략히 몇 줄 언급되는 데 그쳤다(Henry, III, 1989). 결국 항공기 사고 희생자가 우리 국민이냐 아니면 외국인이냐 여부에 따라 뉴스가치가 현저히 달라지는 것이다. 국내의 한 텔레비전 방송 앵커가 아시아나기 사고로 숨진 승객이 한국인이 아니어서 우리로서는 다행이라는 식으로 말해 중국인들의 감정을 건드리고 논란을 불러일으킨 것도, 우리 국민 우리 국적 항공사 관련 사고가 더 중요하고 외국인 희생자나 타국 항공기 사고는 상대적으로 뉴스가치가 떨어진다는 국제뉴스의 몰인정한 특성을 재확인한 것에 불과하다.

자국민의 개입이나 생사 여부, 국익에 대한 고려 등을 바탕으로 뉴스가치를 판단하는 언론보도의 부인하기 힘든 속성을 인식한다면, 아시아나기 사고원인을 둘러싼 보도에 있어서 미국 언론은 물론이고 한국 언론도 백 퍼센트 객관적이거나 실체적 진실을 다뤘다고 평가하기 어렵다. 일단 아시아나기 사고원인이 최종 규명되려면 초동단계 현장조사에서부터 분야별 세부조사와 기술검토회의, 사고 관련국 의견 취합, 위원회 심의, 최종보고서 발표에 이르기까지 짧게는 6개월 길게는 3년을 기다려야 한다. 또한 NTSB가 최종적으로 발표하는 항공기사고 조사보고서에는 조종사 과실, 기체유지와 항공기정비 등 한국 측이 책임져야 할 부분뿐만 아니라, 공항의 이착륙안전시설 작동 여부, 관제사 실수 등 미국 측 문제점, 그리고 기체와 장비 결함을 포함한 항공기 제작사 책임, 공항 주변과 사고 발생 시각 전후의 기상여건에 이르기까지 여러 요인이 종합 분석되어 항공기사고의 주원인main cause과 부가원인contributing cause 등이 하나하나 열거될 것이다.

그러나 항공기사고 직후의 관련국 텔레비전 방송사의 사고원인 분석이나 보도는 대부분 초동단계 현장조사를 토대로 한 것이어서 과학적이고 종합적인 판단이라기보다는 어느 한 쪽의 주장이나 자국 정부의 입장을 지지하거나 집중 조명하는 데 그치기 쉽다. 참고로 사고 발생 후 2년 반이 지나서야 발표된 대한항공기 괌 추락사고 원인에 대한 NTSB의 최종 보고서(NTSB, 2000)에서는, 사고의 주원인으로 조종사와 기관사의 과실과 함께 사고기 기장의 격무에 따른 피로누적, 대한항공 측의 불충분한 조종사 훈련을 들었고 부가원인으로는 사고 당시 괌공항의 최저고도경보장치 MSAW가 꺼져 있었던 점을 지적했다.

아시아나항공기 착륙사고를 계기로 우리 텔레비전 방송이 보다 더 노력해야 할 것은, 한국과 미국 또는 한국과 일본 등 다른 나라와의 이해가 걸린 국제선 항공기사고 보도에 있어서는 방송뉴스가 때때로 불균형적이고 일방적인 시각을 지닐 수 있다는 국제뉴스의 특성과 한계를 인정하면서, 사고 관련 보도가 마무리될 때까지 균형과 공정함의 잣대를 상대 국가의 방송은 물론 스스로에게도 면밀히 적용하는 것이다. 아시아나항공기 착륙사고와 대한항공기 괌 추락사고 등 16년의 간격을 두고 발생한 두 항공기 사고원인과 관련하여 우리 텔레비전 방송은, NTSB가 미국의 국익과 사고기체 제작사인 보잉사와 자국 공항의 이익을 보호하기 위해 한국 조종사들의 과실을 부풀리고 집중 부각시키는 방향으로 사고원인을 왜곡시켰다고 보도했다. 이러한 보도내용이 한편으로는 일리 있는 말이지만 좀 더 냉철히 따져 보면, 항공기사고를 낸 당사자들의 책임을 가리고 사고원인을 과학적이고 객관적으로 규명하자는 논리라기보다는 강대국인 미국의 부당한 영향력과 압력으로부터 약자의 입장에 선 한국인 조종사들과 우리 국적 항공사를 보호하려면 일치단결해 적극 대응해야 한다는 우리 텔레비전 방송 종사자들의 국익수호 논리에서 비롯된 것일 수 있다는 점이다.

앞서 거론한 몇 가지 예에서 볼 수 있는 것처럼, 자국 항공사가 낸 사고이거나 자국민 승객이 숨지거나 다치는 경우 또는 자국 정부가 해당 사고

15–4 샌프란시스코 홀리데이인호텔에서 열린 미연방교통안전위원회NTSB의 아시아나항공 214편 착륙사고 관련 중간조사 브리핑 광경.
텔레비전 카메라가 즐비한 가운데 한국과 미국 기자들이 브리핑 내용에 귀를 기울이고 있다. 데비 허스먼Debbie Hersman NTSB 위원장은 이날 브리핑에서 "사고기를 몬 조종사는 비행시간이 9천700시간에 이르는 베테랑이지만 사고가 난 보잉 777기종 조종경험은 불과 35시간이었다"라고 말해 조종사 과실 쪽에 무게를 실었다. (출처: 연합뉴스)

에 대해 적극적인 이해관계를 내세우며 일방적 주장을 굽히지 않을 때 해당 국가 언론은 잘못된 보도나 왜곡보도를 할 가능성이 높아진다. 특히 언론과 정부 간에 또는 언론과 사고를 낸 항공사 간에 긴장된 견제관계 대신에 긴밀한 협조관계나 밀월관계가 지속될 때에는 공정하고 정확한 사고원인 보도는 실종된 채 서로 공통된 이해를 추구하면서 국익에 함몰된 왜곡보도가 이뤄지게 된다. 이런 과정에서 항공기 사고원인을 둘러싸고 상대 두 나라 텔레비전 방송사의 평행선을 달리는 듯한 상반된 보도가 이어질 때 두 나라 국민에게 남게 되는 것은 상호불신이며 방송보도에서 사라지게 되는 것은 실체적 진실이다.

참고문헌

Entman, R.(1991). "Framing U.S. coverage of international news: Contrasts in narratives of the KAL and Iran Air incidents". *Journal of Communication* 41(4), pp. 6–27.

Entman, R.(1993). "Framing: Toward clarification of a fractured paradigm". *Journal of Communication* 43(4), pp. 51–58.

Gamson, W.A.(1989). "News as framing: Comments on Graber". *American Behavioral Scientist 33* pp. 157–166.

Henry III, W. A.(1989, October 9). "Who cares about foreigners?". *Time*, p. 106.

Kim, H. S. & Lee, S. T.(2008). "National interest, selective sourcing, and attribution in air disaster reporting". *Journal of International Communication* 14(1), pp. 85–103.

National Transportation Safety Board(2000). "Aircraft Accident Report (NTSB/AAR-00/01): Controlled flight into terrain, Korean Air Flight 801, Boeing 747–300, HL7468, Nimitz Hill, Guam, August 6, 1997" http://www.ntsb.gov/Publictn/A_Acc1.htm

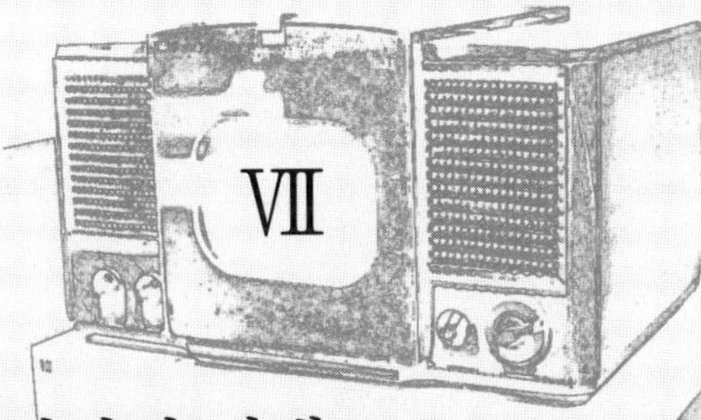

VII

멀티미디어 시대 텔레비전의 위기와 도전

16.. 소셜미디어 시대 텔레비전의 위상변화

소셜미디어로 무장한 분노한 세대

북아프리카와 중동 지역 시민혁명의 여파가 채 가시기도 전인 2011년 9월, 미국 뉴욕 맨해튼에서는 대기업의 탐욕과 자본주의의 병폐에 맞서자는 메시지를 던지는 이색시위가 벌어졌다. 초기에는 2~3백 명의 젊은이들이 반기업 반자본주의 구호를 외치며 거리를 행진하는 것에 불과했지만 점차 언론의 조명을 받게 되었고, 미국 텔레비전 방송사들은 이를 '월스트리트 점거Occupy Wall Street' 시위라고 불렀다. 월스트리트 점거 시위는 처음에는 자본주의 사회의 빈부격차에 대한 좌절감과 불만을 표출하는 수준이었는데, 시위가 두어 달 동안 계속되면서 왜곡된 금융업계와 불균형적인 부의 분배에 대한 시정을 요구하기에까지 이르렀다. 미국 내 경제 불황과 실업난 속에서 희망을 잃어버린 젊은 세대의 저항으로 간주해 멀찌감치서 지켜만 보던 미국 언론도, 시위가 워싱턴, 시카고, 로스앤젤레스, 덴버 등 미국 내 주요도시는 물론이고 런던과 로마, 파리, 프랑크푸르트 등 전 세계로 들불처럼 번져 나가자 부랴부랴 시위현장에 중계차를 내보내고 취재경쟁을 벌이는 등 부산을 떨었다.

월스트리트 점거 시위 참가자들은 한마디로 '분노한 세대angry generation'라고 표현할 수 있다. 텔레비전 뉴스 화면에 등장한 일부 시위 참가자들은 자본주의와 시장경제 원칙은 존중하지만 부패와 탐욕으로 가득 찬 금융시스템은 개혁해야 한다며 목소리를 높인다. 이들은 특히 전 세계적인 금융위기를 초래하고도 막대한 공적 자금을 수혈받아 되살아난 대형 은행들을 폐쇄하라고 외쳤다. 한 젊은이는 배부른 은행 자본가들의 횡포로 경제적 약자인 자신이 대학 졸업장을 갖고도 실업의 고통 속에서 살아가야 한다는 것에 치가 떨린다고 말했다. 영국 런던에서 벌어진 시위에서는 지난 수십 년 동안 온갖 불평등과 불공정을 감내해 왔지만 이제는 더 이상 참지 못하겠다면서 소수 부유층의 이익 추구에만 눈이 먼 정치인들을 심판해야 한다는 주장도 나왔다. 텔레비전 뉴스에 잇따라 소개되는 시위 참가자들의 발언을 들어 보면, 과거 1980년대 민주화시위 때 군부독재 타도를 외치던 대한민국 젊은 세대의 모습과도 흡사하다. 그런데 월스트리트 점거 시위는 북아프리카와 중동 지역 민주화시위 때처럼 참가자들이 트위터Twitter와 페이스북Facebook을 활용해 시위 일정과 장소, 전술 등에 관한 정보를 상호 공유해 파급력이 크고 확산속도가 빨랐다.

이러한 형식의 시위는, 우리나라에서도 이미 몇 년 전부터 기존질서의 파괴와 사회변혁을 외치는 젊은 세대의 정치적 조직화라는 형태로 나타나기 시작했다. 돌이켜 보면, 지난 2002년 제16대 대통령선거도 젊은 세대가 중심이 되어 인터넷을 통해 평소 정치에 관심이 없거나 냉소적이던 유권자들을 투표장으로 이끈 것이 노무현 대통령 당선의 원동력이었다. 2011년 4월 국회의원·도지사 재보궐선거에서 여당의 텃밭으로 여겨지던 경기도 분당을 지역에서 야당 국회의원 후보의 당선을 이끌어 낸 동력도 트위터 등 소셜미디어를 적극 활용한 젊은 세대들이었다. 여기에다 일부 연예인들과 예술인들이 트위터를 통해 투표참여를 독려하고 투표 인증샷, 기부 등 새로운 선거문화를 조성한 것도 중요한 요인이었다. 당시 재보궐선거에서 나타난 소셜미디어의 영향력을 분석한 장덕진(2011) 교수에 따르면, 트위터, 개인 블로그, 페이스북 등 뉴미디어는 '대표되지 않은 자의 무기the weapon of the unrepresented'로 활용되며 정치선거에서 득표율의 8퍼센트 내지 12퍼센트를 좌우한다고 한다. 장 교수는 또 과거의 정치선거가 정당들이 '다수의 익명의 고립된 유권자들을 대상으로' 치르는 것이었다면 앞으로의 정치선거는 일정한 정치적 공감대를 지닌 긴밀하게 연결된 소수의 유권자들이 주도하는 형태로 치러질 것이라고 예상한다. 흥미로운 점은 장 교수가 2011년 재보궐선거에서 승리한 두 야당후보 진영의 트위터 계정을 살펴보았더니 열람자 수와 팔로워 수가 낙선후보들보다 두 배 내지 세 배 더 많았다는 것이다.

소셜미디어, 기존 대중매체를 대체하다

미국에서는 지난 2008년 대통령선거에서 일리노이 주 초선 상원의원이던 버락 오바마Barack Obama가 트위터와 페이스북, 블로그 등 다양한 소셜미디어를 활용한 체계적인 온라인 캠페인을 펼쳐 젊고 진보적인 지지계층을 조직화하는 데 성공했다. 오바마는 심지어 자신의 대통령 출마 선언도 지상파 네트워크 텔레비전보다 온라인 매체 유튜브YouTube에 먼저 발표했다. 한마디로 소셜미디어가 정치의 주 무대에 등장하면서 대중매체인 텔레비전과 신문이 뒷전으로 밀리게 된 것이다. 소셜미디어를 이용한 미국에서의 정치실험은 지난 4~5년간 굵직한 선거가 치러진 한국과 영국, 콜롬비아 등지로 확산되어 소셜미디어를 효과적으로 이용한 후보들이 잇따라 당선되었다.

미국에서는 2009년 티파티Tea Party라는 생소한 이름의 정치세력이 등장해 정치권에 신선한 충격을 안겼다. 이들은 정부부채를 줄이고 연방정부의 권한을 축소하며 기존 정치권이 각성하여 사회개혁을 이룰 것을 주장하며, 미국 독립을 위해 투쟁한 선조들의 건국정신으로 돌아가자는 구호를 외치는 중년계층이었다. 그런데 티파티 참가자들 가운데 60퍼센트가 스스로 자신들을 공화당원이라고 생각하고 있으며 보수적인 가치관을 갖고 있다고 응답했다(Miller, 2010). 티파티가 결국 공화당의 2중대 정도로 여겨지는 이유기도 하다. 이와 대조적으로 월스트리트 점거 시위 참가자들은 진보적인 민주당 성향의 인물들로 분류된다. 직업별로는 대학생과 노동조합 소속 근로자, 친환경론자, 실업자 등이 대부분이고 연령대는 20대에서 50대까지 다양하다. 친보수 공화당 성향의 라디오 정치토크쇼 진행자인 러시 림보Rush Limbaugh는 월스트리트 점거 시위의 배후세력이 민주당과 오바마 대통령이라고 주장한다. 극심한 경제불황과 실업난 속에서 오바마 정권이 젊은 근로자들과 실업자들을 동원해 여론의 판도를 뒤집으려 했다는 것이다.

분노한 젊은 세대의 월스트리트 점거 시위를 해산시키려고 경찰이 동원되었고 이 과정에서 수백 명의 시위 참가자들이 체포되었지만, 시위는 한동안 계속되었다. 특히 시위의 발원지인 뉴욕 맨해튼의 주코티Zuccoti공원에는 대중문화의 아이콘이라고 할 만한 연예인과 저명인사들이 찾아와 시위 참가자들을 격려하는 모습도 눈에 띄었다. 이들은 자발적으로 시위 현장을 방문했다고 말하지만, 어찌 보면 이 기회에 수많은 젊은 팬을 만나 자신들의 인기관리를 하는 듯한 모습으로 비춰지기도 했다. 이런 분위기를 반영하듯 미국인들의 절반 이상이 반기업 정서를 부르짖는 월스트리트 점거 시위에 찬성한다는 여론분석 결과도 나왔다(TIME/ABT SRBI, 2011).

미국 네트워크 텔레비전 뉴스에서는 월스트리트 점거 시위와 관련하여 신중한 시각을 유지하며 시위행진이나 체포 등 사실전달 위주의 보도에 치중했는데, 시위 참가자들의 주장과 불만을 집중 조명하거나 근본적 해결책을 함께 고민해 보려는 노력은 부족했다. 그러나 대부분의 시위 참가자들은 전통적 대중매체인 텔레비전이나 신문 보도에는 별다른 관심도 없이, 스마트폰을 활용해 트위터나 페이스북, 블로그 등 소셜미디어에 자신의 주장을 펴거나 시위장면을 담은 글이나 사진을 부지런히 올리고 전파하느라 분주했다.

앞서 언급한 것처럼 우리나라에서도 소셜미디어의 엄청난 영향력이 국회의원 보궐선거나 촛불시위 등을 통해 여실히 드러난 바 있다. 과거에는 주요 사건이나 이슈가 등장할 때마다 텔레비전과 신문 매체가 익명성을 지닌 다수의 대중여론을 선도해 왔지만, 이제는 인터넷과 소셜미디어를 능숙하게 활용하는 '똘똘 뭉친 소수의 집단'이 자신들의 생각과 주장을 자유롭게 전파하고 어젠다를 만들어 내는 시대에 접어든 것이다. 소셜미디어가 눈부시게 성장하게 된 것은, 지상파 네트워크 텔레비전과 대기업형 신문에 의견을 제시하려면 수많은 게이트키핑gatekeeping 과정을 거쳐야 하는데 이 과정에서 소수의 주장이 먹혀들지 않을 가능성이 큰 반면에 소셜미디어를 통하면 아무런 제약 없이 자신들의 주장을 펼 수 있다는 점이 크게 어필한 탓도 있다. 문제는 개인이나 특정 집단의 주장을 제대로 펼 수 없을 정도로 언로가 막혀 있다는 기존 대중매체에 대한 소외계층의 불만이 기성 정치권에 대한 불만만큼이나 고조된 상태라는 점이다.

주목하라, 소셜미디어로 뭉친 좌절한 젊은이들을

지난 1960년대 미국에서는 기성 보수세력과 신진 진보세력 간의 정치 문화적 충돌이 사회 전체를 뒤흔든 적이 있다. 미국 정부에서 수십 년간 이어진 흑백인종 간의 갈등과 차별을 제대로 봉합하지 못하자 흑인 인권운동가를 중심으로 한 시위 참가자들이 주요도시들을 돌면서 비폭력 저항운동을 통해 인종차별 철폐를 외친 것이다. 여기에다 미국 정부와 군수업체들이 합작해 베트남전쟁에 개입하면서 젊은 세대들이 잇따라 대학 캠퍼스와 거리로 뛰쳐나가며 반전시위를 벌여 나라 전체가 뒤숭숭해졌다. 이들은 수만 명의 미군 사상자들이 생기는 데 따른 공포와 이른바 '돈 없고 백 없는' 가난한 집안의 젊은이들을 전쟁터로 보내는 징병제도에 대한 불만 때문에 거리로 나선 것이다. 결국 1968년 베트남사태가 위기로 치닫고 반전시위가 극에 달하자 당시 린든 존슨 대통령은 재선출마 포기선언을 해야 했다.

텔레비전 방송은 인종차별 반대시위와 베트남전쟁 반전시위가 번져 나가기 시작했을 때에는 관련 뉴스를 소극적으로 취급하거나 아예 무시했다. 뚜렷한 사회적 합의가 이루어지지 않거나 승자가 드러나지 않은 논란거리에 대해서는 논평을 자제하고 관망하려는 텔레비전매체의 보수적인 특성 탓이기도 했다. 그런데 텔레비전 방송은 1960년대 말에 가서는 시위 참가자들의 주장을 보다 자세히 보도하고 심층 분석하면서 미국 정부의 비위를 거스리는 단계에까지 이르렀다. 1968년 2월 베트남전쟁 취재를 끝내고 돌아온 CBS 텔레비전의 앵커 월터 크롱카이트Walter Cronkite가 베트남전쟁에서 더 이상 미국이 승리할 가능성은 없으며 공산 측과 협상에 나서라는 논평을 내놓자 미국 내 여론은 완전히 반전 쪽으로 기울게 되었다. 그로부터 몇 년 뒤 베트남전쟁에서 사실상 패배한 미 군부 고위층이 "텔레비전 때문에 베트남전쟁에서 졌다"라는 불평을 늘어놓은 것은 바로 이런 이유 때문이다. 언젠가는 미국이나 한국의 정치인들이 젊은 세대를 중심으로 여론형성에 막대한 영향력을 미치는 "소셜미디어 때문에 선거에서 졌다"라며 한탄을 늘어놓게 될지도 모른다.

월스트리트 점거 시위 참가자들이 외치는 주장이 다소 모호하고 정리가 되지 않았음에도 시위가 전 세계로 번져나갈 수 있었던 것은, 2011년 당시 전 세계를 강타한 금융위기와 경제불황 그리고 실업률 증가가 큰 요인이었음이 틀림없다. 시위 참가자들이 외치는 반자본주의, 반월스트리트 구호를 자세히 들여다보면 기성 정당정치에 대한 극도의 불신을 표출하고 있는데, 이는 자신들이 선호하는 무명의 정치신인들을 국회의원이나 서울시장, 심지어 대통령 자리에까지 앉히려는 우리나라 젊은 진보계층의 주장과 일맥상통한다. 뉴욕이든 서울이든 런던이든 간에 기성 정치권력과 기득권계층에 대해 반감과 불만을 표출하는 분노한 세대가 기성세대의 상징들을 파괴하고 새 질서를 만들고자 하는 절규인 것이다. 월스트리트 점거 시위가 거세지자 의료보험 개혁안과 경제불황 타개책 등을 둘러싸고 한동안 정면대결을 펼쳐 온 민주당 오바마 정권과 공화당 지도부는 자칫 시위대의 구호가 금융재벌과 부자뿐만 아니라 기성 정치인들도 모두 물러가라는 내용으로 바뀔까 불안해서인지 잠시 정쟁을 자제했다.

월스트리트 점거 시위는 2011년 11월 뉴욕 경찰이 주코티공원의 시위대 천막촌을 철거하고 다수의 시위 참가자를 체포하면서 일단 마무리되었다. 월스트리트 점거 시위의 성패 여부와는 상관없이 이 시위가 가져온 충격과 여파는 당리당략에만 집착해 국민의 고통을 망각한 미국 정치권에 각성의 계기가 되었다. 「뉴욕 타임스」의 칼럼니스트인 닉 크리스토프 Nic Kristof는 월스트리트 점거 시위 참가자들이 2011년 북아프리카와 중동지역 민주화시위 당시 자신이 이집트 카이로 타흐리르Tahrir광장에서 만난 반독재시위 참가자들과 여러 면에서 유사점을 지녔다고 설명한다. 그들은 소셜미디어를 능숙히 활용할 줄 알며, 시위에 참가하는 것을 축세처럼 즐기고 있으며, 마음속 깊이 좌절감과 박탈감을 느끼고 있다는 것이다(Kristof, 2011).

참고문헌

장덕진(2011년 5월 19일). 「4·27 재보선을 통해 본 소셜선거의 특징과 전략」. 국회 소셜미디어포럼 발표자료.

Kristof, N.(2011, October 1). "The Bankers and the revolutionaries". *New York Times*. http://www.nytimes.com/2011/10/02/opinion/sunday/kristof-the-bankers-and-the-revolutionaries.html

Miller, S.(2010, April 4). "Survey: Four in 10 Tea Party members are Democrats or independents". *The Hill*. http://thehill.com/blogs/ballot-box/polls/90541-survey-four-in-10-tea-party-members-dem-or-indie

Time/ABT SRBI(2011, October 10). "Topline Results of October 9-10, 2011". *TIME*. http://swampland.time.com/full-results-of-oct-9-10-2011-time-poll/

17.. '아랍의 봄'에서 대비된 올드미디어와 뉴미디어

뉴미디어, 아랍 시민혁명의 충실한 파트너가 되다

2011년 한 해 동안 북아프리카와 중동 지역에 거세게 몰아닥친 민주화 물결과 정권교체 소식은 오랫만에 세계인의 눈과 귀를 사로잡은 엄청난 뉴스였다. 튀니지의 독재정권이 무너졌다는 소식이 전해지자마자 곧이어 민주화시위가 이집트와 예멘, 바레인, 요르단, 리비아에까지 순식간에 번지면서 두 달 동안 아랍권의 민주화 도미노가 전 세계 텔레비전 뉴스량의 거의 절반을 차지했다. 미국 주요 지상파 텔레비전에서도 아랍권 민주화 소식을 제외하고는 다른 내용의 국제뉴스를 찾아보기 힘들 정도였다. 아랍권의 시민혁명 열풍은 지난 1989년 베를린장벽이 무너진 뒤 몰아닥친 소련과 동유럽 공산주의 몰락의 기억을 되살리기에 충분했다.

북아프리카와 중동에서의 시민혁명을 두고 많은 이가 '청년 혁명youth revolution' 또는 '페이스북 혁명Facebook revolution'이라고 일컫는다. 이집트 전체 인구의 60퍼센트가 서른 살 미만의 청년층이라니 이번 시민혁명을 신세대가 이끈 청년 혁명이라고 부르는 것도 무리가 아니다. 한편 범아랍 위성 방송 알자지라Al Jazeera가 이 지역의 민주화시위를 열정적으로 취재해 전 세계에 전파한 것도 인상적이었다. 카타르에 본거지를 둔 알자지라 방송은 2003년 이라크전쟁을 계기로 '중동지역의 CNN'으로 불릴 정도로 명성을 드높이고 독보적인 위치를 확보했다. 알자지라 방송은 평소 전제군주나 권위주의 정권을 비판하는 데 주저하지 않아 아랍권 여러 나라에서 지국 폐쇄나 특파원 추방 등의 시련을 겪으며 자유의 전도사 역할을 해왔다(Seib, 2008). 북아프리카와 중동 지역에는 알자지라 방송 외에도 5백 개 이상의 위성 채널이 있는데, 대부분의 지역민이 아랍어를 사용하고 있어서 이론상으로는 소규모 위성 방송사라 할지라도 실제로는 수천만의 시청자를 상대할 수 있다. 특히 위성 방송은 독재정권의 통제로부터 비교적 자유롭다. 예를 들어, 카타르에 본거지를 둔 알자지라 방송의 프로그램 내용이나 뉴스논조가 탐탁지 않더라도 이집트나 튀니지 정부가 국경을 마음대로 넘나드는 위성 방송의 전파를 막는 것은 근본적으로 불가능하다는 것이다. 이런 점에서 독재정권을 자유롭게 비판해 온 알자지라 방송 등 범아랍 위성 방송 매체가 없었다면 이 지역에서의 시민혁명은 불가능했을지도 모른다.

하지만 당시 알자지라 등 일부 위성 방송을 제외한 아랍권 대부분의 방송매체는 극도로 친정부 성향의 논조를 펼쳤다. 이집트의 경우만 하더라도 국영 이집트 텔레비전은 북한의 조선 중앙 TV 수준으로 시민의 봉기로 인해 궁지에 몰린 기득권 세력과 독재자를 비호하고 찬양했다. 이집트의 청년과 시민이 이런 국영방송의 메시지를 거부하고 페이스북과 유튜브Youtube 등 뉴미디어를 통해 지지층을 결집하고 알자지라 방송의 뉴스보도에 힘을 얻어 반독재 투쟁을 계속한 것은 어찌 보면 당연한 결과라고 하겠다.

특히 인상적인 장면은 이집트의 민주화시위가 한창 절정에 달했던 2월 10일, 호스니 무바라크Hosni Mubarak 대통령이 국영 이집트 텔레비전에 등장해 자신은 절대로 대통령직에서 물러나지 않겠다며 버틴 것이다. 그로부터 이 주일 뒤 거센 반정부세력의 압박에 직면한 무아마르 카다피Muammar Gaddafi 리비아 국가원수도 국영 텔레비전에 등장해 무바라크 대통령이 그랬던 것처럼 하야거부 의사를 분명히 했다. 아랍권 대다수 정권이 권위주의 통치체제를 지니고 있으며 방송매체 또한 정부의 통제 아래 놓여 있긴 했지만, 자유와 권리의 신장을 요구하는 시민의 요구에 인터넷 매체와 위성 방송이 절대적 지지를 보내고 있는 상황에서 국영 지상파 방송들이 30년 또는 40년 장기 독재자들의 메시지를 일방적으로 전하거나 옹호하는 시대착오적 모습에 아연실색할 지경이었다. 물론 이집트나 리비아의 국영 텔레비전과 알자지라 방송을 보수와 진보의 갈등에 비유하거나 올드미디어와 뉴미디어의 대결로 단순 비교하는 것은 다소 비약일 수 있다. 하지만 대중매체 환경의 변화는 단순히 커뮤니케이션 기술의 진보만을 의미하는 것이 아니라 수용자 계층의 거대한 변화와 밀접한 관련이 있다는 점을 되새겨야 한다.

뉴미디어에게서 배우는 올드미디어

이미 서구사회에서도 방송기술의 혁신과 매체환경의 변화는 시청자를 '익명성을 지닌 다수의 수용자anonymous mass audience'에서 '정보를 보유한 양식 있는 시민informed citizen'으로 바꾸어 놓았다(Padovani, 2008). 이런 매체 환경 속에선 방송 주체의 획일적인 프로그램 편성이나 정치권의 일방적인 메시지 조작이 통하지도 않거니와 이런 의도에 편승한 방송사들은 한정된 계층의 지지와 소비양식에 의존해 명맥을 이어 갈 수밖에 없다. 미디어 빅뱅으로 일컬어지는 격변기 속에서 80여 년의 역사를 지닌 지상파 텔레비전도 변화하는 수용자의 요구를 제대로 읽는 지혜가 필요하다는 것이다.

2009년 한 케이블 방송사가 가요경연 방식의 오디션 프로그램인 「슈퍼

스타 K」라는 리얼리티쇼를 방영해 인기몰이를 하자 지상파 방송사들도 뒤질세라 유사한 프로그램들을 잇따라 방영했다. 물론 방송 콘텐츠에 차별성이 없어진다는 점에서 비판의 여지도 많지만, 지상파 텔레비전 방송사들이 보다 적극적으로 청년 시청자층을 확보하려는 시도라는 점에서는 긍정적인 일이다. 「전국노래자랑」이니 「주부가요열창」이니 하는 기존 형식의 시민 가요경연 프로그램에 익숙한 지상파 텔레비전 제작진의 상식으로서는, 10대와 20대 초반의 가수 지망생들을 끌어모아 황금시간대에 방영할 새로운 프로그램을 만든다는 발상의 전환이나 실험정신이 부족했을 것이다. 또한 지상파 텔레비전은 시사와 뉴스 관련 프로그램에서도 보다 적극적인 실험정신이 요구된다. 이집트와 리비아의 민주화시위가 절정에 이르렀음에도 대부분의 뉴스 프로그램에서 국내뉴스를 위주로 편성하는 것도 고민해야 할 부분이다. 이집트의 시민혁명이 절정으로 치닫고 있을 때 미국의 3대 지상파 방송 앵커들과 베테랑 기자들은 일제히 카이로에 날아가 아랍권의 역사가 순식간에 바뀌는 광경을 현지 생중계했다. 저녁뉴스 전체를 이집트 시위 관련 뉴스로 도배하고 국내뉴스는 한두 꼭지만 내보낸 적도 있다. 시청자들도 왜 국내뉴스를 좀 더 보도하지 않느냐고 불만을 표시하지 않았다.

아랍권의 시민혁명 도미노를 지켜본 우리 국민과 정부 관계자들은 왜 북한에서는 이집트에서와 같은 반독재시위가 일어나지 않느냐고 답답해 하면서도, 정작 지상파 방송 뉴스 콘텐츠의 대부분이 국내뉴스라는 점에는 의문을 제기하지 않는다. 국내 방송에서도 중요한 국제뉴스가 제대로 충분히 다뤄지지 않고 있는데, 외부로부터의 정보가 철저히 차단된 북한에서 튀니지나 이집트의 시민혁명 소식이 사실 그대로 알려지기를 기대할 수 있겠는가?

오래전 이야기지만 미국에서는 한 원로가수의 파격적인 변신이 화제가 된 적이 있다. 1950년대와 1960년대를 풍미하며 「I Left My Heart in

San Francisco」라는 노래를 히트시킨 토니 베넷Tony Bennett이라는 가수가 1990년대 초반부터 갑자기 신세대 가수들의 노래를 리메이크하는가 하면 헤어스타일을 바꾸고 어린 신세대 아이돌 가수처럼 홍겹게 춤추며 그야말로 깜짝 놀랄 변신을 시도한 것이다. 늙은이가 웬 주책이냐는 핀잔을 듣기도 했지만, 그는 결코 기죽지 않고 새로운 노래와 춤으로 가요계에 컴백했다(Marchese, 1994). 한국 가요계와 비교하자면 「눈물 젖은 두만강」의 원로가수 고 김정구 씨가 후배가수 박진영 씨의 히트곡을 부르며 테크토닉 댄스를 따라 하는 것이나 다름없다. 이는 또한 2013년 가수 싸이의 열풍 속에서도 새로운 비트와 멜로디의 노래를 들고나와 가요계 순위 차트를 휩쓸어 버린 가수 조용필의 컴백에 비교할 만하다. 놀라운 변신에 성공한 토니 베넷은 그 뒤 20여 년간 꾸준히 콘서트를 열고 방송에 출연하면서 자신이 청장년 시절에 벌어들인 수입을 훨씬 뛰어넘는 200억 원대의 재산을 끌어모았고 신세대와 구세대 모두로부터 많은 사랑을 받았다.

방송의 맏형 격인 지상파 텔레비전 방송이 앞으로도 건재하려면 변신하는 것을 두려워해서는 안 된다. 방송의 새로운 수용자층으로 떠오른 청년 계층의 공감을 얻고 그들에게 다가가기 위해 편성과 콘텐츠를 대담하게 바꿔야 한다. 지상파 텔레비전 방송의 강점이라면 풍부한 자본과 우수한 인력, 뛰어난 기획력으로 대형 콘텐츠를 만들어 낼 수 있다는 점이다. 텔레비전 곁을 좀처럼 떠나지 않는 충실한 장년층과 노년층 시청자들이 있기 때문이라는 역설적인 평가도 있다. 하지만 월등한 무기와 대규모 병력을 지닌 군대가 싸움에서 백전백승한다는 보장은 없다. 신출귀몰한 게릴라전과 끈질긴 지구전으로 강대국 군대를 이긴 약소국 군대가 어디 한두 곳이란 말인가? 케이블 방송, 위성 방송 그리고 인터넷을 기반으로 한 IPTV는 중무장한 대규모 병력을 거느린 지상파 텔레비전에 맞서 기습공격에 능란한 게릴라 저항세력인 셈이다.

올드미디어가 가야 할 길

기술적인 면에서도 지상파 텔레비전은 디지털 전환 등 기술적 변혁을 조속히 마무리 짓고 상대적으로 뉴미디어인 위성 방송, 케이블 방송, 인터넷 텔레비전 등과 경쟁해야 한다. 지상파 디지털 전환사업이 마무리되면 화질이 획기적으로 개선된다거나 난시청지역이 줄어든다는 설명이나 기존의 채널을 쪼개 더 많은 프로그램을 보여 준다는 등 하드웨어 중심의 달콤한 구호만으로는 부족하다. 시청자들의 요구를 경청하여 그들의 목소리를 대변하는 프로그램을 만들고 계층별 선호를 파악해 맞춤형 콘텐츠를 적극적으로 개발해야 한다. 궁극적으로 지상파 텔레비전은 종래의 보수적 이미지에서 탈피해 알자지라 방송과 같이 '거리의 파이터street fighter' 스타일로 여론을 선도하고 첨단 방송기술을 활용하는 실험정신을 발휘해야 한다. 보수적인 시청자층에만 만족할 것이 아니라 진보적이고 뉴미디어를 선호하는 청년계층 속으로 파고들어 그들의 눈과 귀를 사로잡아야 한다.

미국은 2009년 지상파 방송의 디지털 전환작업을 마무리했다. 아직 저출력 소규모 지상파 방송국들의 디지털 전환사업이 남아 있지만, 미국 시청자들은 아날로그시대를 완전히 마감하고 디지털시대에 접어든 것이다. 그러나 연방통신위원회FCC의 긍정적 평가와는 달리 디지털 전환이 시청자에게 안겨 준 체감효과는 그다지 크지 않다는 평가다. 화면과 음질이 전보다 향상되었지만, 기존의 SD 화질이 HD 화질로 바뀌었을 당시의 감동과 충격에 비하면 변화가 놀랍지 않다는 것이다. 또 종전에는 채널 1개로만 방송되던 지역 방송이 디지털 전환 이후 기존의 채널을 쪼개 2~3개 채널로 멀티 캐스팅multicasting함으로써 더 다양한 프로그램들을 선보이고 있지만, 그렇다고 해서 다채널 디지털 방송이 훨씬 더 많은 시청자를 끌어들인다는 증거는 나타나지 않고 있다. 디지털 전환 훨씬 이전부터 대다수 미국 시청자가 케이블 방송이나 위성 방송에 가입한 실정에서 지상파 방송의 디지털 전환이라는 정책적, 기술적 변화가 시청자들에게 가져다준 효과가 미미하다는 것이다. 좀 더 부정적인 평가를 덧붙이자면, 지상파 디지털 전환의 효과를 실감할 수 있는 계층은 낡은 아날로그 텔레비전을 소유한 채 외부 수신 안테나에 의존하던 저소득층, 이민자 계층 또는 노년층이 대부분이라는 것이다. 미국 지상파 텔레비전의 미래 전략은 NBC 방송과 같은 거대 네트워크 지상파 방송이 미국 최대 케이블 방송 사업자인 컴캐스트Comcast와 합병하거나 ABC 방송이 월트디즈니사와 같이 콘텐츠를 꾸준히 보장할 수 있는 회사와 뭉쳐 시너지 효과를 기대하는 것에서 찾을 수 있다.

북아프리카와 중동 지역의 시민혁명은 이미 1990년대 말부터 시작된 아랍권의 뉴미디어 혁명에서부터 비롯되었다고 보는 것이 합당하다. 위성 방송과 인터넷의 확산으로 시작된 아랍인들의 자각이 2011년 자유를 갈망하는 신세대 계층의 욕구와 맞아 떨어져 권위주의 독재정권의 교체 도미노를 불러온 것이다. 대다수 국민과 교감하지 못하고 그들의 의사를 반영하지 못한 올드미디어 지상파 텔레비전들은 시민혁명으로 권력에서 쫓겨난 독재자들처럼 쇠락의 길을 걷게 될 수도 있다. 북아프리카나 중동 지역과 달리 북미와 유럽, 아시아 각국의 지상파 텔레비전들은 아직도 월등히 우수한 콘텐츠와 비교적 충실한 시청자층을 확보하고 있다. 그러나 다채널 매체 환경과 눈부신 기술의 진보 속에서 거대방송 또는 대기업이라는 위치에 안주하면서 스스로의 변신을 망설이거나 환경변화에 무감각하게 지내다 보면, 지상파 텔레비전은 어느 날 뉴미디어의 물결 속에서 주도적 역할을 상실한 채 왜소한 모습으로 변해 버린 자화상을 발견하게 될지도 모른다.

참고문헌

Marchese, J.(1994, May 1). “Pop music: When he croons, slackers listen”. *New York Times*. http://www.nytimes.com/1994/05/01/arts/pop-music-when-he-croons-slackers-listen.html?pagewanted=all&src=pm

Padovani, C.(2008). “From the ‘anonymous audience’ to the ‘informed citizen’: the future of media society and the debate on digital television in Italy”. Paper presented at the annual meeting of the International Communication Association, Montreal, Canada, May 21.

Seib, P.(2008). *The Al Jazeera effect: How the new global media are reshaping world politics*. Washington, D.C.: Potomac Books.

VIII

텔레비전업계의 제로섬 생존전략

18.. 다채널 텔레비전 시대와 적자생존의 법칙

방송언론매체 전성시대

잠시 30년 전으로 돌아가 대학시절 에피소드를 되살려본다. 영문학도였던 필자는 당시 부전공으로 신문방송학을 공부하고 있었다. '방송학개론' 시간 교수님의 한마디. 20여 년 뒤인 21세기에는 종이와 활자를 기반으로 한 신문이나 잡지 등 인쇄활자매체는 서서히 종말을 고하고 전파를 기반으로 한 방송언론매체의 전성시대가 다가올 것이라는 얘기였다. 이어 수강생들에게 졸업 후 전파매체를 직장으로 선택해 다가올 언론계의 변화에 대비하라고 주문했다. 교수님은 마셜 맥루한Marshall McLuhan이라는 캐나다 학자가 주장한, 앞으로 전파매체가 세계 곳곳을 이어 줄 것이라는 이른바 지구촌global village이라는 개념까지 소개하며 열변을 토했다. 당시 매스컴 전반에 관한 지식이 빈약했던 필자로서는 이 같은 먼 훗날에 대한 예측이 과연 타당한 것인지 알 길이 없었다. 막연히 언론매체의 대명사이자 여론 영향력 1, 2위를 다투며 언론 재벌기업으로 일컬어지는 유력 신문사들이 그리 쉽게 무너지겠는가 생각했다. 신문이나 잡지가 쇠락한 뒤 방송매체가 주도하게 될 언론업계란 도무지 상상하기 어려웠던 것이다.

하지만 매체의 미래에 대한 교수님의 강의가 끝날 때쯤에는 필자를 비롯한 여러 학생이 방송에 대해 더욱 큰 관심과 동경을 갖게 되었다. 당시의 충고를 새겨들었던 탓인지 필자는 그 뒤로도 방송학에 대한 관심을 계속 이어 가 지상파 방송기자로 13년간 취재 일선에서 일했고, 현재는 미국 대학생들에게 언론학과 방송보도 분야의 지식과 경험을 전수하고 있다.

새삼스럽게 이처럼 까마득한 옛일을 떠올린 것은, 최근 한국 언론계의 동향이 30년 전 그 교수님이 전망한 것과 비슷하게 풀려나가고 있기 때문이다. 지난 백여 년간 인쇄활자매체에 의해 주도되던 언론업계의 판도가 어느 때부터인가 KBS, MBC, SBS 지상파 방송 3사의 영향력과 시장이 확대되면서 달라진 것이다. 이른바 공민영 독과점체제로 일컬어지는 우리 지상파 방송의 시장지배구조는 경영의 주 수입원인 광고를 방송광고공사가 각 방송사에 적절히 배분하는 방식으로, 비교적 수월하게 균형과 경쟁을 유지하며 이어져 왔다. 이런 가운데 주목할 정도로 방송계의 외연이 확대되고 변화가 생긴 것은 1990년대 중반에 들어서면서다. 1995년 종합유선방송이 출범하면서 시청자가 선택할 수 있는 방송채널의 수가 100개가 넘을 정도로 획기적으로 양적 확대가 이뤄진 것이다. 하지만 이때까지만 해도 매체의 영향력과 광고수주액이 월등한 지상파 3사가 주도하는 방송시장의 독과점체제는 계속되었다. 두 번째로 방송계의 채널확대가 이뤄진 것은 2009년에 들어서면서다. 2009년 7월, 국회의 신문법과 방송법 개정을 계기로 신문사가 방송사를 교차 소유하는 것이 가능해졌고 대기업의 방송사 지분소유 규제도 대폭 완화되었다. 곧이어 방송통신위원회가 새로운 종합편성채널 네 곳과 보도전문채널 한 곳 등 모두 다섯 개의 방송사 사업자를 선정했는데, 이들은 대부분 예전부터 신문사를 운영하던 기업들이거나 이들을 중심으로 엮인 컨소시엄들이다. 2011년 12월 종합편성채널과 보도전문채널이 정식 출범함으로써 시청자들이 선택 가능한 방송채널은 더욱 늘어났다.

종합편성채널의 앞날은?

종합편성채널(종편)에 대한 찬반논쟁은 출범 이전부터 지금까지 계속되고 있다. 종편 찬성론자들은 방송채널이 늘어나면 늘어날수록 방송시장의 다양성과 역동성을 높일 수 있다고 주장한다. 특히 종편이 등장하면서 지난 30년간 지상파 방송 중심으로 움직여 오던 우리 방송계가 자유경쟁시장의 원리에 따라 움직이게 되었다는 것이다(윤석민, 2012). 하지만 종편 반대론자들은 종편사업자들이 대부분 이명박 정권과 권력에 우호적인 기업들이어서 기본적으로 친정부 성향을 노골적으로 드러냈다고 비판한다(김동원, 2013). 특히 새 종편을 보수 성향의 '조중동 방송'이라고 지칭하면서, 협소한 국내 방송시장 규모와 방송사의 급격한 증가에 따른 광고수주 무한경쟁, 낯 뜨거운 선정적 프로그램의 범람 등으로 인한 방송 콘텐츠의 질적 저하 등이 발생할 것이며 궁극적으로는 시장과밀현상을 초래해 종편의 공멸을 초래할 것이라고 주장한다(한겨레신문, 2012). 다수의 종합편성채널을 한꺼번에 무리하게 허용한 것은 방송업계의 재앙이라는 비판도 나왔다. 현재 우리 방송업계는 기존의 지상파 방송 3사를 위시해 종합유선방송, 그리고 최근의 종합편성채널에 이르기까지 수적으로 150개가 넘는 매머드급 다채널시대에 접어들었다. 하지만 시청자 개인 차원에서는 이 같은 다채널 방송 시대를 실감하지 못하는 경우가 많은데, 이는 평범한 시청자가 즐겨 이용하는 채널 수가 불과 20여 개를 넘지 않기 때문이다.

그렇다면 출범한 지 2년이 된 종합편성채널들은 과연 잘 운영되고 있는가? 안타깝게도 지상파 독과점체제에서 탈피해 보도, 교양, 예능, 오락 등 다양한 프로그램을 균형 있게 편성 방영하겠다던 당초 계획은 과도한 제작비 부담과 경영여건 악화 등으로 제대로 지켜지지 않고 있다. 출범 당시의 고품격 콘텐츠를 제공하고 여론 다양성을 확대하겠다는 구호도 다소 무색해졌다. 출범 초기 대부분의 종편은 막대한 제작비를 투입해 대형 드라마나 예능 프로그램을 제작 방영했지만, 계속해서 저조한 시청률을 기록하게 되자 전략을 바꿔 긴축경영에 돌입했다. 제작비 부담이 큰 대형 드라마나 예능 프로그램은 일단 접어 두고, 상대적으로 값싼 제작비에다 자신들의 모기업인 신문사 편집국을 활용해 안정적 수익과 시청률을 보장받을 수 있는 시사보도와 교양 프로그램에 승부를 건 것이다. 2012년 11월 현재 종편 4사 가운데 자체 드라마를 제작, 방영하는 곳은 JTBC 한 곳뿐이며, TV조선과 MBN은 대형 기획드라마와 일일연속극을 시청률 부진을 이유로 조기 종영하고 보도와 시사 채널로 성격을 바꿨다(김동원, 2013). 이 같은 종편의 저비용 시사보도중심 전략은 2012년 대통령 선거를 전후해 어느 정도 성공을 거두었다. 정치 평론가들을 대거 기용해 보도시사 프로그램을 편성하면서 그동안 저조했던 시청률을 회복하고 미미하던 자신들의 존재감을 시청자들에게 부각시킨 것이다(김관규, 2013). 상업방송이라는 종편의 태생적 한계 때문이기는 하지만 선정성과 노골적인 간접광고가 논란이 되기도 했고, 총선과 대선을 전후해 정치적 편향성이 여론의 도마에 올라 관련 당국의 제재를 받기도 했다. 무엇보다 종편의 월 평균 프로그램 시청률은 1퍼센트 내외며 광고매출 실적도 당초의 기대에 못 미치는 등 적자에 시달리고 있다.

그렇다면 이런저런 위기에 처한 종편의 미래는 암울하기만 한 것일까? 방송 채널 수는 종편 비판론자들의 말대로 이미 포화상태에 이른 것일까? 이 같은 질문에 답하기 전에 먼저 기억해야 할 것은, 수십 년 전부터 방송 환경의 변화를 둘러싸고 이루어진 예측은 아무리 전문가가 한 것일지라도 대체로 부정확했다는 점이다. 예를 들어, 20세기 중반 시청각매체인 텔레비전이 등장하고 시청자들의 수가 폭발적으로 늘어나자 상대적으로 취약한 라디오매체는 종말을 고할 것이라는 예측이 있었다. 하지만 잘 알다시피 라디오는 음악, 시사토론, 속보성 뉴스 등 새로운 프로그램 양식을 부단히 개발하면서 오늘날 나름대로 독자적 영역을 지키고 있다. 케이블 방송이 크게 성장하던 1980년대에 언론학자들은 케이블 방송의 영향력이 산업혁명이 가져온 영향보다 더 엄청날 것이라고 예측했다. 비디오텍스와 텔레텍스트라는 뉴미디어 양식이 등장하면서는 이들이 기존의 공중파 방송을 위협할 것이라는 예측도 있었다. 1990년대 중반에는 일부 학자들이 쌍방향 버튼을 장착한 텔레비전이 등장하면서 조만간 방송의 주도권이 텔레비전 프로그램 제작자들로부터 시청자에게로 넘어올 것이라고 예측하기도 했다(Lee & Lee, 1995). 하지만 시간이 흐르면서 이런 예측 대부분이 성급했거나 현실을 제대로 내다보지 못한 것이었다는 사실이 증명되었다.

한 가지 분명한 것은, 종편사들의 생존과 성공 여부는 흔히 말하는 한정된 시장에서의 과당경쟁이나 광고물량의 부족보다는 급변하는 방송환경에서 누가 더 혁신적인 기술을 잘 활용하고 시청자들이 원하는 콘텐츠를 때맞춰 공급하느냐에 달려 있다는 점이다. 앞으로 몇 년 안에 수지타산이 맞지 않는 종편들의 구조조정이나 사업자변경 등의 우여곡절은 있을 듯하다. 하지만 점차 방송환경이 다양화, 세분화되면서 방송업계는 계속적으로 팽창하고 미디어업계는 지각변동을 일으킬 것으로 보인다. 돌이켜 보면, 지상파 민영방송인 SBS와 보도전문 케이블 방송 YTN이 출범한 1990년대에도 이들의 성공 여부에 회의적인 시각이 많았다. 이들 방송사로 이직하려는 기존 방송사 프로듀서와 기자들을 향해 "전망도 불투명하고 되지도 않을 방송사에 왜 가느냐"며 빈정대는 목소리도 적지 않았다. 하지만 20년이 지난 오늘날 이들은 우리 방송계의 주역으로 우뚝 서 있다.

미국에서도 방송계에 지각변동이 일어날 때마다 긍정보다는 부정적인 목소리가 우세했다. 최초의 본격적인 24시간 뉴스채널인 CNN 방송이 출범할 당시인 1980년, 많은 언론학자와 방송인이 하루 종일 뉴스를 방영하는 채널이 과연 필요한가 또 이런 방송이 성공할 수 있을 것인가를 놓고 논란을 벌인 적이 있다. 초기 CNN의 빈약한 콘텐츠와 미숙한 프로그램 진행에 대한 비판도 끊이지 않았다. 하지만 CNN은 24시간 뉴스 방송이라는 장점을 활용해 1991년 걸프전쟁을 시작으로 잇따른 속보경쟁에서 다른 방송사들을 제치고 특종을 터뜨리면서 자신의 위치를 공고히 다지게 되었다. 상대적으로 후발주자인 FOX 뉴스는 다른 방송사들과 차별화된 극우 보수적 색채와 논평을 무기로 특정 계층의 시청자들을 확보하면서 흑자행진을 이어 가고 있다. 한편 새로운 방송사들이 등장할 때마다 기존 지상파 네트워크의 영향력은 점차 낮아져 프로그램당 20~30퍼센트의 시청률을 기록하던 과거의 독과점적 위치를 잃고 말았다. 오늘날 대부분의 미국 텔레비전 시청자들은 케이블 방송이나 위성 방송에 가입해 적게는 수십 개에서 많게는 수백 개의 채널을 마음대로 선택할 수 있다.

다채널 텔레비전 시대의 생존전략

기술의 발전에 따른 다채널환경과 시청자 계층의 변화는 지난 20여 년간 방송업계 전반에 대변동을 가져왔고, 이는 지난 몇 년간 계속되어 온 신문기업들의 쇠락을 재촉하고 있다. 10여 년 전부터 언론 관련 연구들에서는 미국의 청장년층 미디어 소비자들이 신문이나 잡지를 읽지 않고 새로운 매체들을 이용하고 있다는 증거를 제시하고 있다. 특히 인터넷의 등장으로 종이를 이용한 서적이나 신문매체가 쇠퇴하고 있다는 실증적 통계가 잇따라 발표되고 있다. 미국의 경우, 갤럽이나 인구통계국 등의 설문조사 결과 수용자들의 온라인매체 이용시간은 해마다 꾸준히 늘어나고 있지만, 지난 1년간 읽은 책은 평균 한 권도 되지 않을 정도로 줄어들었다고 한다. 수용자들이 뉴스와 정보를 검색하기 위해 신문에서 인터넷으로 옮겨 가면서 신문기업들의 폐업이 잇따라 미국에서는 2001년 이후 다섯 명 가운데 한 명의 신문기자가 직장을 잃었다는 통계까지 나온 바 있다(McChesney & Nichols, 2010). 오스트레일리아의 퀸스랜드대학교에서 이루어진 한 연구결과 언론학 전공 대학생들 가운데 신문을 읽는 학생들의 비율이 10퍼센트도 되지 않았다고 한다(ABC News, 2009). 이들은 신문 대신 방송이나 인터넷을 통해 뉴스와 정보를 얻는다고 대답했는데, 방송과 인터넷을 상호 비교하면 아직 방송이 우세하긴 하지만 인터넷의 영향력이 점차 커지고 있다고 한다. 필자 역시 언론학 전공 미국 학생들을 상대로 동일한 질문을 해보았더니 비슷한 결과가 나왔다. 지난 10여 년간 인터넷매체가 급속히 부상하면서 방송계 또한 전환점을 맞게 되었는데, 불특정 다수의 수용자를 위주로 하던 종래의 콘텐츠에서 점차 특정 계층이나 시각을 대변하는 세분화된 프로그램으로 방송 제작 편성의 틀이 바뀌게 되었다. 공영방송의 경우 복수의 채널을 통해 특정 시청자들을 대상으로 차별화된 콘텐츠를 공급하는 것이 점차 보편화되고 있으며, 방송사마다 자체 홈페이지와 인터넷 서비스를 강화한 것은 말할 필요도 없다. 이런 미디어 업계의 급격한 지각변동을 이해한다면 왜 그토록 신문사들이 종편 사업자 선정에 사운을 걸었는가를 쉽사리 이해할 수 있을 것이다.

종편의 등장을 비판하면서 공공의 이익을 대변해야 할 방송이 특정 기업이나 정권의 이익을 대변하게 될 것이라고 우려하는 시각이 있다. 맞는 말이다. 하지만 방송의 공익성이란 개념은 과거 전파자원의 희소성을 전제로 한 것이지 수백 개의 채널로 대변되는 21세기 다채널 방송 시대에는 퇴색한 느낌이다. 오히려 돌이켜 보면, 지난 30여 년간 권력을 장악한 정치인들이 방송매체를 손쉽게 장악하고 통제하기 위해 공익성이라는 개념을 내세워 다수의 방송사를 몇몇 소수의 방송 독과점체제로 통폐합한 전례가 있다. 이 같은 독과점구조의 방송체제하에서는 방송사들이 겉으로는 공익을 내세우면서 실제로는 특정 정권이나 기업의 이익에 부합된 콘텐츠와 메시지를 내보내는 것이 당연시된다. 신문이나 인터넷 매체들이 자신들의 정파성을 숨김없이 드러내면서 극우에서 극좌에 이르는 자유로운 논조를 펴는 판국에, 방송만이 공익성을 전제로 점잖은 논조를 유지하면서 중도의 길을 걸어야 한다고 외치는 것은 이율배반적인 주장이 아닐 수 없다. 특히 일부 지상파 방송사는 민감한 정치 사회적 이슈를 다루는 과정에서 시청자들을 "즐겁게 하거나 화나게 하거나 겁을 주는" 방식으로 현실을 과장, 왜곡해 자신들의 메시지를 전달하고 국민 여론을 자신들이 원하는 방향으로 유도하기도 했다. 한편 종편이 정권의 시녀 역할을 할 것이라는 거센 비판이 있었음에도 불구하고, 일부 언론학자들은 출범 이후 종편의 시사보도 프로그램이 대체로 공정했다는 중간평가를 내놓아 주목을 끌었다(윤석민, 2012).

일방통행식 메시지 전달을 중심으로 이어 온 산업화시대의 독과점 방송체제는 이제 작별을 고할 때가 가까워졌다. 방송사와 채널 수의 양적 확대는 기존 독과점체제의 방송구조에 새로운 다양성을 불어넣는 계기가 되고 있다. 방송사가 많아지면서 시청자들의 선택을 받게 되는 방송사들만이 경영의 안정성을 보장받을 수 있다. 이런 과정에서 자연스럽게 광고단가와 물량의 재조정이 이뤄지면서 새로운 방송환경에서 최적의 콘텐츠와 시청자 서비스를 제공하는 방송사들만이 살아남게 되는 것이다. 오늘날 텔레비전매체는 기존의 지상파 방송이나 케이블 방송 수준에서 벗어나 보다 다양화된 기술을 활용해 날로 진화해 가고 있다. 수많은 미국 텔레비전 시청자들은 거실의 텔레비전 수상기를 이용해 케이블 방송이나 지상파 방송의 다양한 프로그램을 즐기다가 인터넷을 검색하기도 하고, 영화 대여업체인 넷플릭스Netflix나 훌루Hulu에서 최신 개봉 영화를 직접 내려받아 즐기거나 음원업체인 판도라Pandora에서 애청곡을 골라 듣기도 한다. 그야말로 텔레비전은 이제 전통적인 기능 외에도 극장, 콘서트홀, 라디오, 그리고 컴퓨터로서의 기능을 다 갖추고 있는 셈이다.

오랫만에 한국을 방문해 지하철을 탔다가 과거와는 다른 색다른 풍경을 목격할 수 있었다. 예전에는 지하철 안에서 스포츠신문이나 무료신문

18–1 요즘 지하철에서 흔히 목격할 수 있는 광경.
한 승객이 스마트폰을 이용해 텔레비전을 시청하고 있다. 이처럼 모바일 기기를 활용한 텔레비전 시청이나 인터넷 서핑, 채팅 등이 급속히 늘면서 신문이나 잡지, 책을 읽는 승객들의 모습은 거의 찾아보기 힘들게 되었다.

들을 읽으며 시간을 보내던 승객들이 이제는 너 나 할 것 없이 DMB 단말기나 스마트폰을 이용해 텔레비전 방송을 시청하는 것이었다. 전동차 선반 위에 놓여 있던 읽고 난 신문들은 이제 흔적도 없이 사라졌고 책을 읽는 승객들도 참고서를 들여다보는 중고등학생들 외에는 찾아보기 힘들었다. 그야말로 방송의 전성시대라고나 할까. '신문기업의 쇠퇴와 몰락', '책의 종말' 이런 단어들을 머릿속에 떠올리며 다채널 방송기술의 첨단을 걷고 있는 우리의 현실을 절실히 느낄 수 있었다. 지하철에서 내려 최종 목적지까지 택시를 탔다. 택시 운전석 옆에는 DMB기능이 탑재된 GPS 네비게이션이 달려 있었는데, 거리지도와 함께 텔레비전의 오락 프로그램이 방영되고 있었다. 택시기사에게 운전 중에 텔레비전을 보면 안전운행에 지장이 없겠느냐고 물었다. 운전 중에는 소리만 듣다가 네거리에서 신호 대기하거나 택시 정류장에서 손님을 기다릴 때에만 텔레비전 화면을 본다는 대답이 돌아왔다. 이처럼 오늘날 텔레비전 시청자들은 다양화된 텔레비전 서비스와 첨단기능을 더 많은 장소에서 활용하고 있다. 이런 다채널 다매체 환경 속에서 방송사들의 수는 앞으로 늘어나면 늘어났지 정체되거나 줄어드는 일은 없을 것이라는 생각이 들었다.

참고문헌

김관규(2013). 「종편 저널리즘 진단: 제18대 대선 관련 시사토론프로그램을 중심으로」. 『방송문화』 9월호, 39-42.

김동원(2013년 2월 20일). 「종합편성채널 규제의 문제점과 대응방안: 종합편성채널의 본래적 의미와 현재 종편의 지위」. 비대칭 규제 해소를 통한 종편 정상화 방안모색 토론회 발표논문.

윤석민(2012). 「미디어 환경에 의미 있는 변화 몰고 왔다: 총체적 실패로 몰아붙이는 건 턱없는 시기상조일 뿐」. 굿소사이어티. http://www.goodsociety.kr/bbs/board_view.php?bbs_code=bbsldx...

한겨레신문(2012년 11월 29일). 「사설: 낙제점 받은 '종편 1년', 원점에서 재검토하라」.

ABC News(2009, March 11). "Journalism students don't read papers". http://www.abc.net.au/news/2009-03-11/journalism-students-dont-read-papers/1615790.

Lee, B. & Lee, R.(1995). "How and why people watch TV: Implications for the future of interactive television". *Journal of Advertising Research* 35(6), pp. 9-18.

McChesney, R. W. & Nichols, J.(2010). *The death and life of American journalism: The media revolution that will begin the world again*. Philadelphia, PA: Nation Books.

19.. 경제위기와 방송업계의 지각변동

미국 유력 신문사들의 매각 도미노 사태

최근 4~5년간 한국 대학사회에 한 가지 예상치 못한 변화가 몰아닥쳤다. 정부 교육 당국의 주도하에 경영과 재정 상태가 극히 취약한 전국 각지의 소규모 대학들이 잇따라 통폐합을 추진한 것이다. 그동안 방만하게 운영해 온 본교와 분교 시스템을 정비 통합한 대학도 있으며, 일부 대학은 중복되거나 경쟁력이 떨어지는 학과들을 통폐합하기도 했다. 지난 몇 해간 계속되어 온 대학 구조조정을 통해 직장을 잃은 교직원과 학과 통폐합으로 혼란을 겪은 학생들을 생각하면 그들의 충격과 상실감을 짐작하고도 남는다. 하지만 또 한편으로는, 조직 통폐합을 통해 대학들이 재무구조를 개선하고 학생 수를 꾸준히 조정해 나간다면 앞으로 우리 대학들의 대외 경쟁력이 높아질 것이라는 생각이 들었다. 이러한 대학의 구조조정 움직임은 지난 30여 년간 수도권을 비롯해 전국 각지에 대학들이 우후죽순 격으로 설립되면서 부실 사학들이 난립하게 되었기 때문이기도 하지만, 앞으로 해가 갈수록 대학생 수가 서서히 줄어들 전망이어서 많은 부실 대학이 문을 닫게 될 우려가 커졌기 때문이기도 하다. 그런데 곰곰이 따져 보면, 최근 몇 년간 지속된 경제위기와도 밀접하게 관련되었음을 알 수 있다.

지난 2008년 글로벌 경제위기가 불거진 뒤로 경제불황의 그늘에서 완전히 벗어나지 못하고 있는 미국 사회에서도 각 분야에 걸쳐 대규모 구조조정과 통폐합의 물결이 여전히 계속되고 있다. 경제위기 직후 투자은행으로 대표되는 월스트리트 금융업계의 구조조정에 이어 지엠과 크라이슬러, 포드 등 자동차업계가 대대적인 근로자 정리해고와 생산시설 통폐합 등 구조조정을 거쳤고, 공공기관, 대학, 연구소들도 연방정부나 주정부의 보조금 삭감으로 긴축경영 압박에 시달리며 통폐합의 표적이 된 지 오래다. 이 같은 구조조정 물결은 미디어업계에도 예외 없이 몰아 닥쳤는데, 미국 전역의 크고 작은 신문사들이 경영난으로 문을 닫거나 잇따라 매각되는 사태가 계속되고 있다. 일례로, 2013년 「뉴욕 타임스New York Times」의 자매지이자 동부지역 유력 신문인 「보스턴 글로브Boston Globe」가 프로야구팀 보스턴 레드삭스의 구단주인 존 헨리John W. Henry에게 매각되었다. 그동안 「보스턴 글로브」는 40만여 명이던 구독자 수가 25만여 명으로 급감하고 광고물량까지 줄어들면서 운영에 극심한 어려움을 겪었다. 「보스턴 글로브」를 매각하기로 한 것은 모기업인 뉴욕 타임스 컴퍼니New York Times Company가 악화일로로 치닫는 경영난을 타개하기 위해 내린 고육지책으로, 뉴욕 타임스 컴퍼니는 20년 전 11억 달러에 사들인 「보스턴 글로브」를 단 7천만 달러의 헐값에 매각해야 했다(Wolff, 2013). 비슷한 때 대표적 정론지면서 미국 내 3대 신문으로 꼽히는 「워싱턴 포스트Washington Post」 역시 재정난에 허덕이다가 인터넷 쇼핑몰 아마존Amazon 설립자인 제프리 베조스Jeffrey P. Bezos에게 2억 5천만 달러에 매각되었다(Farhi, 2013). 이러한 미국 내 유력신문들의 잇단 매각 도미노 사태는 안 그래도 경제불황 속에서 허덕이던 미디어업계 전반에 커다란 충격을 안겨 주었다.

방송업계도 피해 갈 수 없는 경제위기

이런 와중에 미국 방송업계도 구조조정 압력에서 자유로울 수 없었다. 경제불황이 들이닥치기 이전에도 ABC, CBS, NBC 등 미국 내 3대 네트워크 지상파 방송사들은 케이블 텔레비전과 인터넷을 위시한 뉴미디어의 도전으로 지난 반세기 동안 누려온 명성과 영향력을 잃어버린 지 오래였다. 예를 들어, 1970년대에만 하더라도 미국 가정의 90퍼센트 이상이 3대 네트워크 지상파 방송을 시청하고 있었지만, 1980년대에 케이블 텔레비전, 뒤이어 위성 텔레비전과 인터넷이 차례로 등장하면서 그 독점적 위치가 크게 흔들리게 되었다. 2012년 현재 미국 가정의 90퍼센트 이상이 케이블이나 위성 방송을 시청하고 있는데, 이제 네트워크 지상파 방송은 시청자들이 선택할 수 있는 수백 개 채널 가운데 세 개 채널에 불과하다. 예전에는 3대 네트워크 지상파 방송에서만 볼 수 있던 인기 드라마나 버라이어티쇼 프로그램들을 이제는 HBO나 AMC 등 케이블 방송사들이 앞다퉈 방영하고 있는가 하면, 일부 인기 프로그램들은 위성 방송에 가입해야만 즐길 수 있다. 텔레비전 프로그램 시청률 전문 조사기관인 닐슨Nielson에서 조사한 미국 3대 네트워크 뉴스 시청률 통계를 살펴보면 그동안 지상파 방송이 어떻게 쇠락해 왔는지를 확인할 수 있다. 예를 들어, 1980년대에는 지상파 3사의 뉴스 시청률 합계가 50퍼센트를 훌쩍 뛰어넘던 것이 1990년대엔 40퍼센트로 낮아졌고, 2000년대에 들어서면서 30퍼센트로 더욱 낮아졌으며, 10년 뒤인 2010년에는 시청률 합계 20퍼센트대를 간신히 유지하고 있다(Guskin, Rosenstiel & Moore, 2011). 한편 네트워크 뉴스 시청자의 평균 연령은 50대에서 60대 초반인 것으로 드러났는데, 해가 갈수록 지상파 방송의 뉴스 시청자들은 고령화되고 있으며 젊은 계층들로부터는 외면받고 있다는 사실이 명확해진다. 말 그대로 지상파 방송의 위기가 더욱 심화되고 있는 것이다.

경제위기가 닥칠 때마다 미국 내 네트워크 방송사들은 보도국 예산을 삭감하곤 했는데, 이것이 가장 손쉽게 비용을 절감할 수 있는 방법이기 때문이다. 취재보도 관련 예산 가운데에서도 고비용 지출을 전제로 하는 해외 현지취재는 그 첫 번째 표적이다. 필자는 몇 년 전 이라크와 아프가니스탄 전쟁을 종군 취재한 미국 네트워크 지상파 방송기자들을 상대로 전화 인터뷰를 한 적이 있다. 대부분의 방송기자가 2003년 이라크 침공 이래 4년간 회사로부터 전폭적인 재정지원을 받으면서 전쟁취재를 한 경험담을 들려주었다. 한 방송기자의 회고담을 살펴본다. "저희 회사에서는 날마다 종군기자들이 뉴스 리포트물을 보내오기를 기대하고 있었죠. 바그다드에서 자살폭탄테러가 일어나거나 미군 사상자가 생기면 더욱 자세한 기사와 리포트를 보내라는 주문이 잇따르곤 했습니다. 바그다드 주재 특파원의 수도 3~4명이나 되었고, 통역과 차량기사 등 현지 채용 이라크인들까지 포함하면 직원 수가 10명이 훌쩍 넘었습니다. 여기에다 기자들의 신변보호를 위한 무장경호원들까지 합하면 무려 20명 이상이 함께 일한 적도 있습니다."(Vogt, 2010) 하지만 풍족했던 뉴스지국 운영상황은 미국 내 경제불황이 본격화된 2009년부터 확연히 달라졌다고 한다. "뉴욕 본사에서 바그다드 주재 특파원을 단 한 명으로 줄이겠다는 통고를 해왔습니다. 저만 남고 나머지 특파원들은 모두 철수했죠. 현지 채용 직원 수도 절반 이하로 줄였습니다. 무엇보다도 (납치나 총격 등으로부터) 신변안전을 책임지던 무장경호원들을 더 이상 쓸 수 없어서 바그다드 거리에서 방송취재를 한다는 것은 사실상 불가능해졌습니다. 이때부터 제 안전을 보장받을 수 있는 미군부대 내에서만 취재를 하게 되었죠." 바그다드에서 오랫동안 일한 또 다른 방송기자의 에피소드를 들어보자. "재정적 압박으로 특파원 수가 한 명으로 줄어든 뒤로 바그다드 취재는 그야말로 잠잘 시간을 줄여 가며 할 수밖에 없었습니다. 오전에 인터뷰 두어 개를 끝낸 뒤 텔레비전 리포트를 만들어 전송하고, 오후 3시에는 미국 내 아침뉴스 시간에 맞춰 현장중계 카메라 앞에 서고, 저녁때까지는 다음 날 리포트에 사용할 스탠드업(기자가 텔레비전 현장 리포트 도중에 화면에 등장해 한두 마디 덧붙이는 것)을 촬영해 놔야 했죠. 이렇다 보니 새로운 취재원을 만나거나 기획기사를 구상할 겨를도 없었습니다."(Dozier, 2010) 지난 2010년 미국 내 3대 네트워크 방송사들은 차례로 바그다드 지국을 폐쇄하고 모든 특파원을 철수시켰다. 이에 대해 방송기자들은 7년이 넘도록 계속되어 온 이라크전쟁에 대한 시청자들의 관심이 줄어들면서 상대적으로 뉴스가치가 떨어진 탓도 있지만, 그보다는 막대한 비용이 소요되는 해외취재를 없애 재정적자를 줄이려는 방송사 경영진의 결정 탓이었다고 회고했다. 그 뒤로 미국 지상파 네트워크 방송사들의 이라크전쟁 취재보도는 바그다드 주재 영국 BBC 방송 특파원이 각 방송사들의 요청에 따라 대신 떠맡게 되었으며, 이러한 방식의 해외취재는 전쟁이 끝난 2011년까지 계속되었다.

전반적인 시청률 하락과 해외 뉴스지국 폐쇄가 미국 내 지상파 방송업계의 위기를 알리는 적신호라면, 지역 방송사들의 경우에는 상대적으로 더욱 취약한 재정상태에다가 지난 몇 년간 경제난으로 인한 광고수주 및 수익 감소와 지역 내 과당경쟁 등으로 더 큰 위기상황에 처해 있다. 사실 지역 방송업계의 불황은 지난 4~5년간 잇따른 지역신문들의 폐간사태 때부터 예견되었다. 경영난에 허덕이던 미국 내 수많은 소도시 지역신문들이 문을 닫게 되면서, 이를 가리켜 '미디어업계의 빅뱅'을 알리는 신호탄이라거나 '기존의 저널리즘이 몰락하는 징조'라는 등 암울한 전망이 급속도로 번져 나간 것이다. 2009년 2월, 콜로라도 주 덴버에서도 150년의 오랜 역사를 지닌 일간신문 「로키 마운틴 뉴스Rocky Mountain News」가 재정난으로 문을 닫았다. 1930년대 대공황기에도 끄떡없었던 신문이 금융위기 이후 계속된 경제난에 무릎을 꿇고 만 것이다. 폐간 당일 이 신문의 제1면 제목은 '콜로라도여 안녕Goodbye, Colorado'이었다. 「로키 마운틴 뉴스」의

ROCKY MOUNTAIN NEWS.

1859 FINAL EDITION 2009

Goodbye, Colorado

Rocky Mountain News

19-1 「로키 마운틴 뉴스」의 폐간 당일 제1면.

콜로라도 주 덴버 시에서 발간되던 150년의 역사와 전통을 지닌 지역신문 「로키 마운틴 뉴스」가 경영난에 허덕이다 결국 폐간했다. 2009년 2월 27일 폐간 당일 신문 제1면 제목은 '콜로라도여 안녕'이었다. 21세기 전자매체와 인터넷 시대에 구독자들이 이탈하고 광고수주도 격감하는 등 인쇄매체의 종말을 암시하는 듯하다. 신문업계의 쇠퇴와 몰락은 방송업계에도 위기감을 불러왔다.

폐간은 다섯 개의 지상파 텔레비전 방송사가 있는 덴버지역 방송업계에도 큰 충격을 안겼다.

이대로 주저앉을 순 없다

방송업계에 밀어닥친 경제불황의 여파는 수많은 방송국으로 하여금 무더기 정리해고라는 카드를 빼들도록 만들었다. 정리해고의 주된 대상은 과거 20~30년간 방송국에서 몸 바쳐 일한 베테랑급 직원들이었다. 이 밖에 예전에는 상상도 할 수 없었던 새로운 방식의 자구책을 모색하도록 했다. 먼저 지역 방송사들은 그동안 경쟁관계에 있던 방송사와 조직을 통폐합하기 시작했다. 심지어 콜로라도 주 덴버의 FOX 뉴스 가맹국 KDVR-TV와 CW 네트워크 계열의 KWGN-TV라는 두 방송사는 보도국 조직을 합쳐 공동으로 뉴스를 취재하고 프로그램을 제작하는 등 일부 조직을 일원화시켰다(Denver Business Journal, 2009). 이러한 보도국 조직 통폐합은 덴버 이외에도 미주리 주 세인트루이스Saint Louis의 동일 네트워크 가맹 방송사들에서도 똑같이 이뤄졌다. 덴버 소재 두 방송국의 뉴스 프로그램은 현재 채널별로 따로 방영되고 있지만, 보도국 인력과 장비, 업무공간, 뉴스기사를 공유함으로써 비용절감 효과를 누리고 있는 것이다. 한편 여러 방송사 산하 조직들이 한 개로 통합되면서 기자, 프로듀서, 행정직원 등 방송사 직원 수백 명이 정리 해고되었다. 20년 이상 지역 시청자들의 사랑을 받으며 뉴스를 진행해 온 앵커도 하루아침에 실업자로 전락해 실업수당을 받다가 그 뒤 애완견 관리사로 전직해야 했다.

덴버의 또 다른 네트워크 방송 가맹국인 KMGH-TV(ABC)와 KUSA-TV(NBC)의 경우엔 방송장비를 함께 사용함으로써 재정부담을 크게 줄이고 있다. 두 방송사는 날씨나 교통상황 보도 등 여러 현장취재에 활용해 온 방송용 헬기와 헬기에서 촬영한 영상물을 함께 사용한다는 양해각서를 체결해 취재비용을 절감했다(Denver Business Journal, 2009). 처음엔 비디오카메라와 편집장비 등도 공유하려 했으나, 조직 안팎의 거센 비판 탓으로 다른 방송장비의 공유는 포기했다. 지역 방송사들의 통폐합 움직임은 2013년까지 계속되어 콜로라도 덴버지역 공영방송인 로키마운틴 PBS가 KUVO 라디오, 인터넷매체 I-News 등과 조직을 통폐합하는 데 합의하기에 이르렀다. 이들 지역 방송사와 인터넷매체는 통폐합을 계기로 인력과 장비를 보다 효율적으로 배분하고 활용함으로써 이른바 종합 방송매체로서 경영흑자를 낼 수 있을 것으로 기대하고 있다(Ellis, 2013).

콜로라도 주의 다른 방송사들의 경우 긴축재정으로 인한 고통을 참아가며 현 체제를 유지하고 있지만, 이들 역시 사정은 급박하다. 이처럼 방송장비를 공유하거나 두 방송사의 산하조직을 통폐합하는 것은 이른바 "뭉치면 살고 흩어지면 죽는다"라는 구호를 여실히 입증하는 셈이다. 극심한 경제난으로 인한 전반적 위기상황 속에서 각 방송사들이 지금까지 자신들의 방송역량을 과시하고 시청률과 광고수주 경쟁에서 앞서는 선두주자의 이미지를 쌓는 데 치중하던 것에서, 이제는 될 수 있는 한 과당경쟁을 피해 가면서 조직 통폐합과 방송장비 공유 등으로 비용을 절감하고 일단 시장에서 살아남는다는 실리를 추구하는 쪽으로 방향을 튼 것이다.

필자는 방송 전공 학생들을 인솔하고 통폐합 후유증 등으로 어수선한 이들 텔레비전 방송사를 견학한 적이 있다. 오랜 경제난 속에서도 보도국에는 지난 2~3년 사이 신규 채용된 기자와 프로듀서가 적지 않았다. 이들을 만나 대화를 나눠 보니 대부분이 뉴스 취재, 기사 작성, 비디오 촬영 편집, 프로그램 제작 등을 혼자 도맡아 하는 이른바 배낭 저널리스트backpack journalist, one-man band들이었다. 기자 한 사람이 뉴스 보도물 제작에 필요한 모든 역할을 떠맡게 되면 직원 2~3명을 고용한 것과 같은 효과를 볼 수 있기 때문에 직원을 신규 채용할 경우 대부분 일인 다역이 가능한 인재들을 찾게 된다는 것이다. 재정난에 휘청대는 지역 방송사들로서는 앞으로 배낭 저널리스트들의 채용에 더욱더 적극적일 수밖에 없겠다는 생각이 들었다.

비교적 탄탄한 재무구조와 안정적인 광고물량, 그리고 대부분 58세 전후의 정년퇴직 규정을 갖고 있는 우리 지상파 방송업계에서는 정리해고나 구조조정의 거센 물결에 휩쓸린 미국 방송계의 이야기가 산 넘고 물 건너 먼 나라의 일로 들릴지 모르겠다. 하지만 그동안 3대 지상파 방송의 독과점체제를 통해 안정적 수익이 보장되어 온 우리 방송업계에도 새로운 상업방송인 종합편성채널들이 등장하면서 시장판도가 서서히 바뀌고 있다. 종편들의 안정적인 재원확보에 대한 우려가 계속되고 있긴 하지만, 아직도 많은 사람이 방송사란 '황금 알을 낳는 거위'라는 인식에서 벗어나

19-2 경제위기 속 주가를 올리고 있는 배낭 저널리스트.
미국발 금융위기로 인한 글로벌 경제위기가 몰아닥치자 방송업계도 허리띠를 바짝 졸라매고 자구책 마련에 나섰다. 방송사마다 정리해고가 잇따랐고 방송장비를 다른 방송사와 공유하는 협약을 맺기도 했다. 이 와중에 각광받기 시작한 직종이 바로 배낭 저널리스트다. 배낭 저널리스트는 과거 촬영기자와 취재기자가 각각 나눠 하던 일들을 혼자 떠맡는데, 방송사 경영진으로서는 직원을 여러 명 고용하지 않고 한 명만 고용하면 되니 인건비와 운영비를 크게 줄일 수 있다. 사진에 나온 인물은 배낭 저널리스트의 원조로 꼽히는 케빈 사이츠Kevin Sites로 이스라엘-레바논 전쟁을 홀로 취재 중인 모습이다. (출처: Kevin Sites)

지 못하고 있다. 미국 네트워크 방송사들의 쇠락과 영향력 감소, 그리고 지역 방송사들의 잇따른 통폐합과 자구노력들은 다채널 무한경쟁 체제에 접어든 우리 방송업계의 수익모델 개선과 구조재편 문제와 전혀 무관해 보이지 않는다.

참고문헌

Denver Business Journal(2009, January 6). "FOX31 boosts early-evening news to an hour". http://www.bizjournals.com/denver/stories/2009/01/05/daily19.html

Denver Business Journal(2009, January 27). "Denver TV stations KMGH, KUSA to share chopper". http://www.bizjournals.com/denver/stories/2009/01/26/daily26.html

Dozier, Kimberly(2010년 5월 4일). 미국 CBS 방송 바그다드 특파원. 필자와의 전화 인터뷰.

Ellis, J.(2013, February 5). "Better together: Colorado non-profit news site I-News and Rocky Mountain PBS joins forces". *Nieman Journalism Lab*. http://www.niemanlab.org/2013/02/better-together-colorado-nonprofit-news-site-i-news-and-rocky-mountain-pbs-join-forces/

Farhi, P.(2013, August 5). "Washington Post to be sold to Jeff Bezos, the founder of Amazon". *Washington Post*. http://www.washingtonpost.com/national/washington-post-to-be-sold-to-jeff-bezos/2013/08/05/ca537c9e-fe0c-11e2-9711-3708310f6f4d_story.html

Guskin, E., Rosenstiel, T. & Moore, P.(2011). "Network news: Durability & decline". Pew Research Center's Project for Excellence in Journalism. http://stateofthemedia.org/2011/network-essay/

Vogt, Doug(2010년 3월 18일). 미국 ABC 방송 바그다드 특파원. 필자와의 전화 인터뷰.

Wolff, M.(2013, August 5). "Cutting loose the Boston Globe may be a lifeline for the New York Times". *Guardian*. http://www.theguardian.com/commentisfree/2013/aug/05/boston-globe-sale-new-york-times

20.. 규제 강화냐 완화냐, 유료방송 시장점유율 논쟁

텔레비전 방송, 다양한 규제와 감독을 받다

흔히 텔레비전매체와 신문매체를 비교할 때 다음과 같은 특징을 예로 들곤 한다. 첫째, 신문은 정치 사회 여러 현안에 대해 신문사의 입장을 뚜렷이 드러내며 과감하게 논평을 내놓는 데 반해 텔레비전의 경우 상대적으로 온건하고 중립적 시각을 지닌 보수적 논평을 내놓는다는 것이다. 둘째, 민영기업이 대다수인 신문사들은 영업활동에 있어서 정부의 입김과 영향력에서 비교적 자유롭지만 공영방송과 민영방송이 공존하는 텔레비전 방송사들은 정부의 영향력이나 공적 감독기구의 규제에서 자유롭지 못하다는 것이다. 물론 우리나라에서는 지난 1980년대 초 정치적 격변기를 거치면서 군부정권이 여러 신문사를 강제 폐간시키고 여러 방송사를 통폐합한 전례가 있지만, 대체로 신문매체는 방송매체보다 각종 규제정책으로부터 자유롭다고 할 수 있다.

인쇄매체와 방송매체에 대해 이처럼 차별적인 규제가 이뤄지게 된 것은, 20세기 초 방송매체가 탄생하면서 당시로서는 '한정된 공공재'로 여겨지던 방송전파대역을 정부가 직접 나서서 여러 방송사업자에게 할당하는 등 관리했기 때문이다. 이른바 '희소성을 지닌 전파'를 개별기업의 이익보다 공공의 이익을 위해 적절히 사용해야 한다는 개념이 자리 잡게 된 것이다(홍기선, 2007). 결국 방송매체는 탄생 초기부터 시장에서 자유롭게 거래되는 상품이라기보다는 누구나 소비할 권리를 지닌 공공재라는 인식이 생긴 것이다. 이런 역사적 배경에 따라 텔레비전 방송사들은 정부와 공적 감독기구의 면밀한 허가와 승인 절차를 거쳐 방송사업을 시작하고 그 뒤에도 정기적으로 전파를 제대로 활용하고 있는지 여부를 평가받는 재허가 절차를 밟게 되었다.

그런데 텔레비전 방송은 대체로 몇몇 신문사의 구독자 수를 모두 합친 것보다 훨씬 더 많은 수의 시청자를 상대하는 것이 보통이어서 영향력에 있어서 타 매체의 추종을 불허한다. 텔레비전 프로그램을 통해 전달되는 말 한 마디 한 마디가 엄청난 파급력을 지닌 만큼 출연자들은 사소한 발언에도 신중할 수밖에 없다. 텔레비전은 또한 사회 전반의 다양한 견해와 의견을 공정하게 반영해야 한다는 취지에서 프로그램 내용에 어느 한 쪽의 시각만을 담아서는 안 되며 가능한 한 중도적 입장의 온건한 성향의 메시지를 담게 마련이다. 이렇다 보니 텔레비전 뉴스는 특정 신문사, 예를 들어 「조선일보」나 「한겨레신문」과 같이 보수 또는 진보를 대표하는 뚜렷한 논조나 색깔을 지니지 못한 채 두루뭉술하게 중립적 시각을 반영하는 것이 불문율로 굳어졌다. 이런 점에서 텔레비전매체는 시장에서 자유롭게 거래되는 정보와 오락 상품이 아니라 사회 전체를 위한 공익재산으로 간주되고 있으며 지난 수십 년간 정부와 공적 감독기관의 다양한 규제와 감독을 받아 왔다. 방송매체에 대한 감독과 규제를 살펴보면, 첫째, 시장진입 제한과 매체소유 제한 등 사업 측면의 규제, 둘째, 저작권 침해, 프로그램 선정성 여부 등 내용 측면의 규제, 셋째, 표준기술 선정과 통일을 포함한 기술 측면의 규제를 들 수 있다.

우리나라에서 텔레비전 방송에 대한 규제와 감독은 어떻게 이루어지고 있나

텔레비전 방송에 대한 감독과 규제는 우리나라의 경우 방송통신위원회가 맡고 있으며, 미국의 경우 연방통신위원회Federal Communications Commission; FCC가 담당한다. 미국의 경우, FCC의 권한은 실로 막강해 방송 사업자의 서비스 인허가와 재허가 심사 권한을 쥐고 있으며 FCC가 내놓는 각종 결정과 명령은 별다른 이유가 없는 한 각 방송사들이 따르게 되어 있다(Packard, 2013). 한편 우리나라에서는 방송통신위원회가 방송법과 그 시행령 등을 토대로 지상파, 케이블, 인터넷 방송(IPTV) 등 방송업계 전반에 대한 감독과 규제정책을 펴고 있다. 그런데 이 같은 규제정책에는 방송시장 내의 다양한 여론을 반영하고 프로그램 내용의 다양성을 보장하기 위해 특정 방송사업자의 평균 시청점유율이 30퍼센트를 넘을 경우 규제한다는 내용이 포함되어 있다. 이른바 '방송 다양성' 논리에 따른 규제다. 원래 상업 지상파 텔레비전 방송을 염두에 둔 것이었던 시청점유율 규제는 유료방송인 케이블 방송과 IPTV로 확대되었고 앞으로 위성 방송에도 확대 적용될 것으로 보인다. 그런데 지상파 방송이든 케이블 방송이든 시청점유율이 30퍼센트를 넘어서는 방송사가 존재하기 힘든 데다가 가장 높은 시청률을 기록하는 KBS 방송의 경우에는 설령 30퍼센트 시청점유율 상한선을 넘더라도 '정부가 출자한 공영방송'은 규제대상에서 제외되어 실제로는 아무런 규제도 받지 않고 있다. 이런 여건 속에서 실질적인 점유율 규제를 할 만한 대상은 상업방송, 그것도 유료가입자 수를 정확히 산정할 수 있는 케이블 방송, IPTV 그리고 위성 방송이다. 그런데 지상파 텔레비전에 비해 상대적으로 시청률이 낮은 유료방송의 경우, 시청점유율보다는 유료가입자 수를 기준으로 한 가입자 시장점유율 30퍼센트 규제가 더 현실적이다.

실제로 2013년 한 해 동안 우리 국회에서는 케이블 방송, 위성 방송,

IPTV를 포함한 유료 텔레비전 방송에 대한 포괄적인 시장점유율 규제를 어떻게 할 것인가를 둘러싸고 뜨거운 논쟁이 벌어졌다. 그런데 이 논쟁이 시작된 것은 케이블 방송업계와 위성 방송업계 간의 경쟁과 알력 때문이었다. 가입자 수를 기준으로 한 시장점유율 규제를 찬성하는 진영에서는, 그동안 케이블 방송과 IPTV의 경우 방송시장에서의 독과점을 막고 공정경쟁을 유도한다는 취지에서 각각 유료가입자 수가 시장 내 전체가입자 수의 30퍼센트를 넘지 못하도록 하는 이른바 '시장점유율 규제'를 몇 년째 시행해 왔지만 별도의 플랫폼으로 간주되는 위성 방송은 그동안 아무런 규제 없이 자유롭게 영업활동을 벌이고 있다며 위성 방송도 규제대상에 포함시켜야 한다고 주장한다. 보다 구체적으로는 개별 케이블 방송 사업자와 IPTV 사업자가 전체 유료방송시장의 3분의 1을 넘지 못하도록 규제하는 현행 법률에 위성 방송도 포함시켜야 하며, 이때 3분의 1 기준은 어느 특정 사업자가 케이블, 인터넷, 위성 방송을 함께 운영할 경우 각 매체의 가입자 수를 모두 합산해 따져 봐야 한다는 것이다. 그런데 이 같은 시장점유율 규제 찬성론은 현재 IPTV와 위성 방송을 자회사로 거느리고 있으며 최대 가입자 수를 지닌 케이티KT를 겨냥한 것으로, 2013년 7월을 기준으로 할 때 KT 계열 IPTV와 KT 스카이라이프SkyLife의 가입자 수를 합하면 모두 653만 명으로 전체 유료방송 가입자 수 2,462만 명의 26퍼센트를 차지해 3분의 1에 육박하고 있다. 이런 이유 때문에 '가입자 점유율 합산 규제'를 '반KT입법'이라고 부르기도 한다(김진오, 2013). 사정이 이렇다 보니 위성 방송 스카이라이프 측은 시장점유율 합산 규제가 부당하다며 거세게 반발한다. 스카이라이프는 특히 이 같은 방송시장 규제는 반시장적 발상이며 박근혜 정부의 '창조경제' 원칙과도 어긋난다고 비난한다(김민기, 2013; 권순택, 2013). 그러나 위성 방송과 경쟁관계에 있는 케이블 방송업계는 시장점유율 합산 규제는 특정기업의 독과점 행위를 막고 공정경쟁을 보장하기 위해 불가피하며 미국 등 선진국에서도 유료방송 30퍼센트 점유율 규제를 시행해 왔다고 반박한다(백선하, 2013). 그런데 케이블 방송업계가 주장하는 미국 내 30퍼센트 점유율 규제는 과거 한때 있었던 규제일 뿐 더 이상 존재하지 않는 것으로, 시장점유율 규제 논쟁이 가열되면서 케이블 방송업계 측이 착각에서든 아니면 의도적이든 현실과 동떨어진 정보를 흘린 것으로 보인다.

외국의 텔레비전 방송에 대한 규제와 감독 현황

한때 미국에서도 특정 케이블 방송사를 겨냥해 시장점유율 30퍼센트 규제를 시도한 적이 있다. 1992년 미국 의회가 이른바 '케이블 텔레비전 소비자 보호 및 경쟁법Cable Television Consumer Protection and Competition Act'을 통과시켜 케이블 방송 사업자들의 서비스가격 인상과 담합을 막고 FCC가 케이블 방송을 규제할 수 있는 근거를 마련한 것이다(Pamber & Calvert, 2012). 이듬해인 1993년에는 FCC에서 소비자를 보호하려면 케이블 방송 사업자들 간의 '효율적 경쟁effective competition'이 이뤄져야 한다며 특정 사업자가 전체 유료가입자 수의 30퍼센트를 넘지 못하도록 규제했다. 그런데 이 같은 FCC의 시장점유율 규제는 케이블 방송업계가 그 뒤 몇 년간 FCC를 상대로 법정투쟁을 벌여 법원으로부터 점유율 규제가 부당하다는 판결을 받아 내면서 철폐되었다. 2001년 미국 연방법원은 케이블 방송 사업자인 타임워너Time Warner가 FCC를 상대로 낸 소송에서 30퍼센트 시장점유율 규제는 시장경쟁 원칙에 어긋나는 것이라고 판결하여 시장점유율 규제를 무력화시킨 것이다(Pamber & Calvert, 2012). 이 판결에 반발한 FCC는 시장 내 공정경쟁을 보장하기 위해 특정 사업자에 대한 30퍼센트 점유율 규제가 불가피하다고 맞섰는데, 실제로는 당시 미국 내 최대 가입자 수(점유율 25퍼센트)를 가진 컴캐스트Comcast를 제어하기 위한 것이었다. 그러나 2009년 미 연방항소법원은 30퍼센트 시장점유율 규제가 '작위적이고 변덕스러운arbitrary and capricious' 조항이라며 이를 또다시 무효화시켰다(Flint, 2009; Pamber & Calvert, 2012). 법원은 특히 FCC가 위성 방송 등 시장 내 새로운 경쟁업체들의 정확한 규모를 파악하지도 못한 상황에서 특정 업체의 점유율이 30퍼센트를 넘을 경우 왜 공정경쟁과 여론의 다양성을 해치는지에 대한 논리적 근거를 대지 못했다고 밝혔다. 또한 "변화무쌍한 방송시장 상황에 비춰볼 때, FCC의 30퍼센트 점유율 규제 논리는 이미 2001년 동일한 규제에 대해 법원이 위헌이라고 판단했을 때보다도 더 합리성을 부여하기 힘들다"라고 덧붙였다(U.S. Court of Appeals, 2009). 이 같은 법원의 판결은 특정 방송사업자를 겨냥한 연방정부의 규제정책을 시장자유경쟁의 원칙에 정면으로 배치되는 것으로 보고 민간기업의 시장 내 영업활동에 대한 국가공권력의 개입을 일정 부분 제한한 것이라고 해석할 수 있다. 이처럼 미국 유료방송시장은 FCC의 시장점유율 규제를 각 케이블 방송사업자들이 법정투쟁을 통해 무력화시키고 자신들의 사업상 권리를 보장받아 형성된 것이다. 특히 소송이 진행되면서 최초에 소송을 제기한 케이블 방송사 외에도 다른 케이블 방송사들이 대거 가세해 "연방정부의 시장규제 시도를 거부한다"라는 강력한 메시지를 전달했다. 법원의 판결로 두 차례나 체면을 구긴 FCC는 현재 시장점유율 규제에 대해 뚜렷한 움직임을 보이지 않고 있는데, 만일 FCC가 또다시 시장점유율 규제를 시도할 경우 종래의 30퍼센트 상한선이 아니라 미국 내 경쟁법competition law 또는 독점방지법antitrust law 등을 토대로 전체 가입자의 과반수인 50퍼센트나 3분의 2인 60퍼센트를 넘지 못하도록 하는 등 보다 완화된 시장점유율 규제 대안을 제시해야 한다는 의견이 설득력을 얻고 있다(Eggerton, 2009).

한 가지 주목할 것은 시장점유율 규제를 철폐한다고 해서 유료방송 가입자인 시청자들에게 반드시 이롭다고 말하기 어렵다는 점이다. 그 이유는 최대 가입자 수를 지닌 특정 케이블 방송 사업자가 자기 마음대로 서비스가격을 인상해 폭리를 취할 가능성이 커지기 때문이다. 실제로 현재 미국 내 최대 케이블 방송 사업자인 컴캐스트의 경우 지난 몇 년간 서비스 가격을 꾸준히 인상해 유료가입자의 경우 매달 평균 140달러(15만여 원)를 지불해야 한다. 컴캐스트의 서비스가격은 후발 경쟁업체인 디쉬네트워크Dish Network의 유사한 서비스에 대한 가격인 매달 45달러에 비해 무려 세 배가 넘는 액수지만, 대다수 컴캐스트 가입자들은 인터넷, 케이블 방송, 유무선 전화 등 이른바 편리한 3종 패키지 서비스triple play package를 쉽사리 포기하지 못한 채 꾹 참고 넘어가고 있는 것이다. 결국 특정 케이블 방송 사업자가 경쟁업체들을 모두 물리치고 독점적 지위를 얻게 되면 애꿎은 소비자들의 주머니를 털어 자신의 배를 불리는 상황이 벌어지게 된다. 어쨌든 방송 전문가들은 오는 2020년까지 미국 내 케이블 방송 서비스 월 평균가격이 200달러를 넘어설 것이라고 예상한다(NPD Group, 2012).

영국의 예를 살펴보면, 최대 규모의 유료방송 사업자인 비스카이비 BSkyB의 2010년 기준 시장점유율은 36퍼센트로 전체 가입자의 3분의 1 이상의 높은 점유율에도 불구하고 아무런 규제를 받지 않는다. 비스카이비는 2013년에 업계 2위인 버진미디어Virgin Media를 인수 합병해 수용자 수를 더욱 늘렸지만 시장점유율 규제로부터 자유롭다. 그런데 영국은 방송사업자들이 국내뿐 아니라 해외시장을 겨냥한 위성 방송 채널을 많이 확보하고 있기 때문에 국내시장, 국외시장을 구분해 30퍼센트 시장점유율을 정해 규제하기란 사실상 불가능하다. 반면에 독일에서는 전 국민의 절반가량이 시청하는 케이블 방송이나 위성 방송에 대한 가입자 수를 기준으로 한 시장점유율 규제는 없지만, 1997년부터 텔레비전 프로그램 연평균 시청률을 기준으로 시청점유율 30퍼센트 규제를 하고 있다. 이탈리아는 공영방송 RAI와 민영 뉴스코퍼레이션News Corporation이 가장 높은 시청률을 지닌 방송사업자인데, 상대적으로 케이블 방송과 IPTV에 대한 의존도는 무척 낮은 편이다. 이탈리아에서도 유료방송 가입자 수를 기준으로 한 시장점유율 규제는 없다. 다만 2004년 가스파리법Gasparri Law이 발효되면서 방송, 인쇄, 전자 매체 전 부문을 동일시장으로 간주한 '통합 커뮤니케이션 체계SIC'라는 개념을 만들어 특정기업이 SIC 내 20퍼센트 점유율을 넘지 못하도록 하고 있다.

유럽 몇몇 나라의 시장점유율 규제 정책을 살펴보면 자국어를 사용하는 지상파 텔레비전이나 라디오를 중심으로 한 시청점유율 규제 또는 독점방지법에 따른 규제가 눈에 띌 뿐, 케이블 방송이나 IPTV, 더구나 국경을 자유롭게 넘나드는 위성 방송의 유료가입자 수를 근거로 한 시장점유율 규제는 찾아보기 힘들다. 광활한 국토를 지닌 미국과는 달리 좁은 국토면적의 많은 국가가 산재해 있는 유럽 대륙에는 무려 200개 이상의 위성 방송 사업자가 다양한 언어를 사용해 여러 나라에 방송전파를 내보내고 있다. 특히 벨기에의 경우 세 개의 언어(독일어, 프랑스어, 네덜란드어)가 사용되며 전 국민이 케이블 방송을 시청하고 있는데, 이런 다국적, 다문화적 특색을 배경으로 삼는 케이블 방송이나 국경을 자유롭게 넘나드는 위성 방송 사업환경 속에서 가입자 수를 기준으로 한 시장점유율 규제를 한다는 것은 사실상 불가능하다.

텔레비전 방송에 대한 규제와 감독은 꼭 필요한가

그렇다면 과연 유료방송시장 규제론자들의 주장처럼 특정 방송사업자의 시장점유율을 제한하면 방송시장에서 공정경쟁이 보장되는 것일까? 몇몇 전문가는 앞서 언급한 것처럼 '방송전파의 희소성으로 인한 공익성 보장' 또는 '여론의 다양성을 보장'하기 위해 시장점유율 규제가 불가피하다고 주장한다. 하지만 지상파 방송과는 달리 케이블 방송 가입자들은 수백 개의 채널을 선택할 수 있기 때문에 오늘날 방송전파의 희소성 논리는 설득력을 잃은 지 오래다. 또한 여론의 다양성이란 개념은 뉴스보도나 프로그램 편성 측면에서 이뤄지는 논의로 특정 방송업체의 유료가입자 수를 제한함으로써 여론이나 프로그램 내용이 더욱 다양해진다고 단언하기 어렵다. 미국에서는 심지어 지상파 텔레비전 방송이 케이블이나 위성 방송망을 통해 재전송되는 경우가 많아 전파의 희소성이나 공익성 논쟁에서 점차 벗어나고 있는 추세다.

문제는 우리나라에는 케이블 방송과 IPTV 사업자에 대한 3분의 1 시장점유율 규제가 이미 관련 법률에 명시되어 있다는 것이다. 여기에다가 국회에서는 KT계열 IPTV와 KT 스카이라이프 서비스를 합산해 시장점유율을 규제하는 법안을 마련 중인데, 여야를 막론하고 여러 의원이 "동일한 유료 방송 서비스에 대해 동일한 규제가 이뤄져야 한다"라는 원칙 아래 KT계열의 IPTV와 KT 스카이라이프를 동일 서비스로 보고 규제를 해야 한다는 의견이다. 이렇게 되면 앞서 말한 것처럼 KT는 조만간 전체가입자 수 3분의 1 상한선에 이르게 되어 신규가입자를 더 이상 받아들이지 못하게 된다. 그런데 시장점유율 규제 법안이 유료방송 시장에서의 공정경쟁과 소비자 권익보호를 위한 것이라면, 이를 위해서는 오히려 현행법에 명시된 30퍼센트 시장점유율 규제를 없애고 케이블 방송 사업자들이 본격적인 서비스 확대와 가격인하 경쟁에 나서도록 유도하는 것이 바람직하다. 또 다른 대안으로는 시장점유율 규제 상한선을 현행 30퍼센트에서 50퍼센트로 상향 조정하는 것인데, 이렇게 하면 점유율 합산 규제 정책 때문에 가입자를 더 이상 받아들일 수 없게 되는 KT계열의 IPTV와 KT 스카이라이프의 불만도 잠재울 수 있고 규제완화를 통해 보다 시장친화적 방송환경을 조성할 수 있다.

지난 수십 년간 진행되어 온 우리나라의 방송규제 정책을 살펴보면, 정부와 공적 감독기구의 입장을 반영하고 강화하는 방향으로 이뤄져 왔다는 사실을 알 수 있다. 또한 방송매체에 대한 규제를 논의할 때면 거의 예외 없이 이른바 공익론자들과 시장론자들이 맞서게 되는데, 공익론자들은 규제강화와 약자보호를 외치는 반면에 시장론자들은 규제완화와 기업

활동의 자유확대를 주장하는 것이 보통이다. 현재까지는 공익론자들의 목소리가 더 큰 것이 사실이다. 그런데 미국 케이블 방송업계의 사례와는 달리 우리나라에서는 케이블 방송 사업자들이 앞장서서 시장점유율 규제 철폐를 요구할 가능성은 없으며, 점유율 규제 철폐를 요구하는 것은 합산 규제의 대상이 될 위기에 처한 KT 계열 IPTV와 KT 스카이라이프뿐일 것이다. 그런데 최근 우리 정부는 국내 시장투자를 넓히는 가장 좋은 방법이 규제완화와 정책에 대한 신뢰라고 밝힌 바 있다. 2013년 12월, 정부는 이른바 방송산업발전 종합계획을 발표했는데, 주목할 만한 내용은 유료방송의 현행 3분의 1 시장점유율 제한 규제를 단계적으로 49퍼센트까지 완화하겠다는 것이다. 이 방안이 시행될 경우 케이블 방송업계를 주도하고 있는 CJ E&M 등 일부 방송사업자들이 더욱 시장확대를 꾀할 수 있게 된다. 이렇게 되면 위성방송 KT 스카이라이프도 자연스럽게 3분의 1 시장점유율 합산 규제에서 벗어나게 된다. 이래저래 유료방송 시장에 또 한 차례 적지 않은 변화가 예고되고 있다. 한 가지 분명한 것은 방송업계의 발전과 체질강화, 그리고 방송사의 글로벌 경쟁력 확보는 규제 강화보다는 완화를 통해 이뤄지는 것이 더 합리적이라는 사실이다.

참고문헌

권순택(2013년 9월 25일). "국회 KT 규제 움직임에 KT 스카이라이프 제동걸기 나서". 미디어스. http://www.mediaus.co.kr/news/articleView.html?idxno=37199

김민기(2013년 9월 25일). "문재철 KT 스카이라이프 사장 "합산 규제 법안, 폐지해야"". 뉴시스. http://www.newsis.com/ar_detail/view.html?ar_id=NISX20130925_0012385652&cID=10402&pID=10400

김진오(2013년 9월 24일). "방송계 국정감사 뜨거운 감자? 이석채 KT회장 증인석 앉을까". 「아주경제」. http://www.ajunews.com/kor/view.jsp?newsId=20130924000524

백선하(2013년 9월 26일). 「KT 대 케이블, 힘겨루기 본격화? '위성방송과 IPTV' 시장점유율 합산규제 놓고 갈등」. 『방송과 기술』. http://www.kobeta.com/news/articleView.html?idxno=4474

홍기선(2007). 「21세기의 방송영상」. 홍기선 외. 『방송영상미디어의 이해』. 서울: 나남.

Eggerton, J.(2009, August 28). "Court throws out FCC's cable subscriber cap". *Broadcasting & Cable*. http://www.broadcastingcable.com/article/338735-Court_Throws_Out_FCC_s_Cable_Subscriber_Cap.php

Flint, J.(2009, August 28). "Comcast wins ruling on FCC cable ownership caps". *Los Angeles Times*. http://latimesblogs.latimes.com/entertainmentnewsbuzz/2009/08/comcast-beats-fcc-on-cable-ownership-caps.html

NPD Group(2012, April 10). "Average monthly pay-TV subscription bills may top $200 by 2020". https://www.npd.com/wps/portal/npd/us/news/press-releases/pr_120410/

Packard, A.(2013). *Digital media law*. Malden, MA: Wiley-Blackwell.

Pamber, D. & Calvert, C.(2012). *Mass media law*. New York: McGraw-Hill.

United States Court of Appeals(2009, August 28). "Comcast vs. FCC". No. 08-1114. http://www.cadc.uscourts.gov/internet/opinions.nsf/B026F5C9C7F5ED348525780700589D26/$file/08-1114-1203454.pdf

IX

텔레비전의 미래를 엿본다

21.. 대형화면과 고화질 경쟁 뜨거운 텔레비전산업의 미래

대형 고화질 텔레비전 시대가 열리다

지난 10년간 텔레비전 시청자들이 경험한 여러 변화 가운데 대표적인 것 두 가지를 꼽자면, 고화질 텔레비전HD TV의 폭넓은 보급과 방송사의 수가 급격히 늘어나면서 가능해진 다채널 선택권을 들 수 있다. 물론 이 같은 눈부신 방송계의 변화와 텔레비전 기술의 발전 속에서도 아직까지 표준화질의 구형 CRT 텔레비전 수상기로 제한된 수의 채널을 시청하는 시청자도 적지 않을 텐데, 안타깝게도 필자도 예외가 아니었다. 방송학 교수라는 직업에 걸맞지 않게 필자는 지난 10년간 아무런 잔고장 없이 비교적 깨끗한 화면과 음향을 즐길 수 있는 구형 CRT 텔레비전에 길들어 차일피일 새 텔레비전 구입을 미루고 있었다. 텔레비전이 고장 나거나 부서지지 않는 이상 될수록 오래 사용해야 한다는 절약정신 때문이었는지도 모른다. 그런데 이웃이나 동료 집을 방문해 보면 모두 벽걸이형 평면 텔레비전을 거실이나 침실에 설치해 놓고 있는 데다가, 대형마켓 가전제품 판매코너에서도 더 이상 구형 텔레비전은 볼 수 없고 고화질 평면 텔레비전이 넘쳐 나면서 시대의 변화를 받아들일 수밖에 없게 되었다. 결국 고민 끝

21-1 우여곡절 끝에 필자의 거실에 들여놓은 고화질 평면 텔레비전HD TV.
가전업계가 초고화질 텔레비전UHD TV 경쟁에 돌입한 뒤에야 뒤늦게 구입했으니 필자는 첨단 텔레비전 기술을 수용하는 데 상당히 느림보였던 셈이다.

에 55인치 크기 화면의 LED 고화질 평면 텔레비전을 구입하기로 결심했다. 인터넷 쇼핑몰 아마존Amazon을 통해 텔레비전을 주문하자 일주일도 되지 않아 집으로 고화질 텔레비전이 배달되었는데, 배송업체 직원이 설치까지 친절하게 도와주었다. 최근 미국에서는 소니, 파나소닉 등 일본산 텔레비전을 제치고 삼성과 LG 등 한국기업들이 만든 텔레비전이 가장 값비싸고 우수한 제품으로 평가되고 있는데, 필자가 새로 들여놓은 텔레비전도 한국산 제품이었음은 물론이다.

새 텔레비전이 설치되자마자 지역 케이블 텔레비전 회사에 연락해 고화질 방송을 시청할 수 있도록 셋톱박스를 교체했고, 이어 새 텔레비전에 내장된 스마트 텔레비전 기능을 활용해 무선 인터넷에 연결했다. 텔레비전에 연결해 사용하던 DVD 플레이어도 한 단계 업그레이드되었다는 블루레이blu-ray 플레이어로 교체했다. 잠시 뒤 인터넷 비디오 대여업체인 넷플릭스Netflix에 연결해 할리우드 영화를 내려받아 고화질로 시청할 수 있었고, 음악사이트 판도라Pandora에 연결해 애청곡들을 감상할 수 있었다. 평소 즐겨 보던 텔레비전 프로그램들을 눈이 시릴 정도로 화려하고 선명한 색조와 머리카락 한 올 한 올을 셀 수 있을 정도로 섬세한 화질을 자랑하는 고화질 화면으로 보자니 마치 새로운 세계에 들어선 듯했다.

필자는 고화질 텔레비전 방송 초창기인 지난 2002년에도 한국에서 고화질 텔레비전을 구입한 적이 있다. 당시엔 고화질 텔레비전 한 대 가격이 5백만 원에 육박할 정도로 사치품이었는데, 아직 시험방송 단계여서 고화질로 방영되는 프로그램의 수가 많지 않았다. 그로부터 10년 뒤인 2012년, 절반 이하의 가격에 고화질 텔레비전을 구입할 수 있고 24시간 고화질 프로그램을 방영하는 수백 개의 채널을 마음대로 선택할 수 있다는 사실이 믿기지 않았다. 더구나 텔레비전은 이제 지상파와 케이블 텔레비전뿐만 아니라 인터넷에까지 연결되어 취향에 맞는 프로그램을 시간 제약 없이 골라 보는 단계에 접어들지 않았는가. 뉴미디어 기술의 확산과 보급은 기술이 완전히 정착되고 단말기의 가격이 수용자들에게 부담이 되지 않는 수준이 될 때 본격적인 보편화와 대중화 단계에 접어든다는 방송학자 클로펜스타인(Klopfenstein, 1989)의 말이 실감되었다.

영화업계와의 경쟁 속에서 길을 찾은 텔레비전업계

필자의 경험에서 살펴본 것처럼, 오늘날 텔레비전은 고화질 텔레비전이 대세고 과거 27인치나 29인치 소형화면에서 벗어나 60인치, 70인치 등으로 점차 대형화되는 추세다. 가전업체들이 고화질과 대형 화면에 집착하는 것은 오랫동안 텔레비전업계의 라이벌로 경쟁해 온 영화업계와도 밀접한 관련이 있다. 1950년대 컬러텔레비전이 미국인들로부터 폭발적인 인기를 얻으면서 대표적 대중매체로 자리 잡게 되자, 극장수입 감소를 우려한 영화업계는 기존의 영화화면을 가로로 길게 늘린 '시네마스코프cinemascope' 영화를 만들어 웅장한 대형화면을 무기로 관객 유치에 나섰다. 수십 년 뒤 텔레비전업계는 기존의 가로세로 4:3 화면 비율을 시네마스코프 영화와 흡사한 16:9 와이드 스크린으로 늘린 고화질 텔레비전을 개발했다. 여기에다가 1980년대와 1990년대 VCR 비디오 플레이어와 DVD 플레이어가 널리 퍼지면서 일반 가정에서도 영화와 드라마를 언제든 마음대로 볼 수 있는 환경이 마련되자, 가전업계는 시청자가 영화관과 흡사한 느낌과 감동을 받을 수 있도록 텔레비전 화면을 50인치나 60인치로 크게 늘린 텔레비전을 출시했다. 2000년대에 들어서면서 영화업계는 3D 입체영화를 잇따라 제작해 관객을 다시 유인하기 시작했는데, 이에 맞서 가전업체들도 3D 입체화면을 볼 수 있는 텔레비전을 내놓았다.

지난 5~6년간 영화업계는 기존의 고화질보다 4배나 더 선명한 이른바 '4K' 초고화질Ultra High Definition; UHD 영화를 내놓아 또다시 텔레비전업계에 도전했는데, 이에 질세라 텔레비전업계도 4K 초고화질 텔레비전을 개발 출시했다. 기존 고화질 텔레비전의 화질을 표시할 때 흔히 1920×1080(수평×수직 주사선 수)으로 나타내는데, 초고화질 텔레비전은 4096×2160로 고화질 텔레비전보다 4배 이상 선명한 화질을 지니고 있다. 일반 시청자가 고화질 텔레비전과 초고화질 텔레비전의 화질 차이를 눈으로 정확히 판별하는 것은 쉬운 일이 아니지만, 화소가 많아질수록 더욱 생생하고 선명한 느낌을 주며 실제 경관과 텔레비전 화면의 차이를 구분하기 힘들다고 한다(박순찬, 2013). 이미 삼성과 LG, 소니, 파나소닉 등 전 세계 가전업체들은 초고화질 텔레비전을 잇따라 판매하기 시작했다. 가전업계에서는 화면 크기가 50인치 이하인 중소형 텔레비전 수상기로 초고화질 콘텐츠를 시청할 경우 고화질과 초고화질의 차이를 인식하기 어려우며, 적어도 60인치 이상의 대형화면으로 시청할 때에만 선명한 초고화질을 느낄 수 있다고 주장한다(Norton, 2013). 이런 추세를 반영하듯 삼성을 위시한 가전업체들은 2013년부터 100인치 이상의 대형 초고화질 텔레비

21-2 계속되는 텔레비전업계의 기술혁신.
가전업체들은 기존의 대형화면 경쟁은 기본이고, 최근에는 얼굴의 솜털까지 세밀히 들여다볼 수 있다는 초고화질 텔레비전UHD TV을 앞다퉈 출시하면서 더욱 치열한 첨단기술 경쟁을 벌이고 있다. 높은 가격이 아직 장애물이기는 하지만, 앞으로 대당 가격이 더 하락할 경우 판매량이 급증할 것으로 예상된다.

전 시제품을 출시해 판촉활동을 벌이고 있다. 그런데 현재 초고화질 텔레비전 한 대 가격이 웬만한 소형 자동차 가격과 맞먹을 정도여서 초고화질 텔레비전이 대중화되려면 앞으로 몇 년 더 기다려야 할 듯하다. 더구나 100인치가 넘는 대형화면의 텔레비전을 시청하려면 적어도 5~6미터는 떨어져서 봐야 하는데 이만한 공간을 지닌 가정이 그리 많지 않다는 것을 감안하면, 텔레비전의 고화질 대형 화면 추세는 앞서 언급한 텔레비전업계와 영화업계의 치열한 과당경쟁 속에서 촉발된 부작용인지도 모른다.

고화질 텔레비전을 들여놓은 데 따른 가벼운 감동과 흥분을 잠시 가라앉히고, 그동안 애용한 구형 32인치 CRT 텔레비전 수상기 두 대를 어떻게 처분할지 고민하기 시작했다. 각각의 무게만 따져 봐도 70~80킬로그램이 넘었다. 대부분의 미국인은 가재도구든 전자제품이든 중고품 장터에 내놓는 것을 즐기지만, 번거롭게 내다 파느니 불우이웃을 위해 자선단체에 기부하기로 결심했다. 그런데 낡은 텔레비전을 기부하는 것이 그리 쉬운 일이 아니었다. 전화로 접촉한 자선단체들마다 부피가 크고 무거운 구형 텔레비전은 정중히 사절한다는 것이었다. 유일하게 구세군Salvation Army에서만 구형 텔레비전 수상기를 받아 주겠다고 했다. 그런데 막상 수거 당일 트럭을 몰고 온 구세군 직원들은 필자의 차고 구석에 놓인 구형 텔레비전을 보자마자 고개를 설레설레 내저었다. 중고 DVD 플레이어와 비디오 플레이어는 가져가겠지만 육중한 구형 텔레비전은 안 된다는 것이었다. 이들의 얘기에 따르면, 지난 몇 년간 많은 사람이 중고 텔레비전 세트를 기부하려고 했지만 이를 받으려는 불우이웃이 아무도 없다는 것이다. 벽걸이 형태의 디지털 평면 텔레비전이라야만 불우이웃에게 기부할 수 있단다. 그렇지만 아무리 고민해 봐도 육중한 구형 텔레비전을 직접 차에 옮겨 싣고 쓰레기 재활용 처리장에 가져갈 엄두가 나질 않았다. 결국 구세군 직원들을 끈질기게 설득해 쓰레기 처리비(?) 명목으로 50달러(5만 4천여 원)를 쥐어 주고서야 텔레비전 두 대를 구세군 트럭에 실을 수 있었다. 애물단지로 전락한 구형 CRT 텔레비전을 싣고 멀어져 가는 트럭을 바라다보며 개인이나 기업이 매체기술의 변화와 확산 과정에 동참하지 못하고 뒤처지게 되면 어떤 결과를 맞게 되는지를 실감했다.

계속되는 혁신 노력, 텔레비전업계의 밝은 미래를 열다

인터넷매체 야후에서는 지난 10년간(2000~2010년) 미국 내에서 수익이 대폭 줄어들어 사양길로 접어든 열 개 업종을 골라 소개한 적이 있다(Stillman, 2011). 그런데 해당 업종 가운데 무려 여섯 개가 미디어 관련 업종이라는 점이 눈길을 끌었다. 어떤 업종인지 살펴보면 다음과 같다.

〈표 21-1〉 지난 10년간(2000~2010) 사양길로 접어든 미디어 관련 업종

업종명	수익감소율
신문 발행업	35.9%P
유선전화 통신업	54.9%P
사진 현상 인화업	69.1%P
레코드 음반 판매업	76.3%P
비디오 제작 프로덕션	24.9%P
DVD, 비디오 대여업	35.7%P

신문 발행업의 경우 말할 필요도 없이 전반적인 인쇄매체의 쇠퇴에 따른 결과라고 볼 수 있고, DVD, 비디오 대여업의 경우 인터넷에 기반을 둔 넷플릭스 등 신생업체들의 도전에 밀려 도산한 블록버스터 비디오 Blockbuster Video와 같은 대형 비디오 대여 체인을 생각할 수 있다. 소형 디지털 카메라의 눈부신 보급 확산에 따라 사양길로 접어든 사진 현상 인화업도 마찬가지다. 이 같은 업종들은 미디어 기술의 발전과 확산이 이뤄지는 과정에서 변화하는 환경에 적응하지 못하고 종래의 사업형태와 운영방식을 고집하다가 몰락하고 있다는 공통점을 지닌다.

다행스러운 것은 이미 사양길에 접어든 업종 가운데 항간의 우려와는 달리 지상파 텔레비전 방송업종이 포함되지 않았다는 것이다. 오히려 최근 미국 내 업계 보고서나 학술연구를 살펴보면 지상파 방송의 미래가 그리 비관적이지 않다는 증거가 속속 나오고 있다. 2012년에 발표된 '텔레비전업계' 연례 보고서에 따르면, 미국 상업 텔레비전 방송계의 2011년도 광고수주액은 전체 매체를 통틀어 가장 많은 681억 달러(72조여 원)에 달했는데, 이는 2위를 기록한 인터넷업계의 320억 달러보다 두 배 이상 많은 액수였다(McDonald, et al., 2012).

〈표 21-2〉 미국 내 매체별 광고수주액(2011년)

매체	광고수주액
텔레비전	681억 달러
인터넷	320억 달러
신문	207억 달러
라디오	174억 달러
잡지	153억 달러
전화번호부, 주소록	82억 달러
옥외게시물	64억 달러

좀 더 구체적으로 살펴보면, 텔레비전과 인터넷, 옥외게시물의 광고수주액은 전년도보다 증가했으며 잡지, 신문, 라디오, 전화번호부(주소록)의 광고수주액은 줄어들었다. 특히 신문의 경우 광고수주액이 전년도에 비해 급격히 감소해 앞서 살펴본 것처럼 신문업 전체가 사양길에 접어들어 위기를 맞고 있음을 알 수 있다. 이 보고서를 작성한 다섯 명의 방송 전문가들은 2008년 미국발 글로벌 경제위기 직후 미국 내 상업 텔레비전 방송사들이 직원들을 대량으로 정리 해고했지만, 현재 방송사 인력고용 수준은 경제위기 이전 수준으로 회복되었다고 말한다. 심지어 이들은 미국 상업 텔레비전 방송사들이 그동안 인터넷 홈페이지와 트위터 등을 적극 활용한 다각적인 경영전략을 펼쳐 왔기 때문에 다매체 플랫폼을 운용할 신규 인력을 지속적으로 채용하고 있다고 덧붙였다. 따라서 앞으로도 미국 텔레비전 방송업계는 계속해서 흑자를 낼 것이며 다매체 환경변화 속에서 거론되고 있는 이른바 '텔레비전 위기론'도 수그러들 것이라고 전망한다. 물론 이 같은 내용의 연구보고서를 낸 주체가 방송업계와 방송학계 인물들이라는 점에 비춰 보면 아전인수 격 결론 도출이 아니냐는 비판을 받을 수도 있다. 하지만 매체별 광고수주액 등을 기준으로 살펴볼 때 텔레비전업계의 향후 사업전망은 대체로 긍정적이라고 할 수 있다.

무엇보다 고무적인 것은 10년 전이나 지금이나 미국인들의 텔레비전에 대한 의존도가 다른 어떤 매체보다 상대적으로 높다는 점이다. 2011년 실시된 갤럽 여론조사에는 미국 성인들에게 자신들이 '지나칠 정도로 많이too much' 소비하는 매체를 묻는 항목이 있었는데, 텔레비전을 지나치게 시청한다는 응답(33퍼센트)이 스마트폰을 지나치게 사용한다거나(27퍼센트) 인터넷을 지나칠 정도로 사용한다고 응답한 경우(26퍼센트)보다 더 많았다. 물론 18세에서 29세 사이의 젊은 계층에서는 가장 지나치게 소비하는 매체로 인터넷을 꼽았다. 또한 퓨리서치센터Pew Research Center의 여론조사(2011)에 따르면, 텔레비전은 아직까지 미국인들이 국내외 뉴스를 접하는 가장 대표적인 매체로 평가되고 있었는데, 응답자 가운데 66퍼센트가 주로 텔레비전을 통해 뉴스와 정보를 얻는다고 밝혔다. 그러나 인터넷을 통해 뉴스와 정보를 주로 얻는다고 응답한 비율도 41퍼센트여서 인터넷의 영향력이 해마다 지속적으로 커지고 있음을 알 수 있다.

다매체시대에 접어든 오늘날에도 텔레비전매체와 방송업종이 앞서 소개한 다른 미디어업종들처럼 사양길로 접어들지 않고 질긴 생명력을 유지하고 있는 비결은, 매체환경 변화 속에서 새로운 수익모델을 지속적으로 모색하고 타 매체들과의 경쟁을 통해 새로운 기술을 개발하는 한편 타 매체의 장점을 융합해 폭넓은 소비계층을 확보하는 데 성공했기 때문이다. 지난 80여 년간 이루어진 텔레비전 매체와 업계의 변화상을 되돌아보면 텔레비전이 환경변화에 탄력적으로 적응하면서 기술과 내용 면에서 변신과 진화를 거듭해 온 사례를 곳곳에서 찾아볼 수 있다. 바로 이런 점이 앞으로도 텔레비전의 미래가 밝다고 믿게 되는 이유다. 텔레비전의 고화질 대형화 물결에 뒤늦게 합류한 필자는 오늘도 고화질로 방영되는 드라마를 보면서 앞으로는 매체의 기술 발전과 확산 과정에서 낙오되지 않겠다고 다짐했다. 물론 애써 장만한 고화질 텔레비전이 초고화질 텔레비전으로 대체될 날이 올 테지만, 초고화질 텔레비전 가격이 훨씬 더 저렴해질 때까지는 현재의 고화질 텔레비전에 만족하며 지낼 생각이다.

참고문헌

박순찬(2013년 1월 7일). "인간한계 초월한 UHD TV, 100인치대 경쟁 치열". 「조선일보」.

Klopfenstein, B. C.(1989). "The diffusion of the VCR in the United States". In M. R. Levy (Ed.), *The VCR age: Home video and mass communication* (pp. 21-39). Newbury Park, CA: Sage.

McDonald, D., Bradshaw, A., Comings, R., Grant, A. & Papper, B.(2012). "BEA 2012: The Business of TV". A report presented at the Broadcast Education Association's annual convention in Las Vegas, April 15−18.

Norton, T. J.(2013, June). "4K: What, why, and when?". *Home Theater* pp. 39−45.

Pew Research Center for the People & the Press(2011). "Internet gains on television as public's main news source". http://www.people−press.org/2011/01/04/internet−gains−on−television−as−publics−main−news−source/

Stillman, J.(2011, June 20). "Where the jobs aren't: 10 doomed industries". Yahoo! Finance. http://finance.yahoo.com/news/pf_article_112946.html

22.. 위기냐 기회냐–
내 맘대로 골라 보는 DVR시대

언제든 내가 보고 싶을 때 본다

2011년 봄, 튀니지에 이어 이집트에서 민주화를 요구하는 시위가 일어났다. 예멘과 요르단, 바레인 등지에서도 심상찮은 움직임이 일고 있었다. 이른바 '아랍의 봄Arab Spring'으로 불리는 북아프리카와 중동 지역 국가들의 민주화투쟁이 본격화된 것이다. 미국 텔레비전 방송들은 너 나 할 것 없이 북아프리카와 중동 지역에서 벌어지는 민주화시위를 연일 방영했다. CNN 방송 앤더슨 쿠퍼Anderson Cooper와 ABC 방송 미구엘 마르케스Miguel Marquez 등 방송기자들이 취재 도중 정체불명의 폭도들에게 공격을 받았다는 뉴스가 비디오 영상과 함께 방영되기도 했다. 한국 방송사 특파원들도 카이로 시내에서 신변상의 위협을 무릅쓰고 취재를 하고 있었다.

'텔레비전 뉴스 보도론' 강의시간에 학생들과 북아프리카와 중동 지역 민주화시위에 대해 토론했다. 한 가지 주목할 점은 많은 학생이 이집트에서 반정부시위가 일어난 것은 알고 있었지만, 야권 지도자 모하메드 엘바라데이Mohamed ElBaradei 전 국제원자력기구 사무총장이나 무슬림형제단Muslim Brotherhood 등 세부적인 내용에 관해서는 잘 알지 못한다는 사실이었다. 튀니지와 이집트를 혼동하는 학생도 있었다. 날마다 텔레비전 저녁뉴스를 시청하라고 신신당부했건만 제대로 실천하는 학생이 적은 듯했다. 텔레비전 뉴스를 매일 시청하는 사람은 손들어 보라고 했더니 세 명의 손이 올라갔다. 전체 학생의 7분의 1에 불과한 수치. 저녁뉴스는 보통 오후 5시 30분에 방영되는데, 그 시간에 맞춰 텔레비전을 보는 것이 귀찮고 힘들단다. 어떤 학생은 텔레비전 수상기가 없어서 뉴스를 볼 수 없다며 오히려 텔레비전 뉴스 시청 과제가 귀찮다는 반응이었다. 실제로 자신의 기숙사 방이나 아파트에 텔레비전 수상기를 가지고 있는 학생의 수는 절반도 되지 않았다. 이어 학생들은 재미있는 프로그램은 DVR에 녹화해서 나중에 틀어 보면 되고 나머지 프로그램들은 인터넷을 검색하면 언제든 볼 수 있다면서 텔레비전 저녁뉴스를 때맞춰 볼 필요가 있느냐고 반문했다.

정해진 시간에 텔레비전 생방송을 보지 않는다는 학생들의 예상치 못한 반응에 잠시 필자의 텔레비전 시청습관을 생각해 보았다. 보고 싶은 프로그램이 있으면 방송시간에 맞춰서 거실 소파에 앉아 가족들과 함께 30분이든 한 시간이든 몰두해 봐야 하는 것이 아닌가? 그러고는 ABC, CBS, NBC, FOX 등 주요 네트워크 방송사의 인터넷 홈페이지를 방문해 보았다. 메인뉴스를 비롯해 미니시리즈, 리얼리티쇼 등 대부분의 프로그램이 '다시보기'를 클릭만 하면 컴퓨터를 통해 다시 볼 수 있도록 되어 있었다. 학생들 말이 맞다. 이런 식이라면 뉴스든 드라마든 리얼리티쇼든 일일이 방송시간에 맞춰 거실에 앉아서 지켜봐야 하는 수고를 할 필요가 없었다.

까마득한 옛 시절로 되돌아가 보자. 어린 시절 텔레비전은 온 가족을 안방이나 거실로 모이도록 이끌어 준 매개체였다. 초저녁에는 인형극과 「황금박쥐」, 「우주소년 아톰」 등 만화영화를 빠짐없이 보았고, 좀 더 늦은 저녁에는 「여로」니 「실화극장」 등을 보며 온 가족이 드라마의 재미에 빠져들어 울고 웃었다. 「6백만 불의 사나이」, 「전투」 등 미국 드라마는 물론이고, 심야시간대의 「주말의 명화」나 「명화극장」까지도 졸린 눈을 비벼가며 보지 않았던가. 한마디로 텔레비전은 어느 가정이나 없어서는 안 될 최고의 오락매체였다.

그러나 이제 스무 살 전후의 대학생들에게 (더구나 미국 대학생들에게) 이런 텔레비전 시청패턴을 기대하기는 힘들다. 텔레비전은 이들에게 수많은 시청각매체 가운데 하나일 뿐이고, 어떤 텔레비전 프로그램이든 컴퓨터나 스마트폰을 활용해 볼 수 있기 때문이다. 가만히 생각해 보니 우리 집 케이블 셋톱박스에도 원하는 프로그램을 몇 시간씩 녹화 저장해 따로 볼 수 있는 DVR 기능이 탑재되어 있지 않은가. 이제 모든 텔레비전 프로그램을 방송사 편성시간에 맞춰 시청해야 하는 시대는 지나갔다. 시청자가 원하는 시간과 장소에서 텔레비전 프로그램을 마음대로 골라 즐길 수 있는, 그야말로 '시청자 선택권'이 주어진 것이다. 이처럼 시청자가 텔레비전 프로그램을 편리한 시간대에 능동적으로 골라 보는 것은 이미 40여 년 전부터 가능했다. 1975년 소니의 베타맥스Betamax 비디오테이프 녹화재생기VCR가 등장하고 이듬해에 JVC의 VHS-VCR가 잇따라 출시되면서 텔레비전 프로그램의 녹화와 재생이 가능해진 덕분이다. 세월이 흘러 오늘날에는 녹화수단이 종래의 비디오테이프에서 하드디스크로 바뀌었는데, 이를 디지털 비디오 레코더DVR 또는 개인용 비디오 레코더PVR라고 부른다. 미국에서는 1999년 최초의 DVR 제품인 티보TiVo가 등장하면서 기존의 VCR를 대체하기 시작했다. 그러나 DVR의 초기 보급률은 예상보다 부진해 2007년에 가서야 전체 텔레비전 시청 가구의 20퍼센트에 이르렀으며, 2013년이 되어서야 50퍼센트를 넘어섰다(Nielsen, 2013). 미국보다 DVR 보급률이 훨씬 앞선 영국은 조만간 전체 텔레비전 시청 가구의 80퍼센트가량이 DVR를 보유할 것이라고 하니 그저 놀라울 따름이다.

22–1 개인용 DVR시대를 연 선구자 티보TiVo.
최근에는 여섯 개 텔레비전 프로그램을 동시에 녹화할 수 있는 모델이 판매되고 있다. 이 모델은 또한 도합 500시간 분량의 고화질HD 프로그램을 녹화할 수 있다.

DVR, 시청자 주권시대를 열다

과거의 VCR를 기억하는 사람들에게 DVR는 단지 기존의 텔레비전 프로그램 녹화기술을 대체replacement했다는 것 외엔 별다른 의미가 없을 수 있다. 하지만 DVR는 우리의 생각보다 훨씬 많은 변화를 가져오고 있다. DVR를 이용하는 시청자들이 방송사의 편성시간과는 상관없이 텔레비전 프로그램을 예약 녹화해 두었다가 나중에 본다고 가정하면, 프로그램이 최초로 방영되는 시점을 기준으로 측정하는 텔레비전 시청률 산출방식도 바뀌어야 한다. 예를 들어, 수목드라마를 봐야 할 시청자들이 일단 DVR로 예약 녹화해 두었다가 한가한 토요일 녹화된 프로그램을 찾아 시청한다고 가정해 보자. 이른바 '지연시청delayed viewing'으로 불리는 DVR 이용자들의 시청패턴은 실제로 얼마나 많은 시청자가 특정 프로그램을 보았는지 시청률을 측정하는 데 혼돈을 초래하는 주요인이다. 정확한 시청률을 알 수 없다면 특정 프로그램에 대한 광고단가를 산정하거나 개별광고의 효과를 측정하는 것에도 문제가 있을 수밖에 없다.

특히 방송사와 광고주들의 신경을 자극하는 것은, 대부분의 시청자가 DVR에 녹화된 프로그램을 보면서 중간광고가 나올 때마다 DVR를 조작해 광고를 재빨리 건너뛸 것이라는 우려다. 이를 'zipping'이라고 하는데, 광고주의 입장에서는 여간 신경 쓰이는 일이 아닐 수 없다. 실제로 시청자들이 중간광고를 건너뛰고 있음을 입증하는 연구결과도 적지 않다. 다우니(Downey, 2007)에 따르면, 티보 이용자들 가운데 60퍼센트는 중간광고를 건너뛰는 것으로 밝혀졌다. 또 다른 연구(Pearson & Barwise, 2007)에서도 DVR 이용자들 가운데 68퍼센트가 중간광고를 무시하고 건너뛴다는 결과가 나왔다. 방송광고가 주 수입원인 방송사들의 입장에서는 시청자들에게 중간광고를 무시하게 만드는 DVR의 보급이 반가울 리 없다.

어떤 텔레비전 프로그램들이 DVR로 녹화되는가 알아봤더니 대부분 미국 여섯 개 텔레비전 네트워크의 간판 드라마, 미니시리즈, 리얼리티 쇼 등인 것으로 드러났다. 스포츠 생중계나 뉴스 프로그램은 상대적으로 DVR로 덜 녹화하는 것으로 밝혀졌다. 또 시청자들이 DVR를 사용하는 이유를 알아봤더니, 첫째, 일이 바빠서 원래 편성된 시간에 해당 프로그램을 볼 수 없기 때문에, 둘째, 재미있는 프로그램들이 같은 시간대에 편성되어 있어서 한 프로그램은 제 시간에 시청하고 나머지 프로그램은 녹화해 두기 위해서, 셋째, 바쁘진 않지만 좋아하는 프로그램을 일단 녹화해 놓고 주말에 한꺼번에 모아서 즐기기 위해서라는 것이다. 시청자들은 DVR에 녹화된 프로그램의 절반 정도는 당일 밤늦게라도 재생해 보는 것으로 파악되었고, 녹화 후 사흘 안에 전체 프로그램의 88퍼센트를 재생해 보는 것으로 조사되었다.

그러나 네트워크 방송사 편성 담당자들과 광고주들이 예상치 못한 희소식도 들린다. DVR를 이용해 프로그램을 녹화한 뒤 추후에 시청할 경우, 해당 프로그램에 대한 전체 시청자 수가 궁극적으로는 더 늘어난다는 것이다(Carter, 2009). DVR 등장이라는 새로운 변화에 걸맞게 시청률 조사기관인 닐슨Nielson에서는 네트워크 프로그램의 생방송 시청률 외에도 방영 3일 뒤 그리고 방영 7일 뒤의 시청률을 추가로 합산해 프로그램 전체 시청률을 산출하고 있다. 이러다 보니 지난 몇 년 동안 시청률이 하락하던 네트워크 텔레비전의 각 프로그램 시청률이 DVR 등장 이후 완만하지만 꾸준한 상승 추세를 보이기도 한다. 또한 DVR를 사용하지 않는 일반 시청자들도 중간광고가 나올 때면 의례히 60~80퍼센트가 자리를 뜨는 등 광고효과가 불분명한 현실에서 DVR 사용자들만 광고를 기피한다고 보는 것은 근거가 희박하다는 연구결과도 있다(Wilbur, 2008). 또 다른 마케팅 연구에 따르면, DVR 사용자들이 프로그램 중간광고들을 건너뛰더라도 광고에 소개된 제품들을 지속적으로 구매하고 있다면서, 적어도 DVR로 인한 광고 주목효과 감소와 실제 소비구매 행동은 무관하다는 주장도 나왔다(Bright, Eastin & Daugherty, 2008).

DVR시대를 새로운 기회로 만들기 위해서는

새로운 방송 커뮤니케이션 기술이 등장할 때마다 희망과 우려가 교차하는 것은 당연하다. 그렇다면 DVR의 보급은 네트워크 방송사들에게 위기를 불러올 것인가, 아니면 새로운 기회를 열 것인가? 이 질문에 대한 해답을 찾기 위해서는 DVR의 전신인 VCR의 확산과 파급 효과를 되돌아볼 필요가 있다. 1970년대 중반 소니의 베타맥스 VCR가 소개되고 곧이어 JVC의 VHS–VCR까지 등장하자, 텔레비전 프로그램과 영화의 저작권을 소유한 방송사와 할리우드 영화사들은 일제히 최초의 VCR 개발업체인 소니를 상대로 소송을 제기했다. 시청자들이 마음대로 텔레비전 프로그램을 녹화하거나 영화를 무단으로 복제해서 자신들의 사업기반이 위협을 받을 것이라고 생각한 것이다. 방송사의 재방송 프로그램은 볼 사람이 없어질 것이고 무단복제 영화들이 넘쳐흘러 영화사들이 줄줄이 도산할 것이라고 예측한 것이다. 하지만 미국 대법원은 1984년 VCR를 이용한 개인 차원의 텔레비전 프로그램 복제는 저작권법에 명시된 '선의의 사용fair use' 조항에 해당되므로 불법이 아니라고 판결했다(Carlson, 2004; Goldstein, 2003). 논란 끝에 이루어진 5대 4의 극적인 판결로 가까스로 VCR를 이용한 개인 차원의 텔레비전 프로그램 녹화가 합법화된 것인데, 우려했던 방송사와 영화사들의 이윤감소나 도산은 없었다. 오히려 텔레비전 드라마와 할리우드 영화를 비디오로 제작해 저렴하게 대여해 주는 비디오 렌탈 사업이 선풍적인 인기를 끌면서 방송사와 영화사들은 다양한 콘텐츠를 비디오로 제작해 엄청난 수입을 창출할 수 있게 되었다.

티보와 더불어 초기에 출시된 DVR 브랜드 가운데 하나인 Replay TV는 텔레비전 프로그램을 녹화하면서 중간광고를 자동으로 건너뛰는auto skip 당시로서는 첨단기능을 갖추고 있었다. 심지어 녹화된 프로그램을 인터넷을 통해 제3자에게 재전송하는send show 기능도 있었는데, 소비자 측면에서 본다면 매력적인 기능이 아닐 수 없었다. 하지만 또다시 방송사와 영화사들이 저작권 침해를 빌미로 소송을 제기하겠다고 으름장을 놓는 와중에, Replay TV를 제작 판매한 소닉블루SonicBlue사가 재정난으로 문을 닫게 되면서 이 첨단기능들은 사라지고 말았다(Carlson, 2004). 방송사와 영화사들의 거듭된 저작권 침해 소송을 의식해서인지 티보사에서는 광고 건너뛰기 기능과 프로그램 재전송 기능을 제외한 DVR를 판매하고 있나. 한편 DVR가 방송사와 영화사들에 위협적인 존재가 아니라는 인식이 점차 확산되면서 최근에는 케이블 셋톱박스에 DVR 기능을 함께 끼워 넣어 판매하는 것이 일반적인 추세며, 방송사와 프로그램 제작사들도 적극적으로 DVR 보급에 나서고 있다. DVR 녹화를 하는 시청자들이 해당 프로그램을 나중에라도 여러 차례 반복해서 본다면 궁극적으로 프로그램의 가치와 시청률을 끌어올려 줄 것이고, 이 과정에서 중간광고도 좋든 싫든 다시 보게 될 것이라는 계산일 것이다.

DVR는 시청자들이 편리한 시간대에 마음대로 프로그램을 골라 볼 수 있는 이른바 'time shift' 기능과 자신들이 선호하지 않는 중간광고 등 일부 콘텐츠를 재빨리 건너뛰는 'zipping' 기능을 동시에 가능케 하는 시청자 주권시대를 대표하는 상징적인 기술이다. 이미 현실로 다가온 다채널 텔레비전 시대에 시청자들의 개인 스케줄에 걸맞은 방송 소비패턴을 가능케 하는 DVR 기술은 본격적으로 개막된 스마트 텔레비전 시대를 맞아 또 다른 변신을 앞두고 있다.

클라우드 DVR시대 눈앞에 닥치다

2013년 9월, DVR의 선구자 티보사는 시청자들이 종래 텔레비전 프로그램을 가정용 DVR에 녹화하던 것에서 벗어나 앞으로는 각 케이블 방송사에 설치된 클라우드 네트워크 컴퓨터 DVR에 녹화 저장하는 이른바 '클라우드 DVR' 기술을 본격적으로 보급할 것이라고 발표했다(Mlot, 2013; Reisinger, 2013). 달리 말하자면 지금까지는 시청자들이 DVR에 녹화한 프로그램을 보려면 반드시 집에 돌아와 DVR를 작동시켜야 했지만, 앞으로는 케이블 방송사 서버에 설치된 원격 네트워크 DVR 또는 클라우드 DVR에 원하는 프로그램을 간편하게 녹화 저장해 두고 지하철이나 버스로 이동하는 도중이거나 여행 도중이더라도 '어디에서든지' 마음대로 재생해 틀어볼 수 있도록 한다는 것이다. 이렇게 될 경우, 시청자들은 기존의 텔레비전 리모컨 외에도 자신의 핸드폰이나 태블릿 PC 등을 이용해 방송 프로그램을 녹화 재생할 수 있다. 언제든 마음대로 볼 수 있는 이른바 'time shift' 개념에 뒤이어 앞으로는 어디에서나 마음대로 볼 수 있는 이른바 'place shift' 개념으로 DVR의 기능이 확대되면서 시청자의 편의성 또한 획기적으로 증대되는 것이다. 이미 유럽과 미국에서는 여러 케이블 방송사업자가 이 같은 클라우드 DVR 서비스를 제공하고 있으며, 국내 위성방송인 스카이라이프SkyLife에서도 클라우드 DVR 서비스를 조만간 시작할 계획이다. 그런데 앞서 살펴본 것처럼 새로운 프로그램 녹화재생 기술이 등장할 때마다 예외 없이 프로그램 저작권과 판권을 둘러싼 법적 논란이 이어지기 마련이다. 특히 클라우드 DVR는 개인이 아니라 케이블 방송사 측이 설치한 서버에 프로그램 녹화가 이뤄지기 때문에 방송저작물을 무단 복제 전송하는 저작권 침해라며, 미국에서는 2006년 프로그램 제작사와 방송사들이 클라우드 DVR 서비스를 제공한 케이블비전Cablevision이라는 회사를 상대로 소송을 제기했다. 그러나 2008년 미국 법원은, 비록 클라우드 DVR가 케이블 사업자나 방송사가 설치한 것일지라도 이를 이용해 텔레비전 프로그램을 녹화 재생하는 주체는 개별 시청자며 이는 어디까지나 개인 차원의 녹화행위이므로 저작권 침해가 아니라고 판결했다(Farrell, 2008). 제작사와 방송사들은 판결에 불복해 소송을 대법원에까지 끌고 가려 했지만, 미국 대법원이 소송을 기각하면서 하급법원의 판결을 재확인함으로써 클라우드 DVR를 둘러싼 법적 분쟁은 일단락되었다.

이처럼 획기적인 방송기술인 클라우드 DVR 서비스가 우리나라에서도 널리 확산되고 제대로 정착되려면, 무엇보다 각종 영상 콘텐츠의 저작권을 지닌 영화사와 방송사, 제작사들이 개별 시청자의 자발적 녹화재생 행위를 바탕으로 하는 클라우드 DVR 기술의 본질을 올바르게 이해할 필요가 있다. 클라우드 DVR 서비스를 운용하는 케이블 방송 사업자들 역시 저작권 소송을 무기로 삼아 신기술의 확산을 저지하려는 영화사나 프로그램 제작사들과 원만한 타협을 이뤄야 한다. 녹화한 프로그램을 시청자가 틀어 볼 때마다 프로그램 중간에 새로운 내용의 광고가 방영될 수 있도록 하거나 클라우드 DVR 운영에 따른 수익을 배분하는 등 콘텐츠 저작권을 가진 방송사나 제작사들의 협조와 참여를 이끌어 내야 한다. 수많은 콘텐츠 관련 저작권 분쟁도 알고 보면 프로그램에 따라붙는 광고나 이익 배분 문제와 직결된 경우가 허다하기 때문이다. 특히 일부 방송사들은 클라우드 DVR 서비스가 확산될 경우 자신들이 운영해 온 유료 주문형 비디오 서비스VOD가 타격을 입을 것이라고 우려하고 있는데, 이런 우려에 대해서도 상호 타협과 양보가 이뤄져야 한다. 이 같은 논란에도 불구하고 클라우드 DVR의 장래는 대체로 밝다고 할 수 있다. 시청자의 편이성을 극대화시키고 나아가 시청자 주권시대를 선도하는 DVR 기술은 앞으로도 더욱 새롭고 정교한 기술을 접목해 발전해 나갈 것이다.

오늘도 네트워크 텔레비전 저녁뉴스를 반드시 시청하라며 학생들에게 잔소리를 늘어놓는다. 하지만 이번에는 조금 다른 방식으로 당부해야 할 것 같다. "학생 여러분, 네트워크 텔레비전 저녁뉴스를 반드시 시청하세요. 시간에 맞춰 뉴스를 보기 힘든 사람들은 방송사 인터넷 홈페이지를 찾아 '뉴스 다시보기'를 이용하시고요. 그리고 DVR를 갖고 계신 분들은 미리 예약 녹화했다가 나중에 편리한 때 재생해 보시면 됩니다. 여러분이 원하는 어느 때 어느 곳에서나 뉴스를 보시면 되는 겁니다. 아셨죠?"

참고문헌

Bright, L., Eastin, M. & Daugherty, T.(2008). "The Psychology of Consumer Control Contextualized within DVR Technologies". Paper presented at the annual meeting of the International Communication Association. Montreal, Canada, May 22–26, 2008.

Carlson, M. A.(2004). "Recording strife: The media industry's legal reactions to VCR and DVR technology". Paper presented at the annual meeting of the International Communication Association. New Orleans, LA, May 27, 2004.

Carter, B.(2009, November 1). "DVR, once TV's mortal foe, helps ratings". *New York Times*. http://www.nytimes.com/2009/11/02/business/media/02ratings.html?pagewanted=all&_r=0

Downey, K.(2007, August 21). "Study: First ad does get more eyeballs". *Media Life Magazine*. http://www.medialifemagazine.com/study-first-ad-does-get-more-eyeballs/

Farrell, M.(2008, August 8). "'Huge win' on net DVR(Digital Video Recorders)". *Multichannel News*. http://www.multichannel.com/news-article/huge-win-net-dvr/104201

Goldstein, P.(2003). *Copyright's highway: From Gutenberg to the celestial jukebox*. Stanford, CA: Stanford University Press.

Mlot, S.(2013, September 11). "TiVo network PVR ports Roamio DVR tech to the cloud". *PC Magazine*. http://www.pcmag.com/article2/0,2817,2424322,00.asp

Nielsen(2013). "Free to move between the screens: The cross-platform report". March 2013.

Pearson, S. & Barwise, P.(2007). "PVRs and advertising exposure: A video ethnographic study". *International Journal of Internet Marketing and Advertising* 4 (1), pp. 93-113.

Reisinger, D.(2013, September 11). "TiVo eyes the cloud with premiere of network PVR". Cnet.com. http://news.cnet.com/8301-10797_3-57602408-235/tivo-eyes-the-cloud-with-premiere-of-network-pvr/

Wilbur, K. C.(2008). "How the digital video recorder (DVR) changes traditional television advertising". *Journal of Advertising* 37(1), pp. 143-149.

23.. 방송의 모든 것을 한자리에-NAB쇼

다양한 행사가 열리는 NAB쇼

미국방송협회National Association of Broadcasters; NAB는 해마다 4월에 3박 4일 일정으로 연례총회와 방송기자재 박람회를 네바다 주 라스베이거스에서 개최한다. 이를 가리켜 'NAB쇼show'라고 하는데, 무려 1,600개가 넘는 전 세계 방송사업자, 장비제조업체, 솔루션업체 등 방송 관련 업체와 주요 바이어들이 참석하는 행사로 미식축구장 14개 크기의 엄청난 전시공간에서 벌어지는 세계 최대 규모의 방송 관련 행사다. 행사기간 동안 관람객의 수만 10만 명을 훌쩍 넘기는 것이 보통이다(NAB, 2013). 한국 방송업계에서는 흔히 'NAB 방송기자재 박람회'라는 명칭으로 부르고 있는데, 사실 NAB쇼는 기자재 박람회 외에도 미국방송협회NAB 연례총회, 미국방송학회BEA 연례학술대회, 방송기술인 총회, 방송경영인 총회, 클라우드 컴퓨팅 총회, 멀티미디어 총회 등 방송과 관련된 여러 분야와 유관단체의 정기총회가 함께 열리는 방송업계와 학계 그리고 유관업계의 공동 축제의 장이기도 하다.

필자도 이삼 년에 한 번씩 콜로라도대학교 방송전공 학생 20여 명을 인

23-1 해마다 다양한 주제의 학술대회가 열리는 NAB쇼.
NAB쇼 참가자들이 텔레비전 방송 콘텐츠를 클라우드 컴퓨터 환경에서 어떻게 활용하는가에 대한 프레젠테이션을 경청하고 있다. (촬영: Paul Daugherty)

솔해 방송 업계와 학계의 최신 동향을 파악하고 체험한다는 취지로 NAB쇼에 가곤 한다. 필자와 학생들은 방송학회 학술대회를 시작으로 방송협회 총회, 방송기자재 박람회 등 분주한 일정 속에서 마치 신대륙 탐험 길에 나선 콜럼버스와 같은 벅찬 심정으로 NAB쇼가 열리는 라스베이거스 컨벤션센터를 누빈다. 방송학회 학술대회에서는 해마다 다양한 주제의 학술토론이 벌어진다. 지난 1~2년간 학생들의 관심을 끈 주제는 방송 영상편집 소프트웨어와 관련하여 Final Cut, Avid, Adobe Premiere 등 3파전 속에서 어떤 소프트웨어를 선택할 것인가, 그리고 학생들이 직접 참여하는 캠퍼스 방송뉴스와 기타 프로그램을 어떻게 더 효율적으로 제작할 수 있는가 등으로, 학생들은 방송과 관련된 다양한 주제를 일선 방송학 교수들 및 방송업계 관계자들과 논의하고 토론한다. 이 밖에 여러 차례 에미상Emmy Awards을 받은 NBC 방송 원로기자 밥 닷슨Bob Dotson의 '시청자의 심금을 울릴 수 있는' 방송기사 작성법 강연에 대학생들을 비롯해 수많은 관람객이 몰린다.

NAB쇼에서는 또 전 세계 방송과 영화계를 주름잡는 방송인, 영화감독, 연기자들이 자신의 작업에 대해 발표하고 참가자들과 대화하는 이른바 '창조적 거장 시리즈Creative Master Series'가 매해 열려 인기를 끈다. 예를 들어, 심각한 마약문제를 희극적 시각으로 다뤄 미국 내에서 폭발적 인기를 끈 드라마 「브레이킹 배드Breaking Bad」와 공상과학 수사드라마 「엑스파일X-Files」의 제작 프로듀서 빈스 길리건Vince Gilligan과의 대화라든가, 「터미네이터Terminator」, 「타이타닉Titanic」, 「아바타Avatar」 등 할리우드 대작 영화들을 만든 제임스 카메론James Cameron 감독과의 대화 등 미국 방송과 영화계의 거물들을 초청해 참가자들이 한 시간여 그들의 경험담과 생각을 듣고 질의 응답할 기회를 갖는 것이다. 특히 제임스 카메론 감독은 자신이 제작한 3D 입체영화들의 연이은 성공에 힘입어 동업자와 함께 개발한 방송용 3D 카메라의 판매에 열을 올리는 비즈니스맨으로 변신해 흥미로웠다. 이 밖에 연방통신위원회FCC 위원장과의 대화도 있으며 주요 네트워크 방송사 사장들도 행사장에 모습을 드러낸다.

전현직 방송인과 미래의 방송인이 하나가 되는 자리

학술대회 세션에 참가한 뒤 방송기자재 박람회가 열리는 바로 옆 컨벤션 센터로 건너가면 전 세계 유수 방송장비업체들의 최첨단 장비 소개와 기술 시연을 곁에서 지켜볼 수 있다. 입체안경을 끼지 않고서도 3D 입체화면을 즐길 수 있는 신기술을 선보인 업체가 있는가 하면, 원격조정 무인비행체인 드론drone에 비디오카메라를 부착한 항공촬영장비, 방송국 스튜디오나 부조정실에서 사용하는 각종 음향 및 비디오 장비, 최신 3D 비디오카메라를 비롯해 헬멧이나 옷에 착용하는 초소형 비디오카메라, 초고화질 4K 디지털 카메라, 고화질 위성송출 방송차량 등 기발한 아이디

23-2 다양한 방송기자재를 선보이는 NAB쇼.
NAB쇼에는 첨단기술을 활용한 항공촬영장비(위), 고화질 위성송출 방송차량(아래) 등 각종 방송기자재들이 전시되어 참가자들의 눈길을 끈다. (촬영: Paul Daugherty)

어나 최첨단기술을 접목시킨 방송기자재들이 박람회장을 메운다. 소니Sony, 파나소닉Panasonic, 이케가미Ikegami, 캐논Canon 등을 위시해 그래스밸리Grass Valley, 해리스Harris, 에버르츠Evertz, 젠하이저Sennheiser 등 웬만한 방송기술인이라면 익히 알 만한 방송장비업체들이 야심적으로 개발 출시한 최신 기자재들이 관람객들의 눈길을 사로잡는다. 특히 2013년 NAB쇼에서는 초고화질 텔레비전 시대의 개막을 알리는 제품들이 많이 소개되었는데, 소니, 캐논, 아도비Adobe와 같은 기업들이 최신 초고화질 텔레비전과 비디오카메라, 편집장비 등을 홍보하느라 바빴다. 박람회장에서는 한국 업체와 방송사의 모습도 눈에 띄었는데, 한국방송기술협회와 대한무역투자진흥공사(코트라)가 각각 전시공간을 개설했고 방송사 가운데에는 KBS 한국방송이 자체 개발한 3D 신기술을 선보이는 전시공간을 차려 놓았다.

방송학회 학술대회 마지막 날에는 미국은 물론 전 세계 방송사들과 방송 유관단체, 방송장비 제작유통 회사들이 방송 전공 대학생들을 위한 취업상담회를 여는데, 필자와 함께 NAB쇼에 참가한 20여 명의 콜로라도대학교 학생들은 각 회사 부스를 분주히 옮겨 다니며 이력서를 제출하고 현장에서 취업인터뷰를 하느라 바쁘다. 이들 가운데에는 현장에서 곧바로 취업약속을 받아 내는 운 좋은 학생도 있다. 학생들은 한결같이 방송사 위주의 뉴스 취재나 프로그램 제작 분야 이외에도 방송기자재 제작, 유통, 판매 등 셀 수 없을 정도로 다양한 성격의 업체가 존재한다는 사실에 무척 놀랐다고 말하곤 한다. 이처럼 NAB쇼는 방송기자재 박람회 이외에 다양한 방송 관련 행사들을 총망라해 3박 4일간 미국과 전 세계 방송 관계자와 관련업체들이 함께 토론하고 비즈니스를 펼치는 장이다.

필자는 이런 다양한 행사 가운데에서도 미국방송협회가 주최하는 'NAB 방송 명예의 전당NAB Hall of Fame' 헌정행사를 가장 기억에 남는 이벤트로 꼽는다. NAB 방송 명예의 전당에는 라디오와 텔레비전 등 방송

23-3 NAB쇼 행사장에서 취업인터뷰 준비를 하고 있는 방송전공 학생들.
NAB쇼 행사기간에 취업인터뷰를 하기 위해 정장을 차려입고 나타난 방송전공 학생들. 이들 가운데에는 현장에서 취업약속을 받아 낸 학생도 있다. (촬영: Paul Daugherty)

분야에서 큰 공적을 남기거나 미국인들의 방송청취와 시청습관에 많은 영향을 미친 인물, 개별 프로그램 또는 방송사가 헌정된다. 지난 2012년에는 프로야구단 밀워키 브루어스Milwaukee Brewers 라디오 방송의 스포츠 캐스터 밥 유커Bob Uecker, 텔레비전 프로듀서이자 극작가 게리 마샬Garry Marshall, 그리고 원로 여성 탤런트이자 코미디언 베티 화이트Betty White가 선정되었다. 베티 화이트의 NAB 방송 명예의 전당 헌정행사에는 수백 명의 관람객이 몰려 성황을 이뤘는데, 그녀가 1950년대부터 현재까지 60여 년간 출연한 텔레비전 프로그램의 하이라이트가 방영되자 향수에 젖어 눈시울을 적시는 사람도 있었다. 그녀의 과거 활약상을 잘 알지 못하는 어린 대학생들도 이런 행사를 통해 거의 100년에 가까운 미국 방송사를 깨닫게 되는 것이다. 한마디로 미국 대중문화를 형성하고 이를 전 세계적으로 확산시켜 미국 방송 역사의 한 페이지를 장식한 인물들이 단상에 올라 자신들의 과거를 회고하고 앞으로 다가올 미래의 방송에 대해 덕담을 나누는 자리다. 이듬해인 2013년 NAB 방송 명예의 전당에는 텔레비전 가요경연 리얼리티쇼의 대명사로 여겨지는 FOX TV의 「아메리칸 아이돌American Idol」이 선정되었다(Catania, 2013). 지금까지 NAB 방송 명예의 전당에 오른 인물과 프로그램을 살펴보면, 래리 킹Larry King, 러시 림보Rush Limbaugh, 찰스 오스굿Charles Osgood 등의 전설적인 라디오 방송인들과 테드 코펠Ted Koppel, 캐롤 버넷Carol Burnett, 제리 루이스Jerry Lewis, 루실 볼Lucille Ball 등 텔레비전 방송인, 그리고 「NBC 스포츠」, 「투나잇쇼Tonight Show」, 월트디즈니 텔레비전 시리즈, 「새터데이 나이트 라이브Saturday Night Live」, 「매쉬MASH」 등 인기 텔레비전 프로그램이 총망라되어 있다(NAB, n.d.). 이처럼 뜻깊은 방송계 축제에 참여하면서 필자는 자랑스러운 방송의 역사는 원로 방송인들과 오늘날 맹활약하는 방송계 주역들, 그리고 방송전공 대학생들이 함께 보전해 나가야 하는 것이라는 생각이 들었다.

NAB쇼를 통해 되돌아본 우리 방송계

그런데 알고 보면 우리나라에서도 '방송인 명예의 전당' 헌정행사가 거의 해마다 열리고 있다. 방송인 명예의 전당은 국내 방송 발전에 큰 공을 세운 방송인의 업적을 기리고 이들을 통해 방송의 역사를 재조명한다는 취지로 지난 2001년 만들어졌다. 방송인 명예의 전당에는 적어도 10년 이상 방송계에 몸담고 있는 만 65세 이상의 원로 방송인들 가운데에서 선정되는 것으로 알려져 있다. 지금까지 방송인 명예의 전당에는 우리 방송업계 각 분야에서 맹활약한 이혜구, 임택근, 이정석, 박근숙, 윤혁기, 표재순, 정순일, 이순재, 오승룡, 김기팔 씨 등 원로 방송인들이 헌정되어 후배 방송인들의 귀감이 되고 있다. 한 가지 아쉬운 점은 방송인 명예의 전당 헌정행사가 방송계의 폭넓은 관심을 모으지 못한 채 방송계 일각의 행사로 여겨지고 있다는 것이다. 이런저런 사정으로 인해 헌정행사가 매년 열리지 못하는 것도 아쉬운 점이 아닐 수 없다.

우리 방송 업계와 학계가 유기적인 산학협조 관계를 조금씩 확대해 오고 있지만, 아직도 방송학회 학술대회와 방송업계 분야별 총회, 방송 관련 업체들의 방송기자재 전시회, 그리고 방송 관련 시상식 등이 서로 제각기 분리되어 개최되고 있어 전체 방송인들이 참여하는 행사를 동시에 개최함으로써 얻을 수 있는 시너지 효과를 기대하기 힘들다. 또한 각 방송사가 해마다 주최하는 방송 관련 행사나 시상식은 자신들만의 잔치로 끝나기 일쑤여서 홍보성 행사라는 비판을 받기도 한다. 구체적으로 해마다 연말이면 빠짐없이 거행되는 각 지상파 방송사들의 방송대상, 연기대상, 연예대상, 코미디대상 등은 해당 방송사 프로그램에 출연했거나 제작에 관여한 방송인들에게만 의미가 있는 행사로 전락한 지 오래다. 미국 방송계의 가장 권위 있는 상으로 꼽히는 에미상이 전체 방송사와 프로그램을 대상으로 하는 점을 고려할 때 방송사별로 제각각 열리는 우리 방송 업계의 방송 관련 시상식은 낭비요소가 적지 않다.

방송협회의 주관으로 한국방송대상 시상식이 해마다 열리고 있지만, 현재 도처에 난립한 각종 방송 관련 시상식과 행사를 통합해 한 곳에서 시행하거나, '방송인 명예의 전당' 헌정행사를 방송인은 물론 방송 프로그램을 총망라해 선정하는 것이 어떨까 생각해 본다. 만일 방송학회의 학술대회도 같은 기간에 함께 치를 수 있다면 진정한 의미의 산학협동을 기대해 볼 수 있을 것이다. 물론 다양한 방송 관련 단체를 한곳에 끌어모아 대규모 행사를 치르는 것이 반드시 긍정적인 결과만 가져올 것인지에 대해서는 논의의 여지가 있지만, 여러 곳에서 산발적으로 열리는 방송 관련 행사를 한곳에 모아 동시에 거행하는 것은 방송 업계와 학계 그리고 전현직 방송인 전체의 축제의 장을 마련한다는 점에서 나름대로 의미 있는 시도라고 할 수 있을 것이다. 이는 전 세계 최대 규모인 미국방송협회의 방송기자재 박람회와 연례 총회, 그리고 방송학회 연례 학술대회 등이 동시에 한곳에서 열리는 것을 지켜본 뒤 필자가 갖게 된 소견이다.

미국 방송협회의 NAB쇼를 참고 삼아 좀 더 깊이 생각해 볼 점이 있다. 우리 방송계는 차분하게 과거를 돌이켜 보거나 미래를 구상하기보다는 현재 벌어지고 있는 온갖 쟁점과 이슈에 지나치게 몰입하는 경향이 있다. 현재 방송인들은 방송구조 개편 문제, 방송사 최고책임자 선임방식 변경 문제, 공영방송 수신료 현실화 문제, 정치권의 방송개입 차단 문제, 일괄적인 유료방송 규제기준 마련 문제 등 현실적이고도 정치적인 쟁점들을 해결하는 데 골몰하고 있다. 방송 발전을 위해 이 같은 이슈들은 반드시 짚고 넘어가야 하는 것이 맞지만, 이제는 잠시 우리 방송의 역사를 조용히 되돌아보고 현재의 모습을 살펴보면서 어떻게 미래의 방송을 만들어 나갈 것인지에 대해 한자리에 모여 진지하게 고민해 봐야 할 때라는 생각이 든다.

참고문헌

Catania, Cirina(2013, April 10). ""American Idol" Inducted into NAB Broadcasting Hall of Fame". Technorati. http://technorati.com/entertainment/tv/article/american-idol-inducted-into-nab-broadcasting/

National Association of Broadcasters(2013). "NAB show attendance, exhibitor numbers announced". http://www.nabshow.com/2014/newsroom/news-releases/pressRelease.asp?id=2937

National Association of Broadcasters(n.d.). "NAB awards: Broadcasting hall of fame--past award winners". http://www.nab.org/events/awards/pastAwardWinners.asp?id=1926

24.. 텔레비전의 미래–세 가지 시나리오

사람들이 텔레비전에 대해 지니는 의문들

언론학 전공 학생들이나 언론계 지인들이 필자에게 자주 하는 질문이 몇 가지 있다. 우선 지난 몇 년간 미국 내에서 신문매체의 쇠락과 도산이 이어지고 있는데, 과연 앞으로 텔레비전매체의 미래는 어떨 것 같으냐는 질문이다. 이미 수많은 학자와 방송업계 전문가가 말해 온 대로 텔레비전 매체는 점차 컴퓨터기술과 결합되어 예전보다 더욱 개인적이고 쌍방향적인 매체가 될 것이라고 답변하곤 하지만, 놀라운 영감을 지닌 미래학자나 점쟁이가 아닌 이상 선불리 텔레비전의 미래를 내다보는 것은 어려울 수밖에 없다. 또 다른 질문은 과연 오늘날 텔레비전이 어떤 기능과 역할을 하고 있느냐는 것이다. 웬 뚱딴지같은 질문이냐는 반문이 튀어나오겠지만, 많은 사람이 지상파나 케이블 텔레비전 외에도 IPTV, 위성 텔레비전, DMB, 심지어 인터넷상의 유튜브YouTube 등 다양한 형태의 영상매체를 사용하고 있다는 점을 감안할 때 텔레비전의 정의와 정체성에 대한 두 번째 질문도 나름대로 의미심장하다.

먼저 텔레비전의 미래는 과연 어떨까에 대해 생각해 본다. 적어도 수백

24-1 **텔레비전이 나온 초창기인 1946년 미국에서 시판된 RCA 텔레비전(모델 630-TS).**
최초로 대량으로 생산 판매된 텔레비전 수상기로 알려져 있다.
(촬영: Fletcher6)

년의 역사를 지닌 인쇄매체와는 달리 20세기 초반 전기전자기술을 토대로 하여 발명된 텔레비전은, 역사가 아직 100년이 채 되지 않아 발전 가능성과 역동성이 상당히 남아 있다. 만일 텔레비전이 기술적인 발전과 함께 더욱 다양화되는 수용자들의 요구를 지속적으로 반영해 나간다면, 현재는 물론 앞으로도 커다란 변화 속에서 진화해 나갈 것이다. 텔레비전의 미래에 대한 수많은 예측 가운데 다수의 학자와 전문가가 공감하고 있는 대표적인 세 가지 진화방향을 정리해 본다.

홀로 즐기는 개인매체로 진화

텔레비전을 생산 판매하는 세계 주요 가전업체들(달리 말하면 우리나라의 LG나 삼성, 일본의 소니 등)이 지난 몇 년간 선보인 스마트 텔레비전 모델들을 중심으로 향후 텔레비전의 진화방향을 예측해 볼 수 있다. 소비자들이 선호하는 요소들을 골고루 포함시킨 마케팅 측면의 고려 때문인지 몰라도, 가전업체들이 내놓은 스마트 텔레비전 모델들은 화면 크기가 50인치에서 100인치 사이의 중대형이며 셋톱박스, 키보드가 내장된 리모컨이 딸려 있다. 그런데 온 가족이 함께 텔레비전을 보던 20세기 방식의 텔레비전 시청패턴이 점차 사라지는 추세를 반영해 개인 단위의 시청을 염두에 둔 디자인이 눈에 띈다. 이러한 모델은 텔레비전을 통해 인터넷 연결

24–2 가족이 함께하는 오락으로서의 텔레비전.
과거 텔레비전은 가족 단위의 시청을 전제로 하는 대중매체였다. 저녁나절 온 가족이 함께 모여 앉아 인기 텔레비전 프로그램을 즐기는 것이 보통이었다. 1958년 미국 한 가정의 거실 풍경이다. (출처: National Archives and Records Administration)

이 가능하기 때문에 과거 개인용 컴퓨터를 활용하던 것처럼 각종 콘텐츠와 정보를 텔레비전 화면을 통해 한눈에 볼 수 있다. 일반 텔레비전 프로그램을 보다가 인터넷 웹사이트를 방문하거나 주문형 비디오VOD를 내려받거나 셋톱박스에 내장되어 있는 디지털 비디오 레코더DVR에 저장된 프로그램을 틀어보거나 컴퓨터 게임을 즐길 수 있다. 한마디로 멀티태스킹multi-tasking이 가능한 스마트 텔레비전의 형태다. 물론 혼자서 텔레비전을 보는 것이 아니라 가족이나 친구들과 함께 텔레비전을 시청할 경우엔 이런 방식으로 텔레비전을 이용하기는 어려울 것이다. 달리 말하자면, 텔레비전매체를 가족 단위의 정보오락매체로 활용하던 시대는 막을 내리고 개인 단위의 텔레비전 소비시대가 열렸다는 것을 전제로 한 디자인이다. 이런 점에 비춰 볼 때, 50인치나 60인치 등 중대형화면 텔레비전이 대세인 미국에서도 앞으로 개인 위주의 텔레비전 시청을 전제로 소형화면 텔레비전이 유행할 가능성이 있다. 이럴 경우 앞으로는 아이패드나 갤럭시탭, 킨들파이어 등과 같은 태블릿 컴퓨터의 7인치나 9인치 소형화면으로 언제 어디서든 텔레비전을 시청하는 사례가 늘어날 것이다. 개인 단위 텔레비전 시청은 타인의 간섭 없이 언제 어디서든 자유롭게 자신이 선호하는 콘텐츠를 선택하는 이른바 '완벽한 시청권'을 부여하므로 앞으로 더욱 일반화될 것이 분명하다.

상호작용이 가능한 소셜미디어로 진화

텔레비전매체가 인쇄매체보다 주의집중이나 몰입을 덜 요구하는 이른바 쿨미디어cool media인 탓인지는 몰라도, 오늘날 10대 청소년 텔레비전 시청자 가운데 절반가량이 텔레비전을 보면서 친구들과 문자메시지를 교환한다고 한다. 마치 라디오로 음악을 들으면서 자동차를 운전하거나 헬스클럽에서 땀을 흘리거나 주방에서 요리를 하는 멀티태스킹 형태와 유사하다고 할 수 있다. 앞으로 텔레비전은 이처럼 시청 도중에 가족이나 친구와 간단한 대화나 메시지 교환을 할 수 있는 이른바 소셜미디어social media로 진화할 것이다. 이런 현상을 촉진시키는 원인으로 두 가지를 들 수 있다. 첫째, 텔레비전에 연결해 사용하는 블루레이Blu-Ray 디스크 등 주변 가전기기의 영향이다. 예를 들어, 시중에 판매되는 블루레이 디스크에는 BD Live라는 기능이 들어 있는데, 이는 블루레이 디스크와 인터넷을 연결해 필요한 부가정보를 내려받거나 간단한 온라인 게임을 즐기거나 불특정 시청자와 대화를 나눌 수 있게 해준다. 둘째로는 오늘날 텔레비전이 예전과는 달리 컴퓨터와 결합되어 이른바 '멀티미디어 센터'로서의 역할을 한다는 것이다(Ciacu & Tanase, 2012). 텔레비전을 보면서 인터넷으로 지인들과 트위터Twitter를 하거나 페이스북Facebook에 글이나 사진을 올리는 것이 그 좋은 예다(Broadcasting & Cable, 2013). 이러한 소셜미디어의 특성이 점차 더 많이 텔레비전에 추가된다면, 일방향적one-way 시청만 가능하던 텔레비전이 쌍방향two-way 소통이 가능한 이른바 소셜미디어로 진화해 갈 수 있을 것이다. 최근 가전업체들은 기존 소셜미디어 웹사이트들과의 연계작업을 서두르고 있는데, 앞으로 텔레비전 시청자가 원할 때면 인터넷을 통해 트위터나 페이스북 등과 곧바로 연결되도록 하는 것이다. 이처럼 텔레비전을 통해 시청자들 간 또는 시청자와 방송사의 상호작용interactivity이 이뤄진다면, 방송 프로그램에 대한 시청자들의 몰입도를 높일 수 있을 뿐만 아니라 다른 인터넷매체들과도 경쟁할 수 있는 효율적인 수단이 될 것이다.

언제 어디서나 시청 가능한 모바일 텔레비전으로 진화

과거에는 가족이나 친구와 전화통화를 하려면 예외 없이 유선전화를 사용했다. 거리를 걷다가 전화통화를 하려면 공중전화에 동전을 집어넣고 통화하던 때를 기억하는가? 휴대전화의 등장과 대중화는 이런 시간과 장소의 제약을 일거에 바꿔 버린 작은 통신혁명이었다. 해가 갈수록 다기능화되어 가는 스마트폰은 이 같은 기술적 진화를 더욱 촉진시키면서 시청자의 텔레비전 소비형태까지 바꿔 가고 있다. 오늘날 애플의 아이폰이나 삼성의 갤럭시 시리즈 등 다양한 스마트폰을 활용해 텔레비전 콘텐츠를 내려받아 시청하는 것은 지극히 자연스런 일상사가 되었다. 특히 유튜브, 훌루Hulu, 넷플릭스Netflix 등 인터넷을 기반으로 하는 영상제공 서비스업체들이 폭발적으로 늘어나면서, 신세대는 기존의 지상파나 케이블 텔레비전의 대부분의 영상 콘텐츠를 스마트폰을 활용해 즐길 수 있게 되었다. 한편 신세대는 실제로 필요해서라기보다는 친구나 또래집단과 동질성을 느끼고 신기술을 능숙히 다룬다는 것을 과시하려는 목적으로 모바일 기기를 즐겨 사용한다고 한다(Kwon & Chon, 2009). 우리나라의 경우 특히 DMB

24-3 언제 어디서든 시청할 수 있는 모바일 텔레비전.
텔레비전은 이제 모바일 기기와 연결되어 언제 어디서나 원하는 프로그램을 시청할 수 있도록 변해 가고 있다. 저렴한 가격과 뛰어난 성능으로 인기를 얻은 아마존 킨들 HD 태블릿도 텔레비전을 대체할 만한 모바일 기기로 꼽힌다.

의 보급과 확산이 눈부실 정도다. 출퇴근길 지하철이나 버스 안에서 텔레비전 프로그램을 즐기는 시청자들의 수가 과거 자동차를 몰며 라디오를 청취하던 수용자 수에 못지않을 정도로, 앞으로 이동하면서 텔레비전을 시청하는 추세는 더욱 확산될 것으로 보인다. 여기에다 미국이나 영국에서는 텔레비전 프로그램 녹화와 재생을 마음대로 할 수 있는 DVR의 보급 확산이 두드러져, 원하는 프로그램을 예약 녹화해 두었다가 나중에 두고두고 되풀이해 보는 시청자의 수가 늘고 있다. 이런 점에 비춰 볼 때 텔레비전은 앞으로 언제 어디서나 원하는 프로그램을 받아 볼 수 있는 모바일 기기로 진화될 가능성이 크다.

오늘날 텔레비전이란 과연 무엇인가

지난 20년간 텔레비전은 컴퓨터와 인터넷, DVD와 블루레이, 케이블과 통신위성 등 수많은 주변기기, 통신기술 등과 융합되면서 그 정체성과 기능이 조금씩 바뀌고 있다. 이런 점에서 텔레비전이란 무엇이냐는 두 번째 질문에 대해서는 다소 신중한 태도로 접근할 필요가 있다. 먼저 현재 텔레비전 방송과 프로그램 콘텐츠 산업의 사업구조나 상호 경쟁구도를 살펴봐야 하고, 인터넷 웹사이트들이 기존 텔레비전의 프로그램 재분배, 유통 분야와 어떠한 관계를 맺고 있는지도 따져 보아야 한다. 텔레비전매체의 눈부신 진화만큼 텔레비전 프로그램의 형식도 변화되었는지 또 시청자들이 '불특정 다수의 수동적인 수용자'인지 아니면 '특정 계층을 대변하는 보다 능동적인 수용자'인지도 규명해야 한다. 마지막으로 텔레비전의 미래가 어떤 모습인지 제대로 알려면 매체의 과거와 현재 모습을 되돌아본 뒤 장차 어떤 가능성이 열려 있는지 구체적으로 분석하고 논의해야 한다.

지금까지 살펴본 것처럼 텔레비전은 집단이나 가족 단위 미디어라는 20세기의 고전적 개념에서 탈피해 점차 개인 단위의 소셜미디어, 그리고 언제 어디에서든 사용 가능한 모바일 미디어라는 21세기형 개념을 바탕으로 진화를 거듭하고 있다. 지난 20세기 미디어의 역사를 되돌아보면 특정 매체의 발전은 하룻밤 사이에 급격하게 이뤄지기보다는 점진적으로 조용히 진화해 왔다. 이런 점에서 오늘날 텔레비전을 중심으로 이뤄지는 놀라운 변신도 알고 보면 컴퓨터, 인터넷, 통신위성 등 다양한 하드웨어 및 소프트웨어들과의 융합을 통해 편리성이 증대된 것에 불과하다는 방송업계와 학자들의 분석을 주목할 필요가 있다.

그런데 오늘날 텔레비전의 눈부신 발전을 지켜보노라면 앞으로 텔레비전이 어느 방향으로 진화해 나갈지 섣불리 예상하기 힘들다. 선견지명을 지닌 일부 언론학자들이 21세기에 접어들면 인쇄매체가 사라질 것이

24–4 미국의 한 가전제품 매장에 전시 중인 고화질 텔레비전.
대부분의 제품이 삼성이나 LG 등 한국제품들인데 텔레비전 수상기 생산 분야에 있어서는 한국기업들이 세계시장을 선도하고 있다. 앞으로는 첨단기술을 활용한 다기능 초고화질 텔레비전의 연구와 생산에 더욱 박차를 가해야 할 것이다.

라는 예언을 내놓은 적이 있고 그 예언이 상당 부분 입증되고 있지만, 어느 누구도 가까운 장래에 텔레비전매체가 종말을 고할 것이라고 내다보는 사람은 없다. 오히려 텔레비전매체는 수없이 많은 새로운 매체와 융합하면서도 전자매체 본연의 특성을 지켜 가면서 수용자의 영상 콘텐츠 소비행위를 다양화, 극대화해 가는 식으로 서서히 진화하고 있다. 이 같은 매체융합 물결 속에서 앞으로도 지상파 텔레비전 방송사를 비롯한 기존의 텔레비전산업이 지속적인 영향력을 유지하려면, 과거 불특정 다수 수용자를 상대할 때와는 달리 연령별, 소득별, 개인 성향별로 보다 세분화된 '틈새시장'을 적극 공략하고 개인 단위 시청자에게 보다 차별화된 정보와 오락을 제공해야 한다. 텔레비전의 미래에 있어서 어떤 요소가 가장 중요하게 작용할지와 관련해서는 미국의 전설적인 방송인 에드워드 머로Edward R. Murrow가 남긴 한마디를 되새겨 볼 필요가 있다. "눈부신 통신혁명의 발전과 최신 컴퓨터의 놀라운 능력에도 불구하고 방송인들은 결국 예전부터 끊임없이 고민해 온 한 가지 질문에 직면하게 될 것이다. 과연 방송을 통해 무엇을 말해야 하고 어떻게 말해야 하느냐는 것이다."(Gomery, 2008) 결국 텔레비전의 미래는 기술발전 이외에도 그 속에 담길 방송 내용과 프로그램 콘텐츠가 어떻게 변화하느냐에 달려 있다는 얘기일 것이다.

언론학자들 사이에 텔레비전매체의 변신과 진화와 관련해 의견의 일치가 이뤄지는 부분이 있지만, 장기적인 미래 예측에 있어서는 제각기 의견이 다르다. 이런 학계의 고민을 논의하기 위해 지난 2012년 언론학자들이 텔레비전의 과거와 현재를 돌아보면서 미래의 모습을 예측하는 학술대회가 열렸다. 학술대회의 명칭은 단순 명료했다. "What is Television?" 도대체 "텔레비전이 무엇이냐"는 것이다. 끊임없이 발전과 진화를 거듭하고 있는 텔레비전의 미래상을 학자들로서도 쉽사리 내다보기 어렵다는 자기고백인 셈이다.

참고문헌

Broadcasting & Cable.(2013, February 4). "Digital is the future—and that's thanks to TV." *Broadcasting & Cable* pp. 10–11.

Ciacu, N. & Tanase, T.(2012). "Television in the social media era". *Communication & Marketing* 3(4), pp. 95–108.

Gomery, D.(2008). *A history of broadcasting in the United States*. Malden, MA: Blackwell Publishing.

Kwon, K. H. & Chon, B. S.(2009). "Social influences on terrestrial and satellite mobile–TV adoption in Korea: Affiliation, positive self–image, and perceived popularity." *International Journal on Media management* 11: pp. 49–60.

사진 출처

이 책에 수록된 일부 사진들은 크리에이티브 커먼즈Creative Commons 저작자 표시 2.0 대한민국 라이선스에 근거해 사용하였습니다.

쪽	번호	라이선스	출처
18쪽	1–2	PUBLIC DOMAIN	Samantha Appleton
20쪽	1–3	PUBLIC DOMAIN	Lance Lundstrom
31쪽	2–1	CC BY SA	Bbjeter
36쪽	2–2	CC BY	M. Glasgow
46쪽	3–2	CC BY	Alan Light
50쪽	3–3	CC BY	Staffordvaughan
54쪽	4–1		「오마이뉴스」 유성호 기자
66쪽	5–1	CC BY	Greg Hernandez
	5–2	CC BY SA	Fred Thompson presidential campaign
78쪽	6–1	CC BY	David Shankbone
96쪽	8–1	CC BY SA	Gage Skidmore
97쪽	8–2	PUBLIC DOMAIN	미국 식품의약청
98쪽	8–3	PUBLIC DOMAIN	U.S. Department of State
100쪽	8–4	CC BY SA	정진호
108쪽	9–1	PUBLIC DOMAIN	
109쪽	9–2		연합뉴스
111쪽	9–3		AP 통신
132쪽	11–1	CC BY SA	TonyTheTiger
139쪽	12–1	PUBLIC DOMAIN	
143쪽	12–2	PUBLIC DOMAIN	
156쪽	13–1	CC BY	미 해병대 Ethan Johnson
163쪽	13–2	PUBLIC DOMAIN	David Rydevik
175쪽	15–1	PUBLIC DOMAIN	U.S. National Transportation and Safety Board
183쪽	15–2	PUBLIC DOMAIN	미 해군 Michael A. Meyers
	15–3	CC BY SA	Josie Moyer
188쪽	15–4		연합뉴스
229쪽	19–2		Kevin Sites
276쪽	24–1	CC BY SA	Fletcher6
277쪽	24–2	PUBLIC DOMAIN	National Archives and Records Administration

＊이 책에 실린 사진의 출처를 찾기 위해 최선을 다했으나, 혹시 누락이나 착오가 있으면 다음 인쇄 시에 꼭 수정하겠습니다.

찾아보기

ㅊ

ㅋ

ㅌ

ㅍ

ㅎ

텔레비전

바보상자에서 스마트TV까지

TELEVISION: FROM IDIOT BOX TO SMART TV

제1판 1쇄 펴낸날 2013년 12월 20일

지은이 | 김헌식
펴낸이 | 김시연

펴낸곳 | (주)일조각
등록 | 1953년 9월 3일 제300-1953-1호(구:제1-298호)
주소 | 110-062 서울시 종로구 경희궁길 39
전화 | 734-3545 / 733-8811(편집부)
733-5430 / 733-5431(영업부)
팩스 | 735-9994(편집부) / 738-5857(영업부)
이메일 | ilchokak@hanmail.net
홈페이지 | www.ilchokak.co.kr

ISBN 978-89-337-0673-2 03070
값 18,000원

* 이 도서의 국립중앙도서관 출판시도서목록(CIP)은 서지정보유통지원시스템 홈페이지 (http://seoji.nl.go.kr)와 국가자료공동목록시스템(http://www.nl.go.kr/kolisnet)에서 이용하실 수 있습니다.
(CIP제어번호 : CIP2013026163)